现代高校体育教学改革与创新

李振良 著

吉林人民出版社

图书在版编目(CIP)数据

现代高校体育教学改革与创新 / 李振良著 . -- 长春：吉林人民出版社 , 2023.10
ISBN 978-7-206-20489-0

Ⅰ.①现… Ⅱ.①李… Ⅲ.①体育教学 – 教学改革 – 研究 – 高等学校 Ⅳ.① G807.4

中国国家版本馆 CIP 数据核字（2023）第 214826 号

现代高校体育教学改革与创新
XIANDAI GAOXIAO TIYU JIAOXUE GAIGE YU CHUANGXIN

著　　者：李振良	
责任编辑：江　雪	封面设计：吕荣华

吉林人民出版社出版 发行（长春市人民大街 7548 号） 邮政编码：130022

印　　刷：河北万卷印刷有限公司	
开　　本：710mm×1000mm　 1/16	
印　　张：17	字　　数：245 千字
标准书号：ISBN 978-7-206-20489-0	
版　　次：2023 年 10 月第 1 版	印　　次：2024 年 1 月第 1 次印刷
定　　价：88.00 元	

如发现印装质量问题，影响阅读，请与出版社联系调换。

前　言

在新世纪的背景下，随着科技的飞速发展和经济全球化的深入推进，人类社会正处于大发展、大变革和大调整时期，各个领域都发生了前所未有的改变。教育领域，尤其是高校体育教学，也应顺应这个趋势，进行不断地探索和革新。了解高校体育教学的现状，探讨其在未来发展中的重要性，已经变得至关重要。

高校体育教学是我国教育体系的一个重要组成部分，它在提升大学生体质、培养他们积极健康的生活态度和行为习惯、提高他们的心理素质，甚至在塑造他们的人格魅力方面，都发挥着不可或缺的作用。近年来，我国的高校体育教学已经取得了一些显著成就，包括课程设置的丰富多样、教学方法的不断创新、教学质量的持续提高等。然而，面对新的社会需求和挑战，现有的高校体育教学还在一些问题，有待进一步完善和提升。

在这样的背景下，高校体育教学改革和创新就显得尤为重要。高校需要始终坚持以人为本、健康第一、终身教育、创新教育、寓美于体的现代高校体育教学理念，并探索多元化的教学方法与模式，以适应不同学生的学习需求和风格。高校要针对不同的体育运动，研究其教学与训练的具体方法，对教学评价体系进行改革，构建起能够反映学生体育学习成效的评价模式。在教师队伍建设方面，高校需要提升体育教师的教育教学能力、专业技能、科研能力，以及服务社会能力，以应对教育改革带来的新挑战。高校还要注重体育文化的建设与发展，将其与学校文化、社区文化相融合，并进行积极推广和传播，以增强高校体育的社会影响力。

本书将以系统、全面、深入的视角，对上述内容进行详细论述和分析，旨在为我国的高校体育教学改革和创新提供一些理论参考和实践指导。笔者希望，通过这本书，能够进一步提高高校体育教学的水平，推动其持续、健康发展，从而为实现中华民族伟大复兴作出更大的贡献。

目 录

第一章 高校体育教学导论 001
第一节 体育教学概述 001
第二节 高校体育教学的内容与原则 009
第三节 高校体育教学改革的必要性 018

第二章 现代高校体育教学理念 024
第一节 "以人为本"教学理念 024
第二节 "健康第一"教学理念 039
第三节 "终身教育"教学理念 047
第四节 "创新教育"教学理念 055
第五节 "寓美于体"教学理念 064

第三章 多元化教学方法与模式在高校体育教学中的应用 076
第一节 体育游戏法在高校体育教学中的应用 076
第二节 分层教学法在高校体育教学中的应用 085
第三节 合作教学模式在高校体育教学中的应用 092
第四节 翻转课堂教学模式在高校体育教学中的应用 101
第五节 俱乐部教学模式在高校体育教学中的应用 116
第六节 线上线下混合教学模式在高校体育教学中的应用 124

第四章 高校不同体育运动的教学与训练 134
第一节 高校健美操的教学与训练 134
第二节 高校民族健身操的教学与训练 147
第三节 高校啦啦操的教学与训练 156
第四节 高校篮球运动的教学与训练 166

第五章　高校体育教学评价的改革创新 ································· 175
第一节　高校体育教学评价改革概述 ································· 175
第二节　高校体育教学评价体系的构建 ······························· 181
第三节　高校体育教学评价多元化模式建设 ··························· 186

第六章　高校体育教师队伍的建设 ····································· 193
第一节　提升体育教师教育教学的能力 ······························· 193
第二节　提升体育教师的专业技能 ··································· 201
第三节　提升体育教师的科研能力 ··································· 208
第四节　提升体育教师服务社会的能力 ······························· 217

第七章　高校体育文化的建设与发展 ··································· 225
第一节　高校体育文化概述 ··· 225
第二节　高校体育文化与学校文化的融合 ····························· 234
第三节　高校体育文化与社区文化的融合 ····························· 244
第四节　高校体育文化的传播 ······································· 252

参考文献 ··· 261

第一章　高校体育教学导论

第一节　体育教学概述

一、教学

教学作为一种教育行为，具有其独特性和多样性。从宏观视角出发，教学涵盖了以某种特定文化为研究对象的行为，其中教导者和学习者的范围很广泛，不仅仅局限于教师和学生，也包括其他教育参与者和学习者。从微观视角出发，教学指在学校环境中的教学活动，这是一种教师协同学生以某种特定文化为研究对象的统一教学活动。在教学范畴中，主要关注各级别、各类型，以及不同形式的学校教学。然而，在家庭或社区环境中，则更倾向使用"教育"而非"教学"这一词汇。此外，现代教学理念强调教师角色的转变，从传统意义上的"掌控者"转变为组织者和引导者。

更重要的是，教学不仅仅包含"教"的过程，也不仅仅是"学"的过程，而是两者的融合。教导过程是为了促进学习，而学习过程又是在教导的引领下进行的。因此，教学可以被定义为一种在教育目标指引下，由教师的教和学生的学共同组织的一种教育活动。教学的终极目标是让学生在教师有序、逐步的指导下，系统掌握科学文化知识和技能，进而发展其智力和体能，塑造个性，达到全面发展的目标。

二、教与学的关系

教与学作为两个不同的动词和动作，可被看作过程；作为两个不同的名词和与此有关的人的行为，可被看作活动。这两种活动是单独的、双边的，也是共同的、统一的。[①]

教是以教师为主体的行为，涉及教师如何将知识、技能和价值观等传递给学生。教的过程是一种输出过程，它要求教师具有专业的教学知识，包括但不限于对课程内容的熟练掌握，对教学方法的理解与应用，以及对学生学习进程的掌握。在教的过程中，教师应善于利用各种教学手段和资源，创设富有挑战性和吸引力的学习环境，激发学生的学习兴趣和学习潜能。

学是以学生为主体的行为，涉及学生如何获取、理解和应用知识。学的过程是一种输入过程，它需要学生积极参与，通过观察、思考、探索和实践，自主学习和掌握新的知识和技能。学习并不仅仅是接受和记忆知识，而是需要学生通过反思和批判性思考，深入理解和创新应用所学的知识。

教与学的关系并不仅仅是简单的二元关系，它们之间的关系更像是一种融合、统一的关系。在实际的教学过程中，教与学是互动的、互促的。教师的教是为了引导学生的学，而学生的学又反过来推动了教师的教。只有在教与学的互动和互促过程中，教学才能实现知识的传承和创新。教与学还可以视为一个动态的过程。随着教学环境、教学资源、教学方法的变化，以及学生的成长和发展，教与学的关系也会不断进行调整。教师应该以开放、灵活和反思的心态去面对这种变化，持续进行教学改革和创新。

[①] 谢宾，王新光，时春梅.高校体育教学与运动训练研究[M].长春：吉林人民出版社，2021：1.

三、体育教学

体育教学与其他学科教学有一定的共性，都是一种旨在向学生传授知识，磨炼技巧，智力与体力同步提升，陶冶品格并助力个性塑造的有目标、有规划且有组织的教育步骤。然而，体育教学的独特之处在于它是实施学校体育目标的关键途径。现在，体育教学的应用范围已扩大至竞技运动和社会体育，但学校体育的宗旨和任务主要还是通过体育教学来完成的。因此，体育教学可以被界定为，在学校教育环境中，学生在教师目标明确、计划周全、组织有序的指导下，通过积极掌握运动技术和能力，改善身心状况，增强体能，提高适应自然环境和社会环境的能力，培养良好的道德品质，以促进学生个性全面发展的教育步骤。

（一）体育教学应遵循的规律

在开展体育教学时，应遵循一定的规律，具体如图 1-1 所示。

01 与学生身心发展水平相适应的规律
02 学生生理和心理指标起伏变化规律
03 感知、思维和实践结合规律
04 掌握体育知识技能螺旋式上升规律

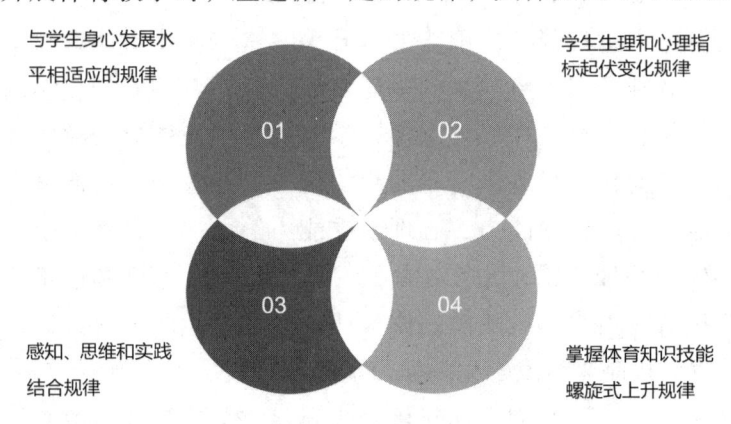

图 1-1　体育教学遵循的规律

1. 与学生身心发展水平相适应的规律

体育教学不仅是对技能和知识的传授，还是对个人整体发展的促进。在此过程中，应严格遵循学生身心发展水平的规律。在规划体育教学内容时，应细致研究学生的年龄、身体发育水平和心理发展水平。对于年龄较小或身体发育较慢的学生，教学内容和方式应适度，注重基本技能和体质的提升，避免过度强调竞技和成绩。对于年龄较大或身体发育较快的学生，可以逐渐加入更具挑战性的技术训练和团队协作的项目，引导他们在挑战中突破自我。同样，心理发展水平也是影响体育教学的重要因素。不同的心理发展阶段，学生对体育的理解、接受程度和反应都有所不同，所以教学方案的设计应充分考虑学生的心理需求，以提高学生的积极性和参与度。对于教学方式的选择，也应根据学生的心理发展水平进行调整，一般会选择以学生为中心的教学方式，如小组讨论、角色扮演等，不仅可以调动学生的积极性，还有助于培养他们的团队协作能力和领导才能。而对于需要独立思考和解决问题的教学内容，可以采用以问题为中心的教学方式，引导学生独立思考和解决问题。

2. 学生生理和心理指标起伏变化规律

生理和心理指标起伏变化规律是一个综合考量学生生理和心理发展特点的动态过程。在生理层面，学生在成长过程中会经历各种生理变化，如身体发育、力量增强、协调能力提升等。这些变化对体育教学的影响不容忽视。教师需要了解学生的生理发展阶段，合理安排教学内容，确保教学的效果和安全。在心理层面，学生的心理发展也会随年龄、生活环境等因素的变化而呈现出特定的起伏规律。心理指标包括学生的情感态度、兴趣爱好、认知能力、心理承受能力等。在体育教学中，教师需要关注学生的心理变化，尤其是他们对体育学习的态度和情感反应。教师可以通过有吸引力和挑战性的体育活动激发学生的学习兴趣，以及借助积极的反馈机制来激发学生的学习动力。

遵循学生生理和心理指标起伏变化规律，是体育教学中的一种科学教学方法，也是体育教学过程中关注学生全面发展的体现。教师通过遵循这一规律，可以实现体育教学的个性化和有效性，从而提高体育教学质量，实现教学目标。

3. 感知、思维和实践结合规律

感知作为知识获取的第一步，起着至关重要的作用。在体育教学中，教师需要引导学生观察、感知各类体育活动，掌握动作的基本特征与规律。学生通过感知将外界事物的信息转化为自己的知识，并为思维提供基础。思维则是将感知的信息进行深度加工的过程。在体育教学中，学生需要通过思维，理解和掌握技术动作的原理，以及如何在实际操作中运用。此时，教师的角色转变为启发者和引导者，鼓励学生自主思考，提出问题，寻找答案。实践则是知识应用的关键环节，学生只有通过实践，才能真正将理论知识转化为自己的技能，教师应创设多种实践环境，为学生提供锻炼的机会。

遵循感知、思维和实践相结合的规律，能使学生在体育学习过程中，养成深度学习的习惯。这样他们就能在不断探索和尝试中，完善自己的知识体系，提升技能水平，最终达成体育教学的目标。

4. 掌握体育知识技能螺旋式上升的规律

螺旋式上升的学习过程强调的是循序渐进的学习方式。在体育教学中，学生需要在基本技能和知识掌握的基础上，逐步学习和掌握更为复杂的运动技能和理论知识。例如，在学习篮球时，学生需要先掌握基础的运球和投篮技术，然后才能进一步学习如何在比赛中运用这些技术进行有效进攻和防守。螺旋式上升的学习过程也强调对已学的知识技能的巩固和提升，学生在掌握了新的知识技能后，需要通过反复练习和实践，不断提升这些技能的稳定性和精确性，更好地理解和掌握技能背后的理论知识。学生在学习过程中，还需要通过反思自己的学习态度，了解自己的长处和短处，进而针对自己的短处进行有针对性的练习和提升。

（二）体育教学的特点

1. 身心合一的健身统一性

体育教学中身心合一的健身统一性体现在体育活动对身体健康的积极影响。体育活动可以增强学生的体质，提高身体素质，预防疾病，延长生命。运动可使人体的各个系统得到锻炼，从而提高学生的身体健康水平。此外，定期进行体育活动还可以帮助学生养成良好的生活习惯，如规律作息、健康饮食等，这些习惯对学生的身体健康也有长期的促进作用。

体育教学中身心合一的健身统一性并不仅仅限于身体健康，体育活动也会对学生的心理健康产生积极影响，如运动可以帮助学生释放压力、增强自信心、培养团队协作精神和竞争意识。学生通过参加体育活动，可以在挑战自我，突破极限的过程中，提高自我控制能力，增强抗压能力，培养乐观、坚韧的心态。体育活动中的团队合作和公平竞争，也可以培养学生的社会性，提高其人际交往能力。

2. 体育教学过程的教育性

体育教学并不仅仅局限于技能的传授和学习，更在于其所包含的教育内涵。体育教学培养了学生诸如坚韧不拔、积极向上等精神品质。例如，学生通过参加竞技体育，可能会面临各种挑战和困难，学习如何在逆境中不屈不挠，有助于塑造他们的个性。体育教学也培养了学生的公平竞争意识和良好的道德品质。体育教学的教育性还体现在团队精神的培养上。许多体育活动需要团队协作，这为学生提供了培养团队精神的机会。在这些活动中，学生会学习如何与他人合作，共同追求目标，而不仅仅是关注自身的成就。这种体验对学生社交能力和团队协作能力的提高至关重要。在对学生个人潜能的挖掘方面，体育活动可以帮助学生发现和发展他们的体育才能，同时促进他们对自己潜能的认识。例如，学生通过接触和尝试不同的体育项目，可以发现自己的兴趣和才能，找到自己真正热爱的活动。

3. 教学目标的多元性

体育教学的目标已扩展到关注学生的全面发展，包括身体素质、心理素质、社会能力的培养，乃至道德修养的提高。

在身体素质的培养方面，体育教学的目标通常包括提高学生的身体素质，增强其体力，提高其身体协调性和灵敏度。这些目标对于提高学生的身体健康和运动能力至关重要。在心理素质的培养方面，体育教学的目标可能包括培养学生的意志品质，如坚持、毅力、韧性等，体育运动的过程往往充满了困难和挑战，这有助于锻炼学生的意志力。学生通过体育教学，还可以学习如何处理竞争压力，保持冷静和专注。在社会能力的培养方面，体育教学的目标可以是培养学生的团队协作能力和领导能力。许多体育活动需要团队的协作，这给学生提供了练习和发展社会交往能力、沟通协调和团队合作的机会。在道德修养的提高方面，体育教学的目标是培养学生的公平竞争观念和尊重他人的道德品质。学生通过体育教学，会理解并接受公平竞争的原则，尊重对手和规则，培养他们的体育精神和道德品质。

4.授课活动的复杂性

（1）体育授课活动具有双重性。体育教学活动不仅包括知识传授，还包括技能训练。知识和技能的结合，使体育教学活动更具复杂性。其知识传授主要涉及体育理论知识的教授，如运动生理学、运动生物力学、运动心理学等，这些知识需要学生理解并能运用到实践中。技能训练则主要涉及体育运动技术的训练，如跑步、跳高、投掷等，这些技能需要学生通过大量实践活动去掌握。

（2）体育授课活动具有不确定性。体育教学活动的结果往往受到许多因素的影响，如学生的学习态度、学习能力、学习方法，以及教师的教学策略、教学方法、教学评估等。这些因素使体育教学活动的结果具有一定的不确定性，需要教师根据实际情况灵活调整教学策略。

5.内容编制的制约性

在体育教学内容选择方面，会受到多种因素的制约。例如，学生的需求和兴趣，体育教学内容应基于学生的兴趣和需求，创设丰富多样的运动形式和活动，以提高学生的学习动机和参与度。此外，教学内容的选择还需要考虑学生的年龄、性别、身体状况、运动能力等因素，以保证教学内容的科学性和实用性。

在体育教学内容组织和安排方面，也受多种因素的制约。体育教学内容的组织需要遵循由易到难，由浅入深的原则，以便学生理解和掌握。体育教学内容的安排需要考虑学校的教学条件、教学时间、教学设施等因素，以保证教学内容的可行性和有效性。

体育教学内容的制约性使教师在进行教学设计时要有明确的目标，充分考虑学生的实际情况，以及学校的教学环境，还要具备专业知识和教学技能，以便合理选择和组织教学内容，满足学生的学习需求，实现教学目标。这就要求教师有一种深刻理解学生，充分尊重学生，科学引导学生的教学理念和行为习惯。只有这样，体育教学才能真正发挥其应有的作用，即促进学生的全面发展。

6. 环境管理的重要性

（1）物质环境。物质环境管理在体育教学中是至关重要的，它涵盖了场地、器材设施等方面。合理、安全、舒适的体育教学场地能够为学生提供良好的运动环境，为他们的学习和运动提供支持和保障。教学场地应具备足够的空间和设施，以满足学生的运动需求。合理的场地规划可以避免拥挤和碰撞，保障学生的安全。合适的器材设施可以提高教学效果，让学生更好地掌握和运用体育技能。例如，正确选择和使用各类球类、器械等器材，可以帮助学生更好地理解和实践不同的运动技巧。

对物质环境进行有效管理需要注意以下几点。第一，定期检查和维护场地和器材设施，确保其具有良好的状态和功能。定期检查可以发现和修复潜在的问题，保障学生的安全和教学的顺利进行。第二，根据学生的年龄、能力和需求，选择适合的器材和设施。不同年龄段的学生对器材的需求不同，设计师和教师需要根据学生的特点和发展阶段，提供适合的器材和设施。第三，加强管理和监督，确保器材设施的正确使用和保养。教师和学校管理人员应加强对学生的指导，教授正确使用器材的方法和注意事项，避免器材的误用或损坏。

（2）人文环境。体育教学的人文环境主要涉及教学氛围和师生关系的管理。积极、和谐、开放的教学氛围能够激发学生的学习兴趣，增强他们的学习动力，促使他们主动参与学习和运动。而良好的师生关系能够提高教学的针对性和有效性，帮助教师更好地了解和满足学生的学习需求，也有助于学生更好地接受和理解教师的教学，从而提高学习效果。因此，创建和维护良好的人文环境，对提高教学效果和培养学生的素质具有重要意义。

第二节　高校体育教学的内容与原则

一、体育教学内容的概念

体育教学内容是以体育教学为目的，以身体练习、运动技能学习和教学比赛等为形式，经过组织加工后可以在教学环境下进行的体育知识和技能的总称。[①]

体育教学内容在其本质上同其他学科教材一样，都带有鲜明的教育意义、科学依据和有序系统。然而，它在特定的方面显现出独特性，尤其在其强调实践操作的地方。在体育课堂上，教师和学生的互动是动态开放的，而非封闭僵化的。更进一步说，许多体育教学内容是从实际生活中总结提炼出来的，因此它们自然地拥有一定程度的娱乐性、欣赏性和竞争性。体育教学内容有以下两个方面的含义。

（一）体育教学内容有别于一般的教育内容

体育教学内容与一般的教育内容的区别体现在其丰富的实践性和生动的生活性上。实践性是体育教学内容的一大特色。这类内容注重实际操作，强调身体动作的掌握和运用。在学习过程中，学生通过实地操作和体验，直观地理解和掌握知识。这样的教学模式使知识的吸收变得更为生动活泼，不仅增强了学生对知识的理解能力，还通过动手操作，提高了他们的实际运用能力，使学以致用成为可能。生活性是体育教学内容的另一大特色。大多数体育教学内容都源于生活，与生活紧密相连。例如，足球、篮球等运动项目，都是从生活中提炼出来的，易于激发学生的兴趣，容易使学生产生共鸣。这使体育教学具有很高的趣味性和接

[①] 刘汉平，朱从庆. 我国高校公共体育课程教学的发展与改革探究[M]. 长春：吉林人民出版社，2021：63.

受度，增强了学生的学习动机。

而在特定的教学环境中，体育教学内容不只是简单地传输知识，更是一种引导和熏陶。这种引导和熏陶的过程，让学生在体验、参与的过程中，逐渐塑造和形成积极向上的生活态度和健康的生活习惯，这一点是其他教学内容难以做到的。在体育教学中，教师的角色也因此发生了变化。他们不再是传统意义上知识的传递者，而是变成了引导者和启发者，教师通过引导学生进行实践操作，启发他们从中获得知识和技能。体育教学内容的实践性和生活性，使教师的教学方法更加灵活多变，有时需要他们扮演教练的角色，有时又需要他们变成同伴，和学生一起参与活动。

（二）体育教学内容有别于竞技运动的内容

竞技运动通常强调运动员的最高表现，追求竞技成绩的极限，而体育教学的目标则在于提升全体学生的身心健康水平、体能素质、体育技能以及运动情感。在教学中，教师更多地要关注学生的全面发展，而非仅仅是技术技能的提高或竞技成绩的追求。体育教学内容中运动项目的选择通常更加广泛，包括群体运动、个人运动、休闲运动等各种类型的运动。而在竞技运动中，运动员往往只专注于一种或少数几种运动项目，长时间进行专业、系统的训练。竞技运动通常有严格的训练标准和比赛规则，而体育教学则更加强调培养学生的积极性和参与性，不过分强调规则，允许学生在安全的范围内进行创新和探索。在体育教学中，教师会对运动项目进行适当的简化和修改，以适应学生的能力和需求。体育教学更注重运动过程中的教育价值，学生通过体育教学，不仅可以学习运动技能，还可以通过团队合作和竞争，学习如何尊重他人、处理挫折等。而在竞技运动中，更强调的是通过严格的训练和竞赛来提升运动员的专业技能和竞争力。

二、体育教学内容的分类

（一）按运动项目分类

从广义的层面，运动项目可以划分为个人项目和团体项目。个人项目主要关注每一个学生的技能和体质提升，比如田径、游泳、健美操等。团体项目则强调团队合作和集体协同，如篮球、足球、排球等。进一步细分，运动项目又可以按照运动类型进行分类，比如球类运动、田径运动、力量训练、灵活性训练等。球类运动如篮球、足球等，能培养学生的团队合作精神和竞争意识；田径运动如跑步、跳远等，主要提升学生的个人体能和耐力；力量训练如举重、力量训练器材等，旨在增强学生的肌肉力量；灵活性训练如瑜伽、舞蹈等，能提升学生的身体柔韧性和平衡能力。运动项目也可以按照运动技能的复杂程度进行分类，如基础技能类、进阶技能类。基础技能类如跳绳、俯卧撑等，适合体育基础较差或低年级的学生；进阶技能类如篮球投篮、足球射门等，则需要学生有一定的运动基础和技术要求。

（二）按内在功能分类

体育教学内容按其内在功能可以划分为以下几个类别：基础训练、技术教学、体育理论、健康教育、体育道德教育以及竞技性教学。

1. 基础训练类

基础训练类主要是对学生进行基本体育技能的训练，如田径、游泳、球类等技能的训练。这些训练旨在让学生掌握各种基本的运动技能，提高学生的身体素质。这部分教学内容是体育教学的基础，对于学生以后运动技能的学习和掌握具有至关重要的意义。

2. 技术教学类

技术教学类指针对特定运动项目的专项技术教学，如篮球的投篮技巧、足球的射门技巧等。这部分教学内容主要是对已有运动技能的提升和完善，使学生在基础运动技能的基础上，更加熟练地掌握各种运动项目的技术。

3. 体育理论类

体育理论类指对体育科学理论知识的教学，比如体育生理学、体育心理学等。这部分教学内容主要是提高学生的体育理论知识水平，帮助学生理解和掌握体育运动的科学原理。

4. 健康教育类

健康教育类主要包括运动保健、体育营养等内容。这部分教学内容主要是教授学生如何通过体育运动保持身体健康，以及运动过程中如何进行合理的营养补给，避免运动伤害等。

5. 体育道德教育类

体育道德教育类主要是通过体育运动来培养学生的团队精神、公平竞赛意识、对抗运动的礼仪等。这部分教学内容主要是通过体育运动的方式，来进行道德教育，培养学生的良好品质。

6. 竞技性教学类

竞技性教学类主要是对参与竞技运动的学生进行专项训练，提升其竞技水平。这部分教学内容主要是为了提高学生的竞技体育水平，满足他们对高水平运动的需求。

通过以上分类，可以清晰地看到体育教学内容的多元性，不仅包括了对基础技能和专项技术的训练，还包括了体育理论知识的教学、健康教育、道德教育以及竞技性教学。这样的分类方式有利于教师根据学生的实际情况和需求，制订出更加合理和更具针对性的教学计划，也有利于学生全面发展，提高学习效率和积极性。

三、体育教学内容的特点

体育教学内容有六大特点，如图 1-2 所示。

01	实践性
02	健身性
03	娱乐性
04	层次性
05	开放性
06	约定性

图 1-2 体育教学内容的特点

（一）实践性

实践性指体育教学内容不仅是理论的，更重要的是它需要学生通过实际操作，参与其中，动手动脑，体验和实践。这种特点既体现在体育教学的基础训练和技术教学中，也体现在健康教育、体育道德教育以及竞技性教学中。

在体育教学的基础训练和技术教学中，学生需要直接参与各种运动，通过实践来掌握和提升各种运动技能。例如，在篮球教学中，学生需要通过实际操作，进行投篮、运球、防守等技术动作的练习，以掌握这些基本技术。而在游泳教学中，学生则需要亲自下水，通过体验才能掌握正确的划水、踩水和呼吸等技巧。健康教育的实践性则表现在学生通过自身的体验和感受，了解和掌握如何保持身体健康，如何在运动过程中进行合理的营养补给，以及如何避免运动伤害等知识。体育道德教育则需要学生在运动实践中，学会遵守比赛规则，尊重对手，展现出团队精神和公平竞赛的意识。竞技性教学更是强调实践性，对参与竞技运动的学生进行专项训练，需要他们在实际比赛中检验自己的技术和战术水平，以提升竞技水平。

（二）健身性

体育教学活动以身体运动为主要形式，旨在通过运动对身体进行全面、均衡的锻炼，以提高人体各项生理机能，增强体质。运动有助于提升心肺功能，增强肌肉力量，提高身体的柔韧性和协调性，也有助于提高神经系统的反应速度和精确性，改善血液循环，增强免疫系统的功能。但体育教学内容的健身性不仅仅局限于对身体的锻炼。健康不只是身体健康，也包括心理健康。体育教学可以通过组织各种体育活动，如团队比赛，增强学生的团队协作精神，培养他们良好的社交能力，提高他们的自尊心和自信心，帮助他们释放压力，提高情绪，增强他们的心理抗压能力。学生通过体育教学，还可以了解和掌握科学的运动方法和健康的生活方式，包括合理的饮食、适当的休息和锻炼、健康的生活习惯等，这些对于他们的身体健康和生活质量的提高具有重要意义。

（三）娱乐性

不同于传统的教学模式，体育教学强调动手实践，体验学习过程的乐趣。学生在参与体育活动时，既能体验到挥洒汗水，挑战自我的快乐，也能在游戏和比赛中体验到竞技的刺激和快感。这种活动形式不仅令人兴奋，还易引起学生的兴趣，激发他们的学习动力。体育教学的娱乐性还体现在其社交功能上，体育活动通常需要集体参与，学生在共同参与体育活动的过程中，有机会交流思想，分享经验，增进了解，增强他们之间的友谊和团队精神。体育活动的比赛形式还可以使学生之间积极竞争，激发他们的斗志，增强他们的协作能力。

（四）层次性

体育教学内容的层次性强烈体现了其本质。首先，这种层次性体现在体育教学内容的内在组织结构上，也就是说，由于体育运动的内在规律，使体育教学内容的各个部分存在着由基础到高级，由初级到熟练的阶段性，这种内在的层次性在不同的内容之间或同一内容的不同阶段之间形成了一种相互依赖和相互限制的关系。例如，篮球运动中的基础技巧如运球和传球是进行篮球战术训练的前提，田径课程中的短跑训练是跨栏跑训练的基石。体育教学内容的这种内在层次性成为教师组织和安排体育教学内容的重要参考。其次，体育教学内容的层次性表现在其外在因素上，即学生的生理、心理和社会属性等方面也存在着阶梯式的层次性。这要求教师在安排体育教学内容时，应体现出系统性和逻辑性，并且与学生的这些层次性特征相适应。因此，深入理解体育教学内容的层次性，可以为如何有效地组织和实施体育教学提供重要的指导。

（五）开放性

开放性指的是体育教学内容不是封闭的，不能被固定的教材或教案所限定，而是可以随着学生的不断发展与进步、社会环境的变化，以及科技进步等因素的影响而进行改变和发展的。

体育教学内容的开放性，可以让教师根据学生的个体差异和群体特征进行灵活调整和创新，也为学生提供了自主选择和参与的机会。教师可以根据学生的生理和心理发展状况，结合其兴趣爱好，选择适合的教学内容，以激发学生的积极性和主动性。在教学过程中，教师可以根据教学实效，适时调整教学内容，以达到最佳教学效果。体育教学内容的开放性，不仅可以吸收和借鉴其他相关学科的内容和方法，还可以接纳社会中流行的新兴运动项目，以满足学生的需求和社会的发展。教师应根据时代的发展和学生的需求，不断地更新和扩展体育教学内容，提高教学的质量和效果。

开放性的体育教学内容，强调学生的个体差异和主动性，强调教师的创新性和灵活性，强调教学内容的时代性和实效性。这样的教学内容，更能吸引学生，激发学生的兴趣，促进学生的全面发展。

（六）约定性

体育运动项目或身体锻炼方式，如跑步、远足、沙滩排球、户外探险、沙地网球、平衡木训练和撑竿跳，通常都是在特定的时间、地点和空间，或使用专门的器械，按照既定的规则和流程进行的。换言之，如果这些项目不受时空约束，其形态和内容可能会发生改变，甚至可能不存在。这就意味着体育教学内容的特性和形式，大部分取决于运动的时空环境，同时又受运动的场地、器材和规则等因素的限制。这便是体育教学内容的时空依赖性和规则制约性之所在。

四、高校体育教学的原则

（一）全面发展原则

高校体育教学旨在促进学生的全面发展，包括身体素质、心理素质和社交能力的全面提升。体育课程应注重培养学生的基本运动能力，如力量、速度、耐力和灵活性等，学生通过多样化的体育活动和训练，可以全面发展各项身体素质，提高身体机能。教师应关注学生的心理健康，帮助他们培养积极的自我形象和自信心，增强应对压力和困难的能力。学生通过团队合作、竞技比赛和挑战性的活动，可以培养他们的逆境应对能力，提高心理的韧性和抗压能力。教师为学生提供合作与交流的机会，促进学生之间的互动和团队合作。学生通过团体运动和集体活动，可以培养他们的合作意识、沟通能力和团队合作精神，提高社交技巧和人际交往能力。

（二）个体差异原则

每个学生在身体素质上都存在差异，如体型、耐力、灵活性等方面的差异。体育教学应充分认识到这些差异，并根据学生的实际情况制订相应的教学计划。教师通过针对个体差异的教学方法和训练计划，更好地满足学生的学习需求，提高教学效果。每个学生都有不同的兴趣爱好和特长，体育教学应鼓励学生选择适合自己的运动项目，并提供相应的指导和支持，通过激发学生的兴趣和发展他们的专长，增强学生的主观能动性和学习动力，提高他们在体育教学中的参与度和成就感。个体差异原则还强调因材施教的教学理念。教师应根据学生的个体差异，灵活调整教学方法和教学内容，以适应不同学生的学习需求和学习风格。

（三）循序渐进原则

在体育教学中，学生的运动基础和经验存在差异，因此教学应从学生已掌握的知识和技能出发，选择适合其水平的教学内容和活动。学生通过巩固和拓展基础知识，为后续学习奠定坚实的基础。教师应合理安排教学进度，从简单到复杂、从易到难组织教学内容。学生通过逐步增加难度和挑战，可以逐渐提高自己的学习能力和技能水平。循序渐进原则还强调在学习过程中的循环和反馈，教师应及时对学生的学习成果进行评价和反馈，并根据学生的反馈信息进行相应调整。学生通过循环教学，能够逐渐纠正错误，提高自己的技能水平，达到更好的学习效果。

（四）生命安全原则

高校体育教学应将学生的生命安全放在首位，教师应提前做好准备工作，包括检查器材设施的安全性、场地的平整度，以及应急设施的准备情况。在教学过程中，教师要引导学生遵守安全规则和操作规程，加强对潜在危险的预防和控制。当意外事故发生时，教师应冷静应对，采取相应的应急措施，保障学生的安全和健康。教师还要提高学生的安全意识，定期进行安全教育和讲解，使学生了解常见的运动伤害和预防方法，学会应对和识别身边的危险情况。

（五）联结实践原则

高校体育教学应强调理论与实践的联结，学生通过实践活动，可以亲身参与体育运动，将所学的理论知识应用于实际操作中。学生通过实践的过程，能够更深入地理解理论的内涵，掌握实践技能，并将其融会贯通。在实践活动中，教师可以引导学生进行实际操作、模拟情境等活动，使学生能够更好地理解和应用所学知识。此外，联结实践原则还能够培养学生的动手能力和创新能力。实践活动要求学生积极参与、实际操作，并在实践中提出问题、解决问题。学生通过实践的过程，能够培养实际操作的技能，也能够培养他们的创新思维和解决问题的能力。

(六) 终身体育原则

高校体育教学不仅是培养学生在校期间的体育技能，还是培养学生的终身体育观念和习惯，使其在毕业后能继续保持健康的生活方式。终身体育原则注重培养学生的健康意识和自律能力。学生通过体育教学，能够认识到体育对身心健康的重要性，并学会自我管理和自我激励，他们会明白参与体育活动不仅是一种娱乐和锻炼，还是一种责任和自我关怀的表现。

第三节　高校体育教学改革的必要性

高校体育教学改革的必要性主要体现在四个方面，如图 1-3 所示。

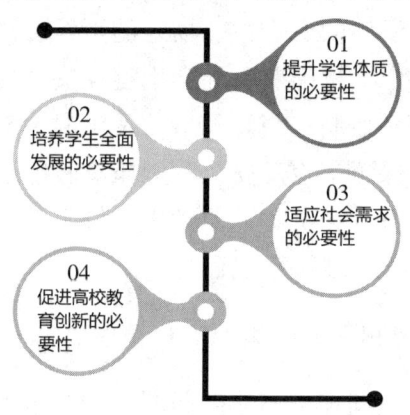

图 1-3　高校体育教学改革的必要性

一、提升学生体质的必要性

良好的体质是生活质量的重要组成部分，它直接影响个体的生活满意度和生活能力。现代社会科技的快速发展，改变了人们的生活方式，大部分人的生活中缺少足够的体力活动。这一现象在学生群体中尤为明显。体育教学改革的目标之一就是通过科学和系统的方法，借助多样化的体育活动，提升学生的身体素质。为此，体育教学的设计和实施，应当围绕增强学生体质这一核心目标展开。体育教学应当重视身体健康教育，使学生了解身体的运作机制，理解健康的饮食和运动习惯对身体的重要性。

在提升学生体质的过程中，多样化的体育活动起着关键的作用。多样化的体育活动可以满足不同学生的个性化需求，激发他们的运动兴趣，使他们愿意积极参与运动。多样化的体育活动还可以提高学生的身体素质，使他们在各个方面都得到提升，包括力量、速度、耐力、柔韧性和协调性。体质的提升不能一蹴而就，需要持续锻炼和训练。因此，体育教学还应当注重培养学生的运动习惯。学生在体育课堂和课外活动中的时间应当被充分利用，以增加他们的运动量，通过持续锻炼，提高他们的体质。健康的运动习惯可以改善学生的体形，预防肥胖、高血压等，体育教学应当引导学生养成健康的生活方式，包括定期运动、均衡饮食等。

二、培养学生全面发展的必要性

高等教育的目标不仅在于为学生提供专业知识和技能，还在于通过教育来培养学生全面发展。在这方面，体育教学扮演着不可或缺的角色。体育教学不仅可以提升学生的身体素质，还可以在心理、社交、道德等方面对学生进行教育。

（一）心理成长的促进

在高校的学习和生活中，学生面临着各种压力，如学业压力、人际关系压力等。参与体育活动可以帮助他们转移注意力，减轻压力，缓解紧张情绪，提高心理抗压能力。体育运动需要学生克服困难和挑战，坚持不懈地努力，这可以培养他们的意志力和毅力。在比赛和训练过程中，学生会面临挫折和困难，通过坚持不懈的努力，他们可以克服困难，获得成功的喜悦，增强自信心和自我效能感。在团体体育项目中，学生需要与队友合作，相互支持和协作。他们通过团队合作，可以培养团队意识、合作精神和互助精神。同时，体育活动为学生提供了发挥领导力的机会，他们可以在比赛中担任队长或领导小组活动，发挥自己的领导才能，提升自己的领导能力和组织能力。

（二）社交技能的培养

在团队体育项目中，学生需要与队友密切合作，相互支持和配合，共同追求团队的胜利。学生通过与他人合作，可以倾听他人意见、尊重他人观点，并在协调冲突和解决问题时发展合作技巧。这些经验不仅对学生在体育领域有益，还对他们在日常生活和工作中的团队合作具有积极影响。学生通过体育活动，有机会结识不同背景和兴趣的同学，加深彼此之间的了解和信任。他们可以共同面对困难和挑战，共享成功和快乐，建立深厚的友谊。这种友谊和人际关系的建立对学生的社交发展和心理健康具有积极的影响。

（三）道德教育的实施

体育活动通过明确的规则和行为准则来引导学生的行为。在比赛或训练中，学生需要遵守规则并尊重裁判和对手。这培养了学生公平竞争的意识，理解胜负的含义，并尊重他人的权益。学生通过对道德规范的执行，可以从体育活动中领悟道德的重要性，培养公正、诚实和守规的品质。在体育竞技中，学生可能会经历失败和挫折，但他们也有机会学习如何正确处理这些困难，并从中成长。学生通过体育活动，可以培养坚持不懈、勇于面对挑战和自我超越的品质，这样的经历教会了学生在人生中面对困难时保持乐观态度、坚韧不拔的信念。

（四）自我认知和自我价值的提升

体育活动可以帮助学生探索和发展他们的身体潜能，了解自己的体质和体能水平。学生通过不断地锻炼和参与体育活动，可以发现自己的优势和不足，并逐渐提高身体素质。这种对自己身体状况的认知有助于学生树立健康的生活观念，提高对自身健康的重视程度。成功的体育经验可以提升学生的自我价值感。当学生在体育活动中取得进步和成就时，他们会感受到自己的能力和努力得到了认可。这种成功体验对于学生自信心和自尊心的增强较为重要。体育活动的竞争性和挑战性让学生面对自己的能力和限制时，通过克服困难和取得进步，认识到自己的潜力和价值。

三、适应社会需求的必要性

随着科技的进步，人们的生活方式发生了较大的变化，这也为体育教学带来了新的挑战和机遇。在这样的社会背景下，高校体育教学的改革尤为重要。

（一）适应科技进步带来的变化

现代科技，特别是信息技术的应用，如虚拟现实、增强现实等技术，使体育教学方式更加生动和直观。学生可以在虚拟的环境中进行体育训练，这不仅可以减少安全隐患，还可以进行更高难度的训练。移动互联网的普及使体育 App 等移动教学工具的应用变为可能，学生可以随时随地进行在线学习和训练，打破了传统教学的时空限制，使体育学习更加便捷。移动教学工具也使教学资源的分享和交流变得更加方便，进一步丰富了体育教学的内容和方式。

（二）提高学生的就业竞争力

近年来，体育产业得到了迅速发展，体育教练、体育营销、运动康复等职业岗位的需求增加。这为体育类专业的学生提供了更广阔的就业空间，也对体育教学提出了新的要求。

面对这种变化，体育教学应积极应对，提供更具针对性的专业课程。例如，高校可以开设体育营销、运动康复、体育管理等课程，让学生在学习体育技能的同时，能掌握与就业市场紧密相关的专业知识。在课程设置的同时，体育教学应着重培养学生的专业素质。这包括专业知识的掌握，但更重要的是专业技能的训练和实践。体育教学应通过实践教学，让学生有机会在真实的环境中实践自己的专业知识和技能，从而提升他们的专业素质。体育教学还应强调培养学生的就业竞争力。这包括专业素质和技能，也包括良好的沟通能力、团队合作能力、解决问题能力等。体育教学通过提供丰富的实践活动和制订综合素质培养计划，可以帮助学生提高就业竞争力。

（三）培养健康的生活习惯

社会快节奏的生活方式使人们越来越注重健康，而体育活动是保持健康的重要方式之一。定期参与体育活动可以增强学生的体质，提高身体素质和抵抗力，降低慢性疾病的风险。体育教学还可以培养学生良好的饮食习惯。学生通过学习营养健康知识和食物选择技巧，可以更好地调整饮食结构，摄入均衡的营养物质，保持身体健康。

（四）培养体育精神

体育精神是社会精神的重要表现形式，它体现在公平竞争、尊重对手和奋力拼搏等方面。

公平竞争是体育精神的核心。在体育比赛中，所有参与者都应遵守既定的规则，不能以不正当的手段取胜。这一点在体育教学中得到了充分体现，教师会教导学生在比赛中公平对待每一个对手，遵守比赛规则。无论是在训练还是在比赛中，都应该尊重每一个人，包括对手、队友、裁判和观众。在体育教学中，教师会教导学生如何尊重他人，尊重他人的努力和成果，尊重比赛的过程和结果。无论比赛的结果如何，只要全力以赴，就是胜利。体育教学中，教师要鼓励学生全力以赴，克服困难，坚持到底。

四、促进高校教育创新的必要性

对于教育创新的必要性，可以从以下几个方面来展开叙述。

一是引入新的教学理念。以学生为中心的教学理念是当今教育界公认的理念，体育教学也不例外。学生参与体育活动不仅可以锻炼身体，还可以培养自我表达能力，提高自信心和团队精神，促进个人全面发展。因此，体育教学应以学生为中心，充分尊重学生的个性差异，因材施教，让每个学生都能在体育活动中找到自己的位置。

二是更新教学内容。随着科技的进步和社会的变迁，体育项目和运动方式也在不断发展和变化，体育教学的内容应跟上时代的步伐。由于体育活动的性质和特点，体育教学的内容不仅应包括传统的运动技能，还应包括运动规则、运动伦理、运动健康等方面的知识，使体育教学更加全面和深入。

三是改革教学方法。在教学方法上，可以借鉴其他学科的成功经验，如情境教学、探究式学习等，使学生在参与和体验中学习和成长。利用现代科技手段，如多媒体、网络等，可以丰富教学手段，提高教学效果。

四是提高教学评价的科学性。传统的体育教学评价往往较为注重技术动作的准确性和运动成绩，而忽视了学生的体验和感受，也没有给予学生足够的反馈和指导。因此，应建立更为科学和全面的评价体系，既考虑学生的技能掌握程度，也考虑学生的参与程度和体验感受，并给予学生及时和具体的反馈，以促进学生持续进步。

五是培养体育教师的专业素养。体育教师的专业素养直接影响体育教学的质量。因此，应通过多种方式，如师资培训、学术研究、交流互访等，提高体育教师的专业知识和教学能力，使他们能够胜任现代化的体育教学任务。

第二章　现代高校体育教学理念

第一节　"以人为本"教学理念

一、"以人为本"的理论基础

人本主义教育思想诞生于对现代科学进步中人对科技产物应用的过度依赖和在智能化时代人的价值丧失的反思之中。进入20世纪，科学技术迅猛发展，教育领域亦以科学主义为主导。在20世纪50年代的教育变革中，尽管各种教学理论和观念如雨后春笋般涌现，然而，认知心理学和行为主义对人性的理解产生了困扰，教育变得工具化，求学和获取知识的乐趣被忽视，教育变成了人们追求高级技能和认可的一种手段。科技的飞速发展改变了人类社会的生产和生活方式，科技的影响使人类对其有着深深的依赖，但也在很大程度上受制于它。因此，教育领域开始强调"以人为本"的理念，意在将人从科技的束缚中解放出来。

现代人本主义主张人要摆脱对科技的依赖，恢复其在世界中的真实地位，而不是依赖科技进步。从社会发展中看到人作为主体的地位被强调，到从教育领域中看到学习者、教师作为教学活动主体的"人"被重视，"以人为本"的思想在各个领域，包括教育领域，都得到了普遍关注。体育教学中的"以人为本"理念意在将参与教学活动的个体从传统教学的去人性化状态中解脱出来，恢复其在教学中的主体地位，强调

"人"的价值。在教学过程中，关注教师和学生的自我发展，以及他们的健康和可持续发展，是体育教学中"以人为本"理念的体现。

二、"以人为本"的教学观点

"以人为本"的教育理念肯定了人在教育中的重要作用，在体育教学实践的广泛应用中，体育教学工作者对该理念的观点进行了总结，如图2-1所示。

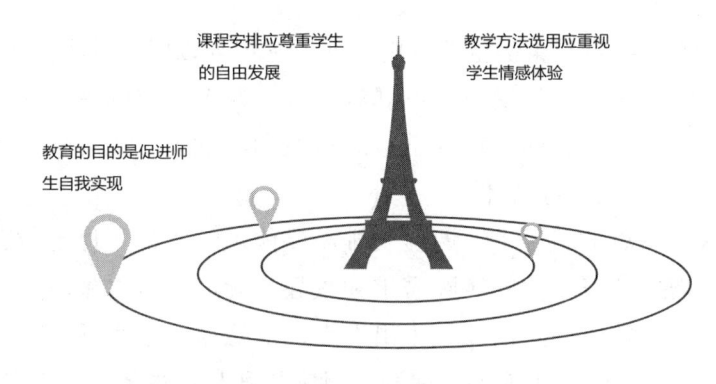

图2-1 "以人为本"的教学观点

（一）教育的目的是促进师生自我实现

教育的目标不仅仅是传授知识，更在于促进师生自我实现，让他们在教学活动中实现自我价值。"以人为本"的教学观点认为，教育应该是一个寻找自我、发现自我、实现自我的过程，而不仅仅是知识的灌输和技能的训练。这种观点将人的需求、兴趣和发展放在了教育的中心位置，强调教育应该是学生和教师共同探索、共同学习、共同成长的过程。在教育中，师生的自我实现就是他们在教育活动中，找到自我、实现自我价值的过程。这就要求高校在教学过程中关注学生和教师的需求，关注他们的发展，关注他们的情感体验，关注他们的自我认知。在教学过程中，学生和教师都应该是活跃的参与者，是教学活动的主体，有权力参与教学活动，以及对教学活动进行改进和创新。

在"以人为本"的教学观点中,教师和学生的自我实现是通过他们的互动、合作和交流来进行的。在教学过程中,教师不仅要教会学生知识,还要引导他们去探索、去思考,培养他们的创新能力和批判性思维,让他们在解决问题的过程中实现自我成长。同时,教师自己应该是一个不断学习、不断成长的人,他们应该积极参与教学研究,通过对教学方法、教学内容、教学策略的研究和改进,来实现自我成长。

(二)课程安排应尊重学生的自由发展

课程安排需要尊重学生的自由发展。它倡导以学生的需要为出发点,让学生在学习过程中享受自由发展的权利。这个观点强调,教育的目标不应只是灌输知识,而是培养学生的自主学习能力,激发学生的学习兴趣,提高学生的学习积极性。

在这一观点的引导下,课程安排需要体现学生的主体地位,强调学生的学习需求,以学生的实际需求和兴趣为导向,因材施教。对于课程内容,应该以学生的生活经验为出发点,设置与学生生活、兴趣紧密相关的课程内容,使学生能够在课程学习中找到与自身经验、兴趣的联系,提高学习的积极性和主动性。课程安排应尽可能地为学生提供自由选择的机会,让学生有自主选择课程的权利,提高学生学习的主动性和自主性。在课程的安排上,应尽可能地提供多元化的课程,让学生可以根据自己的兴趣和需求选择,也要提供足够的时间和空间,让学生可以自由发展。在课程的教学方式上,"以人为本"的教学观点提倡采用以学生为中心的教学方法,如探索式学习、合作学习等,让学生主动参与课堂,互动交流,以实现真正的学习。

(三)教学方法选用应重视学生情感体验

当学生在学习过程中体验到快乐,感受到成功,他们会对学习产生积极的情感体验,从而对学习产生更大的兴趣。教学方法的设计应让学生在探究、发现和创造中体验到乐趣,"以人为本"的教学观点主张,在教学方法的选用上,应当重视学生的情感体验。这种观点认为,情感体验在学生的学习过程中起到了至关重要的作用，因为它能够影响学生的学习动力，进而影响其学习成果。

情感体验不仅包含学生在学习过程中的喜悦、兴趣、好奇心等积极情绪，还包含学生在面临困难时的挫败感、疑惑和不安等消极情绪。这些情绪会对学生的学习行为产生直接影响，甚至在很大程度上决定了学生对学习的态度和积极性。因此，选择教学方法时，教师需要考虑的不仅仅是教学内容的传递，还应考虑学生的情感体验。教学活动的设计，需要营造出允许学生感知、表达、探索和理解各种情绪的环境，让他们在参与的过程中感受到愉快和满足，从而更积极地投入学习中。例如，在实施教学活动时，教师可以引导学生参与小组讨论、角色扮演、案例研究等多种形式的活动，让他们在实践中感受到学习的乐趣和成就感，同时能够培养他们的团队合作精神和解决问题的能力。教师还可以通过设定不同难度的任务，让学生在挑战和成功中体验到进步的喜悦，增强他们的自信心和动力。而当学生在学习中遇到困难时，教师应鼓励他们面对和解决问题，而不是回避，这样便可以让学生在挫败和成功中体验到自我成长的过程。

三、高校体育"以人为本"教学理念建构的基本原则

（一）求真——学校体育运行的原初动力

在体育教学中，"求真"主要体现在对知识的研究和传授上。体育教学应始终秉持科学精神、追求真理，以科学的、客观的态度面对体育领域的问题。这不仅体现在对体育知识的深度理解和准确传授上，还体现在对体育训练方法、技术技巧和体育竞赛规则的严谨把握上。"求真"原则的贯彻，还需要教师在教学中力求实效，注重实践，用真实的教学成效检验教学理念和方法的科学性。这意味着，教师应用实际行动去实践"以人为本"的教学理念，通过科学的教学方法，使每一个学生得到全面的发展，而不仅仅是体育技能的提高。在体育教学中，难免会出现各种问题和挑战，如如何调动学生学习的积极性、如何改进教学方法以适应

不同学生的需求、如何在有限的教学时间和资源下提高教学效果等。面对这些问题和挑战，教师应秉持求真的精神，不回避问题，不怕困难，勇敢尝试，勇于创新，不断寻求更好的解决方案。

（二）尚善——学校体育运行的终极目标

"尚善"原则是体育教学的终极目标，指引体育教学向着更加积极、健康的方向发展。体育教学不仅要提高学生的体质和技能，还是一种价值观的培养，一种品质的塑造。体育教学中的竞技体育，可以通过规则的执行和比赛的过程，培养学生的团队合作精神、公平公正观念和面对挫折的勇气。这些都是生活中必不可少的素质，是人生成功的关键。尚善原则也要求教师有高尚的教育情操，关爱每一个学生，用心理解学生，用心引导学生，用心帮助学生。教师应以身作则，用自己的言行影响学生，启发他们尊重他人、尊重规则、尊重自然、积极向上、热爱生活。

（三）臻美——学校体育运行的核心功能

"臻美"即追求卓越和完美，是学校体育运行的核心功能。这个原则注重激发和满足学生对美的追求，体现在对体育技巧的精细化、艺术化表现，以及对人之全面发展的追求方面。

体育活动在形式和内容上蕴含着美，如体育技艺的展示、体育比赛的过程、体育运动员的精神风貌，都是美的体现。因此，体育教学应以引导和培养学生发现和创造美，欣赏和享受美为目标，通过体育活动实践，使学生在体验美、追求美的过程中，提高自我认识，丰富情感体验，激发创新精神。臻美原则在体育教学中还体现在教师的教育艺术方面。教师是教育的主导者，他们的言行对学生有着重要的影响。教师应具备高尚的道德品质，深厚的专业素养，良好的教育技艺，他们的教育行为就是美的体现。教师通过他们的专业素养和良好的教育艺术，引导学生追求卓越、追求完美，从而实现教育的目标。

(四) 求群——学校体育运行的社会需求

求群指的是追求团体的力量和团结协作，这是高校体育运行在社会需求层面的基本原则。从体育的产生和发展开始，体育就具有了社会性。古代射箭（田猎、教育和训练、射箭比赛）活动在原始社会是一项普遍的社会活动，具有深刻的社会性。①

体育活动往往需要团队的协作，即使是个人项目，也需要教练、队友的配合和支持。团队中的每一个成员都需要学会如何与他人进行有效协作，如何调整自己的行为以适应团队的需求，如何在团队中找到自己的位置并尽力发挥自己的长处。这就要求体育教学重视团队精神和合作能力的培养，将这些作为教学的重要目标。现代社会，无论是在工作还是在生活中，人们都需要与他人合作，解决各种问题。而有了良好的团队精神和合作能力，不仅可以提高工作效率，还可以建立人与人之间的和谐关系，促进社会和谐发展。因此，社会对具有良好团队精神和合作能力的人才有很高的需求。求群原则还意味着体育教学应重视团体活动，让学生有更多的机会参与团体活动，体验团队协作的乐趣。学生通过团体活动，可以在实践中学习如何与他人合作，如何处理团队中的矛盾和冲突，如何发挥团队的力量来达成目标。

四、"以人为本"教学理念下高校体育教学对策

(一) 重新定位体育教学价值

在过去的体育教学实践中，人们对"育人"的认识存在一些误区。通常人们会从生物学的角度去理解体育，过分强调体育的作用在于增强体质。这种观点往往忽略了体育教学更深层次的价值。例如，有些教师会把足球运动教学的目标理解为争夺球，而忽视了人在这个过程中的主导地位。实际上，人应该是体育活动的真正主体。

---

① 张元. 从周代的射箭活动看体育的社会性[J]. 内蒙古师范大学学报，1979（2）：51—56.

在全球化进程中，教育思想正在不断发展和融合。"以人为本"的教育理念体现了当代社会对人的全面发展的重视。体育教学应该回归人性，把"育人"作为其根本目标。在现代高校体育教学中，"以人为本"的教学理念符合时代的发展要求。在现代社会，人的全面发展在各个领域都得到了重视。即使在智能化的生产环境中，人依然是关键因素。因此，体育教学应该关注学生，作为教学的主体，他们的参与是教学活动能否成功的关键。同样，教师在教学活动中的作用也较为重要。

当前，中国的体育教学思想呈现出多元化的发展趋势。许多教学思想都围绕着"人"的教育来进行，探讨如何在体育教学中更好地促进和实现人的全面发展。这是现代体育教学的重要目标，也是"以人为本"教学理念的体现。

（二）加强理念引领，升级教学理念

传统的教学理念主张教师是知识的传授者，学生是知识的接收者，这种"填鸭式"的教育模式无法满足现代社会对人才培养的多元化需求。而"以人为本"的教学理念强调学生的主体地位，提倡教师引领、学生自主、共同探索的教学模式。

要实现这一转变，首要任务便是在教师队伍中普及和深化这一理念，通过讲座、研讨会、培训等形式，帮助教师理解和掌握"以人为本"的教学理念，以及如何将其具体到每一次的教学实践中。对于教师来说，既要调整自己的教学理念，也要调整教学行为，使其真正符合"以人为本"的教学原则。例如，教师要更加重视学生的学习兴趣和个性差异，关注学生的学习体验和情感需求，营造鼓励创新、倡导合作的学习环境，以此来激发学生学习的主动性和创新精神。在教学实践中，教师还要大胆创新，积极探索适应"以人为本"教学理念的新的教学方法和手段。比如，利用信息技术和大数据，开发个性化的学习资源和教学工具，提供更加丰富多样的教学内容和形式，满足学生的个性化学习需求。

教育行政部门也应该加大对"以人为本"教学理念的推广力度。在制定教育政策时，要充分考虑学生的需求和利益，尽可能为其提供更多

自主学习的机会，减少对教师和学生的行政干预，让教学活动真正地以学生为中心。

（三）开发教学课程

高校体育教学课程的开发需要以学生为中心，注重满足学生的个性化需求。不同的学生在对体育的兴趣、体质、技能水平等方面存在不同的差异，因此在课程开发时，教师需要设计多种课程类型，让每一位学生都能找到他们感兴趣的体育项目。例如，除了常规的篮球、足球等团队运动，还可以开设瑜伽、爬山、潜水等课程，以满足学生的不同需求。教育的最终目标是促进学生全面发展，体育教学也不例外。因此，在课程设计中，教师应注重培养学生的身体素质，提升他们的体育技能，还要着力培养学生的团队协作能力、领导能力、情绪管理能力等综合素质。在课程开发中，教师还需要注重学生的实践体验，让他们在参与体育活动的过程中，能够感受到快乐，提高他们对体育活动的参与度。这一点对于高校体育教学尤为重要，因为大学生正处于人生发展的重要阶段，他们的体育兴趣和习惯往往会影响他们未来的生活方式，这要求学校应当提供有趣、有吸引力的体育课程，激发他们的体育兴趣，帮助他们养成良好的运动习惯。

此外，随着科技的发展，高校体育教学也可以利用数字化技术开发新的课程。比如，教师可以通过虚拟现实技术让学生在课堂上就能体验到各种体育项目的魅力。

（四）建设教研团队

教研团队的构成应多元化，包括经验丰富的体育教师、理论研究深厚的学者，甚至是有着丰富实践经验的运动员。多元化的团队能带来不同的观点和见解，有助于创新教学方法和理论。教研团队应注重成员间的交流和协作，通过分享各自的教学经验、研究成果，共同探讨教学方法，提高教学效果。比如，教研团队可以定期举行研讨会，让团队成员分享他们在教学中的新发现、新理念，以及面临的挑战和问题。理论研究是提升教学质量的基础,而实践活动则是检验理论的场所。教研团队应结合实际教学,进行有针对性的理论研究,然后将研究成果运用到实际教学中,检验其效果。教研团队还应积极引进新的教学理念、新的教学方法,如主题式教学、情景式教学、探究式教学等,尝试将这些新的教学方法应用到体育教学中,寻找适合高校的教学模式。同时,教研团队可以利用现代化技术,如信息化教学、网络化教学、模拟化教学等,提高教学效果。教研团队的发展与壮大离不开高校的大力支持,高校应为教研团队提供足够的资源,如经费、设备、场地等,同时给予教研团队足够的自由,让其可以自主开展教研活动,创新教学方法。

(五)丰富教学评价体系

1.构建教学评价内容框架

根据框架构建的依据、构建的原则和问卷调查的结果,确立以人为本视野下高校公共体育教学评价的内容:一级指标5个,二级指标17个,三级指标40个。[①]

一级指标包括体育基本知识与技能、身体素质、身体健康、课堂表现与行为、体育素养与能力;二级指标包括体育基本理论知识、运动技术技能、力量素质、耐力素质、速度素质、弹跳素质、柔韧灵敏素质、健康习惯、体质健康、心理健康、思想修养、学习态度、学习方法、学习反思、体育交流与合作、体育创新能力、体育情感与审美;三级指标40个。框架的主要内容如表2-1所示。

---

① 陈玉清.以人为本视野下高校公共体育教学评价改革与运思[D].长沙:湖南大学,2011.

表2-1 高校体育教学评价框架内容一览表

一级指标	二级指标	三级指标
体育基本知识与技能	体育基本理论知识	1. 掌握科学锻炼身体的方法 2. 掌握所学技术的有关理论知识 3. 掌握正确评价运动负荷的方法 4. 正确处理运动中常见的运动损伤
	运动技术技能	5. 熟练掌握1～2项运动技术 6. 提高运用技术、战术的能力 7. 提高运动中安全事故预防能力
身体素质	力量素质	8. 男生：引体向上或铅球；女生：仰卧起坐
	耐力素质	9. 男生1 000米；女生800米
	速度素质	10. 50米或100米
	弹跳素质	11. 立定跳远或跳绳
	柔韧灵敏素质	12. 绕杆跑
身体健康	健康习惯	13. 讲究个人卫生，有健康的生活方式，合理饮食、按时起居；无抽烟、喝酒等不良嗜好 14. 坚持锻炼身体，积极参加课外体育活动
	体质健康	15.《国家大学生体质健康标准》的达标测试
	心理健康	16. 能正确认识自己、评价自己，会以正确的方式表达自己的思想和观点，并能理解、尊重他人的观点，善于倾听他人的意见，善于与同学、教师沟通，关系和谐 17. 情绪稳定、能有效地调节情绪，无过激与反常行为 18. 坚强、有恒心、有毅力，能积极应对挫折 19. 有良好的社会适应能力
课堂表现与行为	思想修养	20. 尊重教师，团结同学，举止文明，待人有礼貌 21. 爱护公物，爱惜和保护体育器材和设施 22. 具有环保意识，在课堂和体育场地上不乱扔垃圾

续　表

一级指标	二级指标	三级指标
课堂表现与行为	学习态度	23. 不迟到、早退；不无故请假与旷课 24. 学习目的明确、学习态度端正，具有浓厚的求知欲和学习兴趣 25. 学习积极、主动、勤奋、认真，努力克服学习中的困难
	学习方法	26. 掌握有效的学习方法，学习有目的、有计划、有系统性 27. 养成良好的学习习惯，能自觉完成学习任务 28. 能够进行研究性学习，并掌握进行研究的初步方法
	学习反思	29. 善于对自己的学习过程和结果进行总结和反思
体育素养与能力	体育交流与合作	30. 能够流畅地表述自己的思想和观点，参与同学之间的课堂讨论与交流，并能理解、尊重他人的意见 31. 善于与同学、教师沟通，关系和谐 32. 能把自己当作集体的一员，共同努力实现目标 33. 在集体中，能正确评价和调节自己的行为
	体育创新能力	34. 会运用已有的知识技能，独立地提出问题、分析问题并解决问题 35. 积极参与创新活动，形成创新性思维与习惯 36. 具备一定的创造能力
	体育情感与审美	37. 关心国家体育大事，热爱体育活动，具有爱国主义精神和民族自豪感，以及正确的体育价值观、领悟体育文化和陶冶体育情操 38. 有健康的审美情趣和生活情调 39. 掌握一定的体育审美知识和体育礼仪 40. 学会欣赏体育赛事，善于发现体育美，具有一定的体育鉴赏力

2.选择合适的教学评价方法

（1）符合"以人为本"教学理念的常见评价方法

①即时评价。即时评价是一种以学生为中心的教学评价方法，其目

标是在教学过程中对学生的学习进展进行实时反馈，从而提高学生的学习成效。这种评价方法不仅包括对学生知识技能的评价，还通过评价过程使学生对自我学习有所认知和反思，进一步引导学生自我学习、自我调整。即时评价在实际教学中有广泛的应用价值。课堂教学中，教师可以利用这种评价方法，对学生的课堂表现、学习态度、学习方法等进行实时反馈，使学生能够在学习过程中及时了解自我的学习情况，明确学习目标，调整学习策略。

②形成性评价。形成性评价也被称为过程性评价，主要以学生学习过程中的行为、情绪和态度为评价对象。此种评价方式强调对学生学习过程的连续观察与记录，其主要目标是通过对学生的学习过程进行诊断，以期对教学过程进行优化和改进。形成性评价的基本原则是激发学生对学习的热情，对学习中可能出现的问题进行有效调整，并提升学生的自信心，使他们为自己的成就感到骄傲。形成性评价的另一个重要特性是将学生从被评价的对象转变为评价过程的积极参与者和主导者。它不仅会对每个阶段性目标的完成情况进行判断，还能使教师根据反馈信息调整教学行为，从而强化学生的学习行为。然而，这种评价方式在高校体育教学中的应用相对较少。通常情况下，教师更可能在学期结束时进行一次期末考试，对学生进行总结性评价。

③总结性评价。其主要集中在学习阶段的结尾，旨在对学生在一个确定的学习阶段内的知识理解和技能掌握程度进行评估。这种评价方式重点是对学习结果的测量，通常采取书面考试、口头报告、项目提交等形式，对学生的学习成果进行全面而系统的测量。相较于形成性评价，总结性评价更倾向以成绩的形式来展示学生的学习效果。虽然此方式可能忽视了学生在学习过程中的努力和进步，但它提供了一个标准化的基准，以便教师、学生、家长和其他相关人员了解学生在特定课程或学期中的学习表现。

④自我评价。自我评价体现了一种自我意识的发展和表现，是学生将自己置于认知对象的位置，对自己的生理状态、心理状态、个人特性，以及自身的思维、愿望、行为、情绪、能力、状态和发展方向进行理解

和评估。自我评价主要涉及学生对自身学习过程和结果的描述与判断。在自我评价过程中，学生应坚持真实、客观的原则，对自我进行公正的评价，精确的自我评价能促进个人的不断完善和发展。学生进行自我评价，那就意味着学生要进行自我导向与控制、自我审视与诊断、自我促进与激励，这就是元认知，是对自我评价功能的一种运用途径。[①] 然而，在当前的体育教学评价体系中，自我评价的应用较少，学生多半会成为评价的被动接受者。要真正实现以人为本的教学理念，自我评价的引入是体育教学评价改革的重要方向。

⑤他人评价。他人评价是教学评价的重要组成部分，它是以教师、同学或其他相关人员对学生在学习中的态度、表现、成果等方面的评价。在教学评价过程中，他人的评价能为学生提供一种外部的、相对客观的反馈，有助于学生认识和改进自己的不足。对于教师来说，他们是最直接的教学评价者，因为他们能够准确地把握学生的学习进度和学习状态，发现并及时调整教学策略，以适应学生的学习需求。同学的评价同样有其独特价值，同学作为在同一教学环境中的参与者，能够从学生角度提供一种更接近真实的、同级的反馈，有助于打破教师评价的单一视角，实现评价的多元化。其他相关人员的评价，如家长、社区成员等，也是他人评价的重要内容。他们的评价有助于体现学生在家庭、社区等环境中的表现和成长，提供教学评价的社会化视角。

⑥定量评价。定量评价是教学评价的主要方法之一，主要依赖数据和数值来衡量学生的学习成效。这种评价方式通常涉及测试、评分和成绩的计算，这些是基于学生学习行为的客观记录，其核心是为教师提供精确、可衡量和可比较的数据。在教学评价中，定量评价为教师提供了明确和直观的反馈，有助于教师迅速了解学生在特定学习目标上的进展。这种评价方式的评价结果清晰明确，易于理解，可以为学生提供直观的学习反馈，帮助他们在学习中找到自己的定位，从而有针对性地提高学习效果。

---

① 窦洪庚.发展元认知与实施自我评价[J].化学教育，2004（11）：10—13.

⑦定性评价。定性评价是一种涵盖更广泛、层次更深的教学评价方式，强调以描写、解释和解构为主，关注学生的思想、情感、态度、价值观，以及他们在学习过程中的行为表现，而不仅仅是对学生知识掌握情况的评价。定性评价关注的是学生的个体差异和学习过程。教师通过对学生日常学习行为的观察和记录，能够了解学生的学习兴趣、学习动机、思维习惯等非知识性的学习特征。这种评价方式能为教师提供关于学生学习过程的丰富信息，帮助教师调整教学方法和策略，进而更好地满足学生的学习需求。同时，定性评价通过直接了解学生的学习经验，提高了其评价的真实性和可信度。因此，它能使评价更具教育意义，更能体现教育的公正性。

⑧发展性评价。发展性评价不只着眼于学生的当前水平，更重要的是关注学生的学习过程和发展趋势，它强调学生的进步和提高，而不是学生的固定水平。在这个过程中，教师需要对学生的每一个学习阶段进行全面、系统的评估，通过对学生的学习表现进行持续、系统的观察和记录，从而加深对学生的了解。对于学生来说，这样的评价方式可以帮助他们更好地理解自己的学习过程，提升他们的自我认知能力，有助于建立自我监控和自我调整的学习模式。发展性评价还为教师提供了进行教学反馈和调整的依据。教师可以根据评价结果，及时调整教学策略，为学生的进一步学习提供个性化的指导和支持。在这一点上，发展性评价有着显著的优势。

（2）"以人为本"理念下体育教学评价方法的运用

①自我评价与他人评价相结合，实现评价主体的多元化。在这个过程中，学生不仅能更深入地了解自己，还能从他人的视角中看到自己，为自己的全面发展奠定坚实基础。同时，教师能更全面地了解学生，为其提供更为个性化和有效的教学指导。因此，自我评价与他人评价的有机结合是实现体育教学评价主体多元化的重要途径。

②总结性评价与形成性评价相结合，实现评价中心的转移。总结性评价的重心在于结果，而形成性评价更偏向过程。体育教学评价由关注结果转向关注过程，实现了评价中心的转移，是体育教学评价改革进步

的反映，也是今后努力的方向。只有将注意力集中在过程上，才能真正实现"以人为本"的教学理念，从而得知学生学习和发展情况，了解他们的进步。在教学过程中，对学生学习过程的评价需要进行精心设计，采取多种形式。比如，提出问题，通过问题了解学生的表现：他们是否理解问题，是否对问题进行了思考和分析，解决问题的策略有几种，等等；又如，进行阶段性小测验，对每个技术动作学习完成后进行考核，等等。对学习过程中的评价，应当做好记录，在期末结合总结性评价对学生进行综合评价。只有总结性评价和形成性评价相结合，才能真正发挥评价的效用，全面反映学生的成长，培养积极的学习态度，激发学习兴趣，树立自信心，养成良好的学习习惯和终身体育思想，才能实现学生持续发展的目标。

③定性评价与定量评价相结合，实现评价方法的多元化。如今的评价模式从强调数量化评价向更加看重质量化评价转变。在追求客观性和精确性的过程中，数量化评价一度成为体育教学评价的重要特征。以数量化的方式描述学生的发展会表现出僵硬、过度简化和表面化的特点。学生身心的丰富发展、个人特质、努力与进步常常被忽略在一系列的数据之中。在体育教学环节，数量化评价简化了体育教学的复杂性，质量化评价以其全面、深入、真实再现评价对象特点和发展趋势的优势，已成为全球教学评价改革所推崇的评价方式。质量化评价并未从本质上排斥数量化评价，它常常与数量化评价整合应用。因此，结合质量化评价与数量化评价，运用多样化的评价方法，将有利于更清楚、更准确地描述学生全面发展的情况。

④注重发展，淡化甄别与选择，实现评价功能的转化。联合国教科文组织在《学习：财富蕴藏其中》研究报告中提出，教育的培养目标"学会认知、学会做事、学会共同生活、学会生存"为现代人一生发展的四大支柱，即教育要为学生的终身发展奠定基础，应在培养目标上着眼于人的全面发展。传统的学校体育教学目标和评价机制面临挑战，相应地会发生转折性的变化，转而注重学生的学习态度、学习能力、交流与协作、创新意识、社会实践能力和身心健康等方面的综合培养，为终身体

育打下坚实的基础。在评价过程中，将不再对学生的学习成果进行简单评判，而更多地关注学生学习过程和学习能力的培养，这包括学习方法、学习态度，以及情感、意志力和价值观的形成。评价的目的不再仅仅是甄别和选拔，而是为了更有效地发挥评价的作用和激励效果，关注学生的健康成长和进步状况。

第二节 "健康第一"教学理念

一、"健康第一"教学理念的理论依据

从世界范围来看，"健康第一"教学理念的提出符合世界教育发展趋势和社会对人才的发展要求。

（一）世界范围内对人类健康发展的重视

全球化进程中，各国在面对健康挑战时的相互合作，反映了这一趋势。世界卫生组织对公众健康问题的高度关注，以及在全球范围内推广健康的生活方式，这都是重视人类健康发展的体现。在教育领域，世界各国也将健康教育作为教学的重要组成部分。体育课程旨在通过体育活动，提高学生的身体素质，培养健康的生活方式和习惯。而在体育教学中，"健康第一"的教学理念，也得到了广泛认可和实践。

"健康第一"的教学理念，是对健康重要性的深刻理解。健康不仅是生活的基础，还是提高生活质量的重要因素。在现代社会，健康问题与社会发展、科技进步、生活方式改变等密切相关。因此，全球范围内对人类健康发展的重视，为"健康第一"教学理念提供了有力的理论依据。

（二）社会发展对人才健康发展的客观要求

在知识经济时代，人才的健康不仅包括身体健康，还涵盖了心理健康、社交健康和职业健康等方面。一方面，由于社会竞争压力的增大，

心理健康问题日益受到重视，能够保持良好心态的人才更能适应社会发展的需要。而社交健康，能帮助个体建立健康的人际关系，增强团队协作能力，提升工作效率。职业健康是指个体能够在职业生涯中保持身心健康，避免因工作压力、环境因素等导致的健康问题。另一方面，现代社会对健康人才的需求也表现出具备健康生活方式和健康价值观的个体能够更好地适应社会发展，发挥更大作用的趋势。他们在维护个人健康的同时，能够积极推广健康生活方式，对社会健康发展起到推动作用。

高校作为培养人才的重要基地，承担着人才健康发展的重要职责。体育教学作为高校教学的重要组成部分，是实现学生健康发展，培养健康人才的重要途径。高校通过体育教学，不仅能够提高学生的体质，还能培养他们的健康生活方式，增强他们的心理素质，提升他们的社交能力。"健康第一"的教学理念，正是社会发展对人才健康发展客观要求的有效回应。高校通过实施这一教学理念，可以帮助学生树立健康的生活方式和价值观，提升他们的健康素养，为他们的健康发展和社会发展作出贡献。

二、"健康第一"教学理念的特点

"健康第一"教学理念内涵丰富，在体育教学实践中主要表现为以下几个特点，如图2-2所示。

1　强调身体健康是健康的基础

2　强调多元健康发展的素质教育

3　强调健康教育的全面性

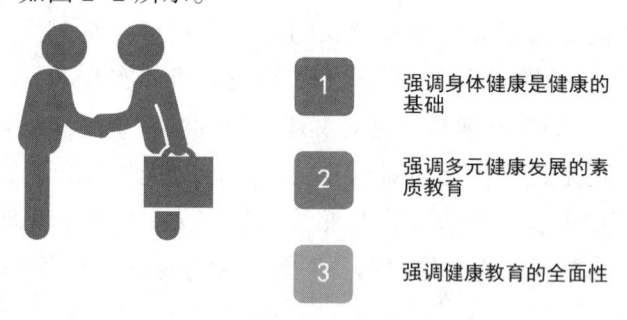

图2-2　"健康第一"教学理念的特点

（一）强调身体健康是健康的基础

身体健康不仅是生活的基石，还是实现生活目标、社会目标和职业目标的必要条件。没有良好的身体健康，其他的健康领域，如心理健康、社交健康和职业健康，都会受到影响。身体健康的核心是保持良好的生理机能和体能水平。生理机能关乎每个人的生命活力，包括心肺功能、免疫功能、神经系统等机体系统的健康运行。体能水平则关乎个体的体力、速度、耐力、柔韧性和协调性等方面，这些因素在日常生活中有广泛应用，它们会影响个体的活动能力和生活质量。身体健康还涵盖了生活习惯的健康，这包括合理的饮食、规律的作息、适度的运动和良好的个人卫生习惯等。良好的生活习惯能够帮助人们维护健康，预防疾病，增强抵抗力。

"健康第一"教学理念通过强调身体健康的重要性，鼓励学生养成健康的生活方式，培养他们的身体素质和体能，从而为他们的全面发展打下坚实的基础。在这个理念下，体育教学被赋予了新的意义和使命，它不仅是提高学生体质的手段，还是培养学生健康意识、健康习惯和健康技能的重要途径，有助于他们在日常生活中实践和推广健康理念，为维护个人健康和社会健康作出贡献。

（二）强调多元健康发展的素质教育

"健康第一"教学理念强调多元健康发展的素质教育。它不仅注重身体健康，还注重个体的心理健康、社会健康和精神健康等。这种理念是一种全人健康观，以个体健康的多维度、全方位发展为目标。

心理健康是这一观念中的一个重要部分，包括情绪稳定、自尊自信、解决问题的能力，以及应对压力的策略。良好的心理健康不仅有助于个体实现自我价值，还能提高生活满足感和幸福感，对个人的成功和满足感产生积极影响。社会健康则关注个体与社会的互动关系，包括良好的人际交往能力、团队合作能力、公民责任感等。它有助于个体建立良好的人际关系，提高社会适应性，促进其在社会中的积极发展。精神健康是指个体对生活的积极态度、目标追求及生活意义的认知，它影响着人的心态和人生观。精神健康是维持生活质量和个人成就的关键因素，有利于个体实现其人生价值和目标。

（三）强调健康教育的全面性

全面性体现在两个方面：一是全面关注学生的健康状况，包括身体、心理、社会和精神四个方面的健康；二是全面参与健康教育的实施，包括学校、家庭、社会等各个环节。关于第一个方面，在上一点中已进行详细论述，在此重点介绍第二个方面。

在全面参与健康教育实施方面，学校不仅需要承担起教育和引导学生形成健康生活方式的任务，家庭和社会也需要参与其中。学校通过体育教学，让学生掌握健康知识，形成良好的生活习惯，家长则需要在家庭中为孩子树立榜样，引导他们健康饮食、适度运动、规律作息。社会也需要提供健康的生活环境，如设立公共运动场所、开展各类健康活动等，以营造良好的社会氛围。

三、"健康第一"理念应用于高校体育教学的基本原则

（一）强调实践

强调实践原则是体育教学应以学生的实际行动为主，使他们在实践中学习和领悟体育知识、技能，以及培养健康的生活方式。这是因为体育技能的学习和健康理念的培养，不能只停留在理论层面。理论知识的学习应当作为实践的导引，而最终的理解和掌握，需要在动手动脑的过程中完成。这一原则的运用，要求教师开展丰富多样的实践活动，充分调动学生的积极性，让他们在实践中理解健康的含义，以此来培养他们健康的生活态度和行为习惯。例如，教师可以引导学生参加各种体育运动，如球类、田径、健美操等，让他们在运动中感受体育的乐趣，养成坚持锻炼的习惯。

（二）长期持续

长期持续原则要求高校体育教学应注重培养学生的健康生活习惯和终身体育锻炼习惯，而非单纯追求一时的运动成绩或技能。教师通过体育教学，引导学生树立科学的健康观念，明白保持健康的重要性，并将之融入学生的日常生活中。在此过程中，教师不仅需要教授健康知识，还要教导学生如何在日常生活中应用这些知识，如何制订并执行健康计划，以及如何面对挑战和困难。

（三）整合资源

整合资源的首要目标是创设有利于学生健康发展的学习环境。高校体育教学应利用各种资源，提供多种形式的体育活动，以满足不同学生的需求。例如，高校可以通过合理配置和使用体育设施和器材，为学生提供丰富多样的运动项目，以激发学生的运动兴趣，鼓励其积极参与。整合资源也应注重教师资源的开发利用，教师是体育教学的主体，也是学生健康发展的重要引导者。高校通过为教师提供专业培训和持续教育，提高教师的专业素养和教学能力，帮助他们更好地实现"健康第一"的教学理念。高校还应借助社会资源，建立校内外合作机制，充分利用社会体育资源，为学生提供更丰富的体育活动内容和形式。例如，高校可以通过与社区、企事业单位等合作，举办各类体育赛事或活动，为学生提供更广阔的锻炼平台。

（四）关注健康素养

健康素养是促进学生健康的决定因素。体育教学应当以提升学生的健康素养为目标，教授学生如何理解健康信息，如何评估运动的风险与收益，以及如何制订健康的运动计划。高校体育教学还应以提高学生的健康素养为目标，通过各种活动和项目，使学生在实践中积累经验，学习和掌握维持健康的技能。例如，高校可以通过健康课程、健康讲座、健康体验活动等方式，为学生提供学习健康知识和技能的机会，使学生在实践中提高健康素养。关注健康素养还可以培养学生的责任感和自主性。学生通过体育教学，可以理解到，管理自己的健康是自己的责任，需要自己主动去维护和提升。

四、"健康第一"教学理念下高校体育教学的对策

（一）更新教学理念

"健康第一"教学理念的内核是以健康为基本的教学目标。在高校体育教学中，教师要时刻保持这样的意识：体育课程不仅仅是学习运动技能，更是培养学生健康生活方式的主要阵地。因此，教师的教学理念应以健康为中心，关注学生健康全面发展，这既包括身体健康，也包括心理健康。在实施"健康第一"教学理念时，教师需要保持开放和包容的态度，因为每个学生的健康需求和体质条件都是不同的，所以在教学过程中，教师要根据学生的实际情况进行教学，尊重学生的个性差异，关注每个学生的健康成长。

（二）改革课程内容

课程内容的改革应注重健康知识的渗透和运动技能的实践。在以往的教学过程中，运动技能的训练通常是主导，而健康知识的教育常常被忽视。改革后的课程内容应将两者有机结合，一方面，通过实践运动技能，帮助学生了解运动对身体的益处，激发学生的运动兴趣；另一方面，通过对健康知识的学习，让学生了解如何科学运动，防止运动伤害，养成健康的生活方式。课程内容还需要注重多元化和个性化，随着生活方式的多样化，人们的健康需求也在不断变化。因此，体育课程应涵盖各种运动项目，满足学生的不同需求，同时要注重学生的个体差异，根据每个学生的体质、兴趣和能力进行针对性教学。

（三）实施差异化教学

差异化教学需要灵活运用不同的教学方法，教师可以根据学生的学习风格和能力水平选择合适的教学方法。例如，对于喜欢与他人合作的

学生，教师可以采用小组合作学习的方法，让他们通过协作和互动来解决问题和完成任务。小组合作学习的方法可以培养学生的团队合作精神、沟通能力和解决问题的能力。对于喜欢独立思考和探究的学生，可以采用探究式学习的方法，让他们通过自主探索和发现来构建知识和解决问题。这种学习方式可以激发学生的好奇心和探索欲望，培养他们的自主学习能力和批判性思维。对于学习困难或需要额外指导的学生，可以提供个别指导和支持，根据他们的需求和水平制订个性化的学习计划。差异化教学通过不同的教学方法，可以激发学生的学习兴趣和参与度。学生在参与有趣、富有挑战的学习活动时更容易保持注意力和积极性。例如，通过游戏化教学的方式，将学习内容转化为游戏和竞赛，可以提高学生的学习动力和积极性。另外，差异化教学也可以根据学生的能力水平设置适当的任务难度，让学生感到有挑战性但不过于困难，从而提高他们的学习效果，增强他们的成就感。

（四）提高教师素质

教师需要具备扎实的学科知识和教学理论，他们应该深入研究体育学科的最新发展动态和前沿理论，不断更新自己的学科知识，提高专业水平。他们还应当与学生建立良好的师生关系，理解学生的需求，以及与学生、家长和其他教育者进行沟通和合作。这有助于营造积极的教学氛围，促进学生的参与和学习效果的提升。随着社会的变化和教育的发展，教师需要不断更新自己的教学方法和教育技术，以适应新的教学需求和学生的特点。他们应积极探索和创新教学模式和教学资源，引入多媒体技术和互联网资源，使教学更富有趣味性和互动性，激发学生的学习兴趣。作为体育教学工作者，教师应以身作则，确保自身的健康，保持良好的心理状态，拥有健康的体魄，这不仅有助于教师的健康发展，还能够为学生树立榜样。

（五）建立健康评价系统

健康评价系统应包括学生身体素质、心理素质和社交能力的评估。

在身体素质评估方面，除了传统的体能测试，还应考虑学生的柔韧性、协调性和平衡能力等方面。心理素质评估可以通过问卷调查、心理测试等方式进行，关注学生的压力水平、情绪管理能力和自我认知能力等。社交能力评估可以通过观察、反馈和学生自我评价等方式进行，关注学生的合作能力、沟通能力和领导能力等。每个学生都具有独特的个性和潜力，因此评价体系应考虑学生的个体差异和多样性。教师可以引入学生自主评价和学生参与评价机制，鼓励学生发挥主体作用，自我评价和自我反思，形成积极的学习态度和健康的评价观念。健康评价系统还应与教学目标和教学内容相结合，以形成有机衔接关系。评价结果应及时反馈给学生和教师，以便教师调整教学策略和实施个性化的教学计划。同时，评价结果可以为学校和教育部门提供数据支持，以指导教学改革和政策制定。

（六）提供充足的资源

体育教学需要适当的场地和器材来支持学生的体育活动。高校应当充分规划和建设体育场馆、健身房、游泳池等专业设施，以满足学生的各类运动需求。高校还要考虑学生的休闲娱乐需求，为学生提供足够的休闲场所和设施，如户外活动区、运动休闲区等，让学生在校园中自由选择和参与体育活动。除了传统的体育课程，高校还可以开设更多元化的选修课程，如瑜伽、舞蹈、武术等，以满足学生的个性化需求和兴趣爱好。同时，高校可组织丰富多彩的体育活动，如运动会、比赛、运动社团等，为学生提供广泛参与的机会，激发他们的兴趣和热情，培养他们的体育精神和团队合作意识。教师资源的质量也比较重要，教师和辅导员应具备专业的知识和技能，能够根据学生的需求和特点进行教学指导和辅导，为学生提供个性化的学习支持和指导。他们应不断更新自己的知识和教学方法，以适应新的教学理念和要求，为学生提供优质的教育服务。

第三节 "终身教育"教学理念

一、"终身教育"理念的产生

终身教育的概念最早在 20 世纪 60 年代提出,并得到了国际组织和众多国家的重视。在 1965 年的国际成人教育促进会议上,法国成人教育家保罗·朗格朗(Paul Lengrand)发表了《论终身教育》的报告书,强调人格的发展是一个终身的过程,教育不能仅局限于儿童期和青年期,而应贯穿人类生命周期的始终。他提出教育应该在人类存在的各个领域进行,打破原有教育活动之间的隔阂,整合各种教育资源,形成一个能够随时随地为人们提供不同教育的一体化组织。保罗·朗格朗的发言标志着终身教育概念和思想体系的形成。随后,终身教育理论受到国际组织和许多国家的重视和推广。1970 年,保罗·朗格朗出版了《终身教育引论》,全面阐述了终身教育的理念。1972 年,联合国教科文组织发布的《学会生存:教育世界的今天和明天》报告肯定并推广了终身教育的思想,使终身教育成为一种国际性的教育理念。

终身教育概念和理念的提出是对传统教育模式的重要补充和完善。它强调教育应该贯穿人整个的生命周期,不应仅限于特定阶段或特定环境。终身教育的目标是促进个人全面发展和社会进步,通过持续学习和不断更新知识与技能,使个体能够适应快速变化的社会和职业需求。终身教育的推广为人们提供了更多的学习机会和发展途径,使个体能够在不同阶段不断学习、成长和实现自我价值。

二、"终身教育"的内涵

保罗·朗格朗在《终身教育引论》中这样定义终身教育:"是完全意义上的教育,它包括了教育的所有各个方面,各项内容,从一个人出生的那一刻起一直到生命终结时为止的不间断的发展,包括了教育各发展阶段、各个关头之间的有机联系。"联合国教科文组织终身教育部部长捷尔比（Ettore Gelpi）认为："终身教育应该是学校教育和学校毕业以后的教育及训练的统一；它不仅是正规教育和非正规教育之间关系的发展，而且也是个人（包括儿童、青年、成人）通过社区生活实现其最大限度文化及教育方面的目的，从而构成的以教育政策为中心的要素。"[①]

尽管在表达方式上各自强调了不同的方面，但这些理论的核心思想是一致的。在《学会生存：教育世界的今天和明天》这份报告中，联合国教科文组织从内涵发展的视角对终身教育进行了诠释。最初，终身教育只是一个新的术语，用来描述早已存在的一种教育实践——成人教育。随后，这一理念逐步被引入职业教育，并开始影响整个教育活动范围，促进个人的全方位发展，包括智力、情感、审美、社会和政治素养等方面。最后，从个人和社会的视角来看，终身教育已经包括了人一生的所有教育，涵盖了社会的所有形式，成为一种体现在各种形式、各种表达方式和各个教学阶段的教育理念和方法。

现代终身教育的倡导者、研究者和实践者的观点都体现出了这种新的教育理念的深远内涵和广泛应用。尽管表述方式各异，但关键的共识是，现代终身教育的基本目标是要改革教育领域中长期存在的"闭锁与僵硬的""以学校教育为中心"的"封闭型教育制度"，并通过构建学习化的社会来实现具有弹性和活力的"开放型教育制度"。综合来看，终身教育可以被视为人从出生到老年的教育过程。从横向来看，这包括了家庭、学校和社会三个教育领域；从纵向来看，它贯穿了人的整个生命过程。

三、"终身教育"的特征

终身教育主要有以下五大特征，如图2-3所示。

---

① 捷尔比.生涯教育：压制和解放的辩证法[M].前平泰志，译.东京：东京创元社，1983：198.

图 2-3　终身教育的特征

（一）时间特征

终身教育的时间特征是其核心特征之一，这一特征源于"终身"二字。它强调教育的持续性、连续性，意味着教育应贯穿个体的一生，从婴儿期、学前期到学龄期，再到青少年期、成年期，甚至老年期，终身教育都发挥着重要作用。换言之，终身教育的时间特征实质上是指教育的无间断性和普遍性。

该特征表明，人的一生，无论年龄、性别、职业、社会地位如何，都是教育的主体和对象。它跳出了以往教育只在特定时期、特定地点、特定人群中进行的传统观念，提出了每个人都需要全方位、全生命周期的教育。终身教育的时间特征也表明，教育不应该仅仅在学校中进行，而应该在家庭、社会及工作场所等多种场合进行。因此，这一特性也展示了教育场所的多样性和包容性。教育不应仅看作一个阶段性的过程，而应该是一个连续的、动态的过程，每个阶段的教育都与之前和之后的教育阶段紧密相连。每个人都应随着时间推移而持续学习和发展，以适应不断变化的社会环境和人生阶段的需求。

（二）空间特征

这一特征主要包括教育场所的多元性、广泛性和包容性。

1.教育场所的多元性

教育场所的多元性是指教育可以在不同的场所进行，包括学校、家庭、社区、图书馆、博物馆、艺术馆、体育场、工作场所、网络空间等。各个场所都可以成为教育的载体，都可以为个体的学习和成长提供丰富多样的教育资源和学习机会。

2. 教育场所的广泛性

教育场所的广泛性是指教育无处不在，教育的空间覆盖面十分广泛。无论是在城市还是乡村，在富饶的地区还是贫困的地区，在公共场所还是私人场所，都可以进行教育，都有教育的可能性和机会。

3. 教育场所的包容性

教育场所的包容性是指教育的空间能够容纳多种多样的教育形式和教育内容，能够包容各种不同的教育观念和教育方法，不同的教育参与者和教育对象。每个人都可以在这个开放、包容的教育空间中找到自己的位置，实现自我教育和自我发展。

（三）形式特征

终身教育的形式特征体现在教育形式的多样化、灵活化和开放化。

1. 教育形式的多样化

教育形式的多样化意味着授课方式不再局限于传统的面授形式，而是包括了各种各样的学习方式，如独立自学、远程学习、在线学习、实践学习、合作学习等。这为个体提供了更丰富、更多元的学习机会，有助于满足他们多元化、个性化的学习需求。

2. 教育形式的灵活化

教育形式的灵活化体现在学习时间、学习地点、学习速度、学习内容等方面，可以根据个人情况和需求进行调整。个体可以根据自己的时间安排自由选择学习的时间，可以根据自己的地理位置自由选择学习的地点，可以根据自己的学习能力和兴趣自由选择学习的速度和内容。这种灵活化的学习形式使学习更加符合人们的个体差异和生活节奏，提高了学习的效率和效果。

3. 教育形式的开放化

教育形式的开放化体现在教育不再是单一、封闭的系统，而是开放、互动、联动的系统。个体不仅可以在学校里学习，还可以在家庭、社区、工作场所等地方学习；不仅可以教老师学习，还可以向同学、家人、社会人士等学习；不仅可以通过书本学习，还可以通过网络、电视、电台、报纸等媒体学习，有效打破了教育的壁垒，使学习的渠道和资源得到了较大的拓展和丰富。

（四）内容特征

终身教育的内容特征表现在其全面性、更新性和灵活性。

1. 内容的全面性

全面性是指终身教育不仅包含知识技能的学习，还强调价值观念、道德情操、审美情趣等的培养。终身教育追求的不仅仅是职业发展，还是人格完善。教育的内容不仅包括学科知识，还涵盖社会实践、人文素养、科学精神、国际视野等。这使教育内容更加丰富，更能满足人的全面发展和社会的需求。

2. 内容的更新性

更新性是指终身教育的内容不断更新，紧跟时代的步伐。由于社会变革快速，科技进步迅猛，知识更新换代的速度日益加快，因此教育的内容也要不断更新，以适应社会的发展。终身教育重视将最新的科技成果、最新的社会发展动态融入教育内容中，使教师始终保持与时代同步的知识和技能。

3. 内容的灵活性

灵活性是指终身教育的内容可以根据个体的兴趣、需要、能力、经验等因素进行调整。终身教育注重个体的学习需要，充分尊重他们的主体地位，允许个体在一定范围内自主选择学习内容，教育更加贴近个体的实际，更能激发个体的学习兴趣和学习动力。

（五）主体特征

终身教育对教师的角色进行了新的解读和期待。传统的教师形象——知识的守护者、学术的领路人、教育的主导者，正在逐渐转变为学生学习的协助者、学习的伴侣。教师的任务已不再仅仅是将既有的知识传授给学生，而是更多地去洞察学生的学习需求，创设适宜的学习环境，激发学生的学习动力，评估学生的学习进程，帮助学生优化学习策略。教师亦应承担起点亮学生智慧的火炬，塑造学生情操的重任。

四、"终身教育"理念下高校体育教学的对策

（一）培养学生的体育兴趣

兴趣是最好的老师，它是驱动人们学习和探索的内在动力。而在体育教学中，兴趣的培养对于学生形成长期、稳定的运动习惯尤为关键。因此，如何有效地激发和培养学生的体育兴趣，成为体育教学考虑的重要问题。面对这一挑战，教师需要摒弃传统的"一切从我出发"的教学思维，而转向"一切从学生出发"的辅导思维。这意味着，教师应尽可能地了解学生的需求和兴趣，以此作为教学设计的起点。教师应设计出各种各样的课程，以满足不同学生的需求和兴趣，让每个学生都能在课程中找到自己喜欢的项目。教师应关注学生的体育兴趣变化，及时调整课程设计，以保持学生的学习动力。

为了更好地激发学生的体育兴趣，教师应采取灵活多样的教学方法。其中，一种有效的方法是游戏化教学。教师通过将学习与娱乐相结合，可以设计各种有趣的游戏和活动，让学生在轻松愉快的氛围中参与体育学习。游戏化教学可以提高学生的参与度和积极性，激发他们的好奇心和探索欲，从而提高学习效果。另一种有效的教学方法是情境化教学。教师可以将学习内容与现实生活场景相结合，创设出具有实际意义的情境。学生通过在真实的环境中进行体育活动和实践，可以更好地理解和应用所学知识。例如，教师可以组织户外运动课程，让学生在自然环境中进行体育锻炼，同时学习如何应对不同的地形和气候条件。这样的情境化教学能够增强学生对体育的实际体验，提高他们的学习动力和兴趣。

在教学方式方面，教师应借鉴现代教育技术，丰富教学方式。多媒体资源是其中一种重要的教学工具，教师通过视频、动画等多媒体资源，能够直观地展示各种体育技巧和运动姿势，使学生更容易理解和学习。例如，教师可以通过教学视频展示正确的运动姿势和技巧，让学生通过

观看和模仿来提高自己的技能。在线平台也是一种有效的教学方式。教师通过在线平台，可以为学生提供丰富的学习资源，如教学视频、电子书、练习题等，让学生能够随时随地学习。在线平台还可以为学生提供交流和讨论的机会，促进学生之间的互动与合作。教师可以设置在线作业和测验，及时了解学生的学习情况并给予反馈。

（二）延伸教学范围

"终身教育"理念中的一个重要内容就是将学习活动从狭义的学校教育延伸到生活的各个领域，这对高校体育教学提出了新的要求。更具体地说，体育教学需要向多元化的课程形式、更广泛的教学参与者，以及更深层次的教学目标进行延伸。

对于课程形式的延伸，这意味着高校体育教学不应仅仅局限于传统的体育课，而应开发各种形式的体育学习活动。例如，教师可以通过设置体育兴趣小组、开展体育活动周、举办校际体育比赛等方式，丰富学生的体育学习体验，让体育学习不再仅仅是学校课程的一部分，而是融入学生的日常生活中。

对于教学参与者的延伸，除了传统的教师和学生，还应当吸引更多的社会成员参与体育教学。例如，高校可以邀请专业的体育教练、健身指导员、运动员等来校进行教学和讲座，为学生提供专业的运动技能指导和运动健康知识的普及；也可以鼓励学生家长、校友等社会成员参与学校的体育活动，共同构建学生的体育学习环境。

对于教学目标的延伸，高校体育教学不仅要注重提高学生的体育技能，还要重视培养学生的健康意识、团队合作精神、竞技精神等综合素质。这些素质的培养，需要在体育教学的各个环节中，通过体验和反思，引导学生内化为自己的行为习惯和价值观。

（三）构建终身学习平台

在"终身教育"的大背景下，高校体育教学应构建一个支持学生持续学习和发展的平台。这一平台应兼具教育、训练和参与的多元化特征，使每位学生都能够根据自身的兴趣和需求选择适合的体育项目,无论他们处于学习生涯的哪个阶段。

构建终身学习平台,意味着学校需要为学生提供丰富的课程和活动选择,包括球类运动、田径、健身训练、舞蹈等,让学生有机会尝试和掌握不同类型的运动技能。学生通过多样化的课程设置,可以选择自己感兴趣和擅长的体育项目,不断提升自己的身体素质。教师可以鼓励学生参与各类体育俱乐部和社团活动,这些俱乐部和社团可以为学生提供更专业和深入的体育学习和训练机会,如篮球俱乐部、游泳社团、登山队等。学生通过参与这些俱乐部和社团,可以与志同道合的同学一起训练和比赛,培养团队合作和领导能力,同时提高自己在特定运动领域的技能水平。学校还可以组织体育节等大型活动,为学生提供展示和交流的平台。体育节可以开展各类比赛、表演和展示活动,让学生有机会展示自己的体育才华和成果。这不仅激发了学生对体育的热情,还增强了学生之间的交流与合作,营造了积极向上的体育氛围。

平台还应为学生提供技术和设施支持,在线学习资源和体育设施能够为学生提供更广阔的学习和实践机会。学生可以在校园之外的时间和空间进行学习,无论是在家、社区,还是在工作中,都能够找到适合自己的学习环境。这样的支持能够帮助学生更加灵活地安排学习时间,提高学习的便捷性和自主性,实现终身教育的目标。

(四)评价机制改革

高校应当对评价标准进行更新和扩展,引入更多元化的评价指标。除了体育技能的掌握程度,还应考虑学生的身体素质、团队协作能力、创新思维、情绪控制等综合素质。而对于这些素质的评价,教师应注重过程而非结果,也就是说更看重学生的进步和改善。评价结果不仅是学生成绩的依据,还是指导教学、改进教学的重要依据。教师通过分析评价结果,可以了解学生的学习需求,以便提供更有效的教学建议。此外,评价结果也可以作为激励学生学习的重要手段,如教师通过表彰优秀学生,激励所有学生努力学习。

评价机制的改革需要教师、学生和社会的共同参与。教师需要在教学实践中探索和实施有效的评价方式；学生需要积极参与评价活动，提出自己的意见和建议；社会也需要对学校的评价工作给予关注和支持，以共同推动评价机制的改革。

第四节 "创新教育"教学理念

一、"创新教育"的内涵

创新教育的内涵可以从两个层面来理解：一是作为塑造高品质创新型人才的必要途径；二是作为推进教育革新的实质步骤。这种教育理念的核心在于教育观念的革新，这种革新既体现在品格、素质、人才培育等方面，也构成了实施创新教育的基点。换个角度看，创新教育是对教育的内在特性和基础规则的解析和判断，通过持续创新，使自我教育理念实现深层次突破，同时彰显它的独特性，如基础性、简洁性、导向性、时代性及系统性等。

创新教育涵盖了教育的各个领域，包括教育目标设定、教学方法革新和课程内容调整等，并且要对教育进行全面改革。这一理念的推广和实施，是希望通过不断创新，以新的教育理念和方法，让教育适应时代发展的需要，培养出更多的创新型人才。

创新教育与传统教育之间有着显著的区别，本书将这些区别总结归纳为以下几点，如表2-2所示。

表2-2 传统教育与创新教育的对比

	传统教育	创新教育
培养目标	"知识生产者",这种人才的作用主要体现在对精确领域问题的解决上	"生产知识者",这种人才的作用主要体现在对模糊领域问题的解决上
强调重点	能够在教育上进行一定的模仿和继承,能够且有能力适应当今社会	能够对教育进行有效变动,并促使其得到发展,在应对未来社会的变化方面有充分的能力
教学要求	要求较低,以全面平推为主	要求较高,强调的是单项突破
获取知识	将储存、积累信息的能力作为关注重点	对提取、加工信息的能力更加关注
学习态度	被动接受的态度	积极主动的态度
学习思维	集中思维	扩散思维
教学形式	对结果的重视程度更高,主要强调提供结论性的东西,是结论性教学给学生现成的、唯一的标准答案	对过程的重视程度更高,主要强调学习的思维过程,是过程性教学提倡探索的设想方案并进行选择和决策

二、"创新教育"的核心构成

关于创新教育的构成,从核心方面来说,可以从图2-4中得到直观的了解。

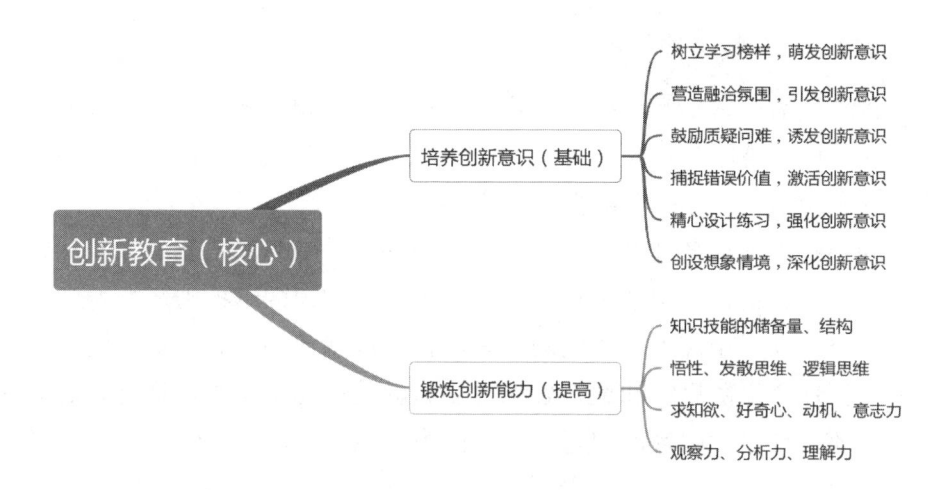

```
                                      ┌─ 树立学习榜样，萌发创新意识
                                      ├─ 营造融洽氛围，引发创新意识
                    ┌─ 培养创新意识（基础）─┼─ 鼓励质疑问难，诱发创新意识
                    │                  ├─ 捕捉错误价值，激活创新意识
                    │                  ├─ 精心设计练习，强化创新意识
创新教育（核心）─────┤                  └─ 创设想象情境，深化创新意识
                    │                  ┌─ 知识技能的储备量、结构
                    │                  ├─ 悟性、发散思维、逻辑思维
                    └─ 锻炼创新能力（提高）┼─ 求知欲、好奇心、动机、意志力
                                       └─ 观察力、分析力、理解力
```

图 2-4　创新教育的核心构成

（一）创新意识的培养

要培养创新意识，一是树立学习典范。这些典范可能是科学家、发明家或具有创新精神的成功人士，他们的经历和贡献能启发人们对新事物、新思想的追求，从而萌发创新意识。教师或导师的角色在这里也很重要，他们需要帮助学生理解创新的重要性，并激发他们进行创新的欲望。二是创设和谐的学习环境，融洽、开放、鼓励尝试和犯错的环境能培养学生的创新意识，促使他们更愿意接受新思想，尝试新方法。在这样的环境中，学生会感到自由和放松，他们的好奇心和求知欲能得到更好的满足。三是鼓励学生质疑问难，问题往往是创新的起点，教师通过鼓励学生发问、挑战传统观点，可以引发他们的思考，进而诱发他们的创新意识。四是引导学生学会从错误中寻找价值，错误往往会带来新的认识和发现，将错误视为学习和创新的契机，可以帮助学生更积极地面对错误，更勇于创新与尝试。五是精心设计练习，激发学生的思维，引导他们运用创新的思维解决问题。六是创设富有想象力的情境，教师通过模拟实际情境，让学生在解决问题的过程中发挥想象力和创造力，能够使他们更深刻地理解创新的过程，增强创新意识。

（二）创新能力的锻炼

创新能力的锻炼是一个全方位、多层次的过程，涵盖了知识技能的储备和结构，悟性、发散思维和逻辑思维，以及求知欲、好奇心、动机、意志力，观察力、分析力和理解力等方面。

知识技能的储备和结构是创新能力的基础，知识和技能的丰富和娴熟可以为创新提供丰富的素材和强大的工具；知识的结构则影响着学生的思维方式和思维深度，优化的知识结构可以使我们的思维更灵活、更深入。悟性、发散思维和逻辑思维是创新的关键能力，悟性是对新的知识、技能、现象和问题的理解和掌握能力，能够帮助学生快速适应和掌握新的事物；发散思维能够帮助学生跳出既定的思维框架，进行自由、无束缚的思考，寻找新的可能性和解决方案；逻辑思维则能够帮助学生清晰、有条理地思考问题，避免思维混乱。求知欲、好奇心、动机和意志力是创新能力的动力源泉，强烈的求知欲和好奇心可以激发学生探索未知，寻求创新；正确的动机可以激发学生的内在驱动力，使学生在创新过程中保持持久的动力；强大的意志力则可以帮助学生坚持到底，克服创新过程中的困难和挫折。观察力、分析力和理解力是创新能力的关键技能，观察力可以帮助学生发现问题和机会，对细节有敏锐的洞察力；分析力能帮助学生厘清问题的本质和关系，找到解决问题的关键点；理解力则能帮助学生深入理解问题和知识，提高学生的思维深度和广度。

三、"创新教育"的特征

（一）创新教育是一种超越式教育

超越式教育强调学生的整体发展，不仅包括知识和技能的培养，还包括思维方式、价值观、态度和习惯等的塑造。在这种教育模式下，学生被鼓励去探索、去实践、去尝试。学生在自主探索和实践中，可以积累丰富的经验，锻炼自己的创新思维和解决问题的能力。超越式教育还强调对个体差异的尊重和发展，注重发掘和培养每个学生的独特潜能。

每个学生都是独一无二的，他们在知识、技能、兴趣、潜力等方面都有自己的独特之处。教育不应试图把所有的学生都塑造成同一种模式，而应鼓励他们发挥自己的特长，发展自己的特色。

（二）创新教育是一种主体性教育

主体性教育充分理解学生的学习不仅是知识的接受，还是一种自我塑造的过程。在这个过程中，学生应主动参与、自主探索、独立思考，并在实践中积累经验、解决问题。教师应鼓励学生提出自己的观点，寻找多元的解决方案，这样的学习方式不仅能够培养他们的创新思维，还有助于形成积极的学习态度和习惯。

（三）创新教育是一种健全人格教育

创新教育的目标是在培养学生的智力能力的同时，强调他们的情感和个性发展，以达到人格发展的和谐性和特殊性。一方面，人格发展的和谐性强调在个人的成长过程中，德、智、体、美、劳各方面的均衡发展。它涉及塑造学生的生活信念、坚定的毅力、深厚的文化修养，以及灵活的生活技能。另一方面，人格发展的特殊性则强调个性化的精神特质，这对于未来从事创新性工作至关重要。这包括培养学生的独立性、自我控制力、自主性，同时鼓励他们具备批判精神，愿意挑战传统，灵活变通，具有包容和吸收他人优点的广阔视野。

（四）创新教育是一种全面发展教育

创新教育应该强调全面发展学生的认知能力、思考方式、想象力等智力元素。人的创新能力作为一种高级的智力活动，依赖这些因素的共同作用，创新过程中的认知活动是一种真正意义上的整体性智力活动。因此，培养学生的创新能力等同于发展他们的整体智力。创新教育还需要关注与创新相关的个性特质，包括自我信心、独立性、情绪调节能力、高度的成就动机、自我激励、持久的探索欲、高度的挫折容忍力和幽默感等，这些特质在创新的过程中起着重要的作用。创新教育不应只针对精英群体,而应面向所有学生。创新是现代人的基本素质和生活方式,人人都有潜在的创新能力,只要适当教育,每个人都可以在某些方面展现出创新才华。因此,创新教育应致力挖掘和发展每个学生的创新潜能,以便他们能够在未来的社会和职业生活中取得成功。

四、"创新教育"理念在高校体育教学中的应用对策

(一)"创新教育"理念对体育教师的要求

第一,坚信每个学生都有创新潜能。坚信每个学生都有创新潜能,这是教师尊重学生个体差异的重要体现。每个学生都是独一无二的,他们各自拥有不同的兴趣、热情和才能。这种信念可以激发教师对学生的教育热情,让他们用更积极的态度去探索和发掘学生的创新潜能。在教学过程中,教师要根据学生的个体差异调整教学方式,鼓励学生敢于尝试、敢于挑战、敢于创新、敢于探索。这种信念也要求教师应具有前瞻性的眼光,对教育改革持开放态度,积极应对教育变革。他们不应把自己囿于传统的教学模式,而应努力学习和掌握新的教学方法,把握现代科技发展的机遇,以先进的教学理念和技术工具引导学生创新学习。

第二,坚信学生的创新素质有层次和类型的差别。体育教师应该认识到,学生的创新素质并非单一的、线性的构成,而是多元化和多层次的集合。每个学生都有其独特的创新方式和表达形式,这是他们个体差异的重要组成部分。在这种差异性中,学生的创新素质可以通过各种方式得以体现。例如,一些学生可能在解决问题的过程中展现出超常的创新思维,一些学生可能在新运动技能的学习和掌握中表现出独特的创新才能。因此,体育教师在教学过程中应认识并尊重学生创新素质的层次和类型差异。这就要求体育教师不仅有敏锐的洞察力去发现和理解学生的创新表现,还需要有丰富的教育经验和策略来满足不同学生的创新学习需求。例如,体育教师可以设计多元化的教学活动,以适应不同学生的创新学习方式,激发他们的创新潜能。体育教师还应将自己对学生创新素质层次和类型差异的理解融入教学评价中。他们应积极寻求和采用

更公正、更全面的评价方式，如以学生的创新表现和创新进步作为评价的重要依据，让每个学生都能在公平的环境中展现自己的创新素质，享受到创新教育带来的乐趣。

第三，坚信教育对学生的创新素质起决定性作用。体育教学不再局限于基本运动技能的学习和体质的提高，更多的是关注学生全面素质的培养，尤其是创新素质。体育教师在教学过程中，应注重对学生创新思维的引导和创新能力的培养。无论是运动技能的学习还是竞技体育的训练，都蕴含着丰富的创新元素。教师通过引导学生积极思考、灵活运用技巧、创设机会等方式让学生在实践中体验创新、实现创新。

（二）采用具有创新性的教学方法

1. 发现教学法

发现教学法在高校体育教学中的应用，实质上是通过设计一种学习环境和情境，让学生在体验和实践中进行自我探索、自我发现。例如，在篮球教学中，教师可通过设立不同的比赛和训练环境，引导学生根据比赛情况发现最佳进攻方式和防守策略，而非单一地教授固定技术和战术。这种自我发现和自我理解的过程有助于加深学生的理解，也能提高他们的运动能力和战术素养。发现教学法也鼓励学生主动思考，激发他们的创新能力。学生通过自我发现，可以掌握运动规律，并学会如何适应环境，调整策略，更好地完成比赛。这种思考和创新的过程，无疑是对学生独立思考和解决问题能力的锻炼，对于培养学生的创新能力和批判性思维有着重要的推动作用。传统的教学模式下，学生往往是被动接受知识的对象，难以激发他们的学习兴趣。而发现教学法通过创设丰富多样的教学情境，让学生在探索和体验中享受学习的乐趣，提高他们的学习兴趣和积极性。

需要注意的是，发现教学法并非万能的，它并不能适用于所有的教学内容和环境。对于一些基础性、重要性的知识和技能，仍需要教师的直接教授和指导。而在应用发现教学法时，教师也应关注学生的学习差异，对于有困难的学生，要适时给予帮助和指导。

2.问题教学法

在体育教学中，问题教学法的实施，是把学生置于各种问题的情境中，让他们主动寻找解决问题的途径和方法。比如，在排球教学中，教师可以设计一个如何提高发球命中率的问题，引导学生通过分析、探讨和实践来寻找解决方案。学生在解决问题的过程中，不仅可以理解和掌握发球技术的运动规律，还能提高解决问题的能力和技巧。问题的设置往往是引人入胜的，能激发学生的好奇心和求知欲，使他们在解决问题的过程中感到愉快和满足。例如，教师可以设计一个如何在足球比赛中有效进攻的问题，引导学生通过团队讨论和比赛实践来找出答案。这样既能提高学生的足球技能，也能让他们在学习中体验到乐趣和成就感。解决问题的过程往往需要创新思维，需要批判性地分析问题，提出新的观点和解决方案。这种创新和批判的过程，有利于培养学生的创新能力和批判性思维，对他们的未来发展有着重要的影响。

3.开放式教学法

开放式教学法强调学生的自主探索，教师的角色从传统的"知识的传授者"转变为"学习的引导者"。例如，在篮球技能的教学中，教师可以提出一个技术动作的问题，如"如何准确投篮"，然后引导学生进行自我探索和实践，以找到适合自己的投篮方法。开放式教学法还注重创新和多样性。在教学过程中，教师需要充分发挥学生的想象力和创造力，鼓励他们提出新的观点，尝试不同的学习方法。这种教学方式有利于培养学生的创新思维，提高他们的学习兴趣。

（三）利用现代教学手段开展体育教学

1.校园网

以校园网为媒介，教师可以上传各类体育知识、教学视频、技术指导和健身建议等内容，让学生在课堂之外也能自我学习和提高。教师可以发布新的体育活动信息，发起各种挑战赛事，这样既提升了体育教学的趣味性，又能鼓励学生参与体育运动。校园网还能为师生提供互动交流的平台，学生可以在这里分享自己的体育心得，发表对体育活动的感想，或者就某一技术难题展开讨论。教师可以在这个平台上解答学生的问题，对学生的发言进行指导和反馈。借助校园网，体育教师能够对学生的日常表现和学习情况进行详细记录与评估，以便其根据学生的在线学习情况和活动参与度，了解他们的学习状况和需求，进而进行有针对性的教学。

2. 微博

微博的即时性使教师可以实时发布教学内容，学生也可以随时查阅和学习。比如，教师可以通过微博发布体育新闻、运动技巧、健身教程等内容，甚至可以上传运动视频进行示范。这样，学生在课后也可以查阅这些资料，巩固所学知识。微博的社交性强调了教师和学生之间的互动，教师可以在微博上发起话题讨论，邀请学生参与，如关于某项运动技巧的讨论、体育赛事的评论等，这样既能提高学生的参与热情，又能锻炼他们的思考和表达能力。除了师生之间的互动，学生还能够通过微博与他人进行交流。比如，他们可以关注专业运动员或教练的微博，了解更多的体育知识和运动技巧。他们还可以分享自己的运动经历和感想，或者向其他用户提出问题，以获取更多的信息和帮助。

3. BBS 论坛

BBS 论坛为师生提供了一种方便的教学资源共享方式，教师可以在论坛上发布课程相关的资料，包括体育理论、运动技巧介绍、健身计划等，学生可以随时查看和下载，满足他们在课堂之外的学习需求。BBS 论坛还提供了一种方便的评估和反馈机制。教师可以通过查看学生在论坛上的发言和参与情况，了解他们的学习状态和问题，为其提供针对性的指导。学生也可以通过论坛向教师反馈自己的问题和困扰，获取帮助。

（四）将创造力的培养延伸至课堂外

在创新教育理念的引导下，高校体育教学不再局限于课堂内，而是将创造力的培养延伸至课堂外。体育课堂外的环境，不仅能为学生提供更多的锻炼和学习机会，还能激发他们的自主性，鼓励他们探索新的运动方式和技巧。课堂外的教学方式包括独立锻炼、小组活动、体育比赛、社团活动等。独立锻炼可以提高学生的自主性和自律性，学生可以根据自己的身体状况和兴趣，选择适合自己的运动项目，进行系统训练。这种方式可以让学生在追求健康和乐趣的同时，了解自己的身体，挑战自己的极限，发展自己的运动技巧。小组活动和体育比赛，可以让学生在实践中学习团队协作和竞争策略，他们需要在比赛中制定策略，配合队友，对抗对手，以达到胜利的目标，由此一来，学生既能体验到合作和竞争的乐趣，也能锻炼他们的团队精神和竞争意识。体育社团活动，可以为学生提供自由的环境，让学生探索新的运动方式和技巧，他们可以在社团中交流体育经验，分享运动乐趣，共同探索和创新，并促进他们深入理解体育运动的精神和文化，为他们提供实践创新的舞台。

第五节 "寓美于体"教学理念

一、体育教学之美概述

体育教学在外在层面上，体现为运动的形态与行为，而在内在本质上，体现为对人体健康和能力的塑造。如果人们借鉴形式逻辑学的原理，即"定义项＝种差＋属概念"，人们可以将对体育教学与美学的探讨，定位在"种差""体育教学"和"属概念""美学"之间。将体育教学融入学校教育体系中，是教育过程的关键环节。体育教学过程是以体育教师的指导和引领为主的教育活动。学生由于生理和心理还不太成熟，需要在体育教师的正确引导下提高自己的兴趣，使自己融入体育教学之中，在体育教学中主动学习各种体育技能，最终使自己的身体、道德素养和智力都得到发展。[1]

从其根本性质上看，美学是哲学的一部分，其主要目标是引导主体体验和欣赏美。美的表现形式多种多样。按照领域划分，美主要分为艺

---

[1] 周丽萍，田雨普，李如密. 体育教学美理论探析[J]. 体育文化导刊，2010（12）：75—78.

术美和生活美。根据其性质划分，美可以分为形象美、创新美和情感美。其中，创新美对美的发展起决定性的作用。因此，在体育教学中，为了让学生更深刻地感受体育教学的美，教师应当在教学方法上进行创新，只有通过创新的方式将审美和知识巧妙地结合在一起，才能保持体育教学美的活力和魅力。

二、理解体育教学美的三种视角

（一）体育教学美的手段论：以美育体

简单来说，以美育体意味着充分利用体育中的美育元素，引导学生理解、欣赏和享受体育美。体育美能激发学生的学习兴趣，使学生在理解体育美的同时，将其融入自我之中，形成自己独特的运动美和健康美。这为学生未来的体育技能学习和终身体育锻炼打下了坚实的基础。受传统体育教学模式和教学目标的影响，教师更倾向于追求体育教学的外在形式美，他们希望通过教学，使学生拥有健康的身姿，为人们带来美的享受。例如，教师可以加强造型美、礼仪美、语言美、示范美、精神美和技巧美等方面的美育教学。这些美的元素可以不同的方式进行组合，创造出更多新颖的组合，激发学生对体育的兴趣，使其积极投入体育教学中，从而在有趣的体育学习中，享受到美的体验。

（二）体育教学美的目标论：以美育人

对于体育教学，教师的首要任务是让学生理解并欣赏体育美，将其内化为自身的行为习惯和思维方式，最终形成一种具有自我特色的运动美和健康美。体育美的塑造需要教师的引导和学生的主动参与。在教学过程中，教师需巧妙地将美的元素融入体育技能的教授之中，让学生在实践中体验美、感受美。例如，在足球比赛中，球员之间准确的传球、犀利的射门，都可以构成一种动态的美。在短跑中，运动员坚定的眼神、有力的步伐、流畅的动作也是一种美的展示。教师需要敏锐地捕捉这些美的瞬间，引导学生从中发现美、欣赏美。

体育美不仅仅局限于动作的美感和表面的形式美，更重要的是内在的精神美。精神美的体现在于运动员积极的态度、坚韧不拔的毅力、团结协作的精神和公平竞争的理念。这些都是体育美的精神内核，是真正的体育美。因此，体育教学不仅需要培养学生的运动技能，还需要帮助学生树立正确的体育道德观念和价值观，培养他们的精神品质。

（三）体育教学美的过程论：美的享受

体育教学美的过程是一种由外而内，由感官享受到精神体验的转变过程，这个过程被称为美的享受。体育美不仅仅在于动作的协调流畅，更在于精神内涵的深厚蕴藏。学生在体育学习过程中美的享受，也是从肌肉的力量和速度的感受，到个体的坚韧不拔和团队的精神合力的感受的过渡。具体而言，美的享受在体育教学中先表现为对技能的熟练运用，如篮球运动中流畅的运球，排球运动中精准的扣杀，这些都是体育美的直观表现。它们带给学生直观的感官体验，激发学生的学习兴趣，使他们主动参与体育教学活动。然后，美的享受逐渐深化为对运动精神的理解和感悟。比如，在困难面前不退缩，挑战极限的精神，在团队协作中彼此支持、共同努力的精神，这些都是体育美的深层次体现。它们使学生在体育教学中能够体验到挑战和克服的快乐，感受到合作和分享的喜悦。最后，美的享受达到了精神层面的升华。学生通过体育教学，感悟团结、毅力、公平、尊重等体育精神，这些都是体育美的精神内涵。这使学生不仅在体育教学中得到身心的锻炼，更在精神上得到提升。

三、高校体育教学中美的价值

高校体育教学中美的价值主要体现在三个方面，如图 2-5 所示。

1 有利于唤起学生的主体意识
2 有利于促进学生心理健康
3 有利于引导学生树立社会意识

图 2-5　高校体育教学中美的价值

（一）有利于唤起学生的主体意识

主体意识是指个体主动独立地对自己的生活、学习和未来进行认识、理解、评价和决策的心理状态。对于学生来说，唤醒和强化主体意识，是其走向独立、探索自我和个性化发展的重要起点。

体育活动中的美，包括运动美、形体美、团队协作美，以及精神美等多种形式，能有效引导学生主动参与，激发他们的学习兴趣和热情。当学生在参与体育活动的过程中，感受到这些美的魅力时，他们的主体意识便会逐渐被唤醒。以运动美为例，当学生看到优秀运动员精准犀利的扣杀、流畅灵动的运球，以及协调一致的团队配合时，他们会被这样的美所吸引，从而主动去模仿、学习，进一步提升自己的运动技能。在这个过程中，学生的主体意识会被逐渐激发出来。形体美则能让学生更好地认识自我，当学生在镜前欣赏自己流畅的动作和优美的体态时，他们会发现自己身体的美，建立积极的自我形象和自信心，激发他们对体育运动的热爱，进一步唤醒他们的主体意识。团队协作美则能引导学生认识和理解团队合作的价值。在团队体育活动中，每一个成员都是团队的一部分，他们的每一个动作都能影响到整个团队。当学生在团队中感受到协作带来的成功和快乐时，他们会明白团队精神的重要性，从而主动参与团队活动，激发他们的主体意识。精神美则能引导学生理解和弘扬体育精神，体育精神包括公平、正义、勇气、毅力等，这些都是促使学生人格成长的重要品质，当学生在体育活动中领略到这些精神美时，他们会对这些品质产生认同感和追求，并进一步激发他们的主体意识。

（二）有利于促进学生心理健康

在体育活动中，学生通过欣赏美的动作，体验美的过程，感受美的结果，从而满足他们对美的渴望，提高他们的情感满足感。以健美操为例，健美操运动员在精心编排的音乐中，通过舞蹈和体操动作，展现了优美的体态、和谐的节奏和丰富的表情。这种美的体验不仅可以使学生心情愉快，提高他们的生活满意度，还可以减轻他们的压力，促进他们的心理健康。体育活动中的美常常成为学生积极参与体育活动，提高运动技能的动力。以健美操为例，优美的健美操动作和表演往往会吸引学生去模仿和学习，他们在追求健美操之美的过程中，既可以提高自己的运动技能，也可以发展自己的审美能力和创造力。这种对美的追求和创造，可以使学生在满足心理需要的同时，提升自己的自尊心和自信心。体育活动是学生表达自我，抒发情感的重要途径。同样以健美操为例，学生通过优美的舞蹈动作和表演，不仅可以展示自己的体育技能，还可以表达自己的情感和个性，帮助他们更好地认识和接纳自己，表达和释放情感，从而促进他们的心理健康。

（三）有利于引导学生树立社会意识

体育活动不仅可以提升学生的身心健康和技能，还可以培养他们的社会认知和责任意识。这一点可以通过三个方面阐述：合作意识、尊重意识和公平意识。

1. 合作意识

体育活动往往需要团队的协作，如在健美操中，完美的表演不仅需要每个队员的精湛技艺，还需要他们默契合作。这种合作不仅会在动作的协调中表现出来，还会体现在队员对音乐的把握、对空间的利用等方面。学生通过这种合作，能够意识到自己是团队的一部分，理解每个人的角色和贡献对整体结果的影响。这种合作意识是社会意识的重要组成部分，可以帮助学生在未来的社会生活中更好地与他人协作。

2. 尊重意识

体育活动提供了一个平等和公正的竞技环境，让每个人都有机会展现自己的特长和技能。在这个过程中，学生可以通过观察和与他人的互动，意识到每个人的价值和独特之处。无论是身体素质、技术水平还是团队合作能力，每个人都有自己的优势和贡献。这种尊重意识是体育活动所倡导的核心价值观之一。学生通过尊重他人的特性和贡献，能够培养出包容、理解和接纳他人的品质。他们能够学会不仅关注自己的成就，还尊重他人的成就，从而形成良好的社会意识。尊重意识在社会生活中起着重要的作用。它能够培养良好的人际关系和团队合作，减少冲突和分歧。学生通过体育活动的经历，可以学会欣赏和尊重他人的多样性，包括不同的能力、文化背景、兴趣爱好等。

3. 公平意识

体育活动中的公平意识教会学生尊重规则和秉持公正的态度。学生明白只有遵守规则，才能真正展示自己的能力和努力。他们学会接受胜利和失败，并理解竞争的本质在于公平竞争和体育精神的展现。学生通过体育活动，能够体验到公平和不公平的差异，认识到每个人都享有平等的机会和待遇。他们明白公正的重要性，愿意为实现公平社会而努力。公平意识不仅在体育活动中有重要意义，还在日常生活中具有重要作用。学生会将体育活动中的公平意识延伸到人际关系和社会交往中，学会平等对待他人，尊重他们的权利和尊严。他们会将公平视为一种价值观，并在社会中倡导公平正义，为和谐社会发展作出贡献。

四、"寓美于体"理念应用于高校体育教学的原则

（一）注重美的教育与健康教育的结合

美的教育不仅仅是指培养学生的艺术审美，而是更广泛的，包括生活美学、运动美学等在内的全面审美。这种审美观念的培养可以引导学生主动发现生活中的美，寻找运动中的美，从而提升学生的生活品质和运动乐趣。健康教育则更注重学生的身体健康和心理健康。身体健康是

人们生活的基础，而心理健康则关乎人们的生活质量。学生通过健康教育，可以了解到健康的重要性，学会保护和提升自己的身体健康。两者结合，在体育教学中寓教于乐，让学生在享受运动的乐趣中收获美的体验，感受运动的魅力，也让他们了解并关注自己的身体健康，引导他们养成健康的生活习惯和运动习惯。例如，在篮球教学中，篮球运动充满了美，既有技术动作的优美，也有团队协作的和谐美。教师可以引导学生观察和欣赏篮球运动中的美，如球员优美的投篮动作、流畅的运球技巧、精妙的配合策略等。也可以让学生体验到篮球运动带来的健康效益，如提升心肺功能、增强身体素质、锻炼意志品质等。这样，学生不仅能够在运动中感受到美，还能养成健康的生活习惯，享受运动带来的乐趣。

（二）尊重学生的主体地位，注重个体差异

尊重学生的主体地位，这是体育教学的核心。每一位学生都是学习的主体，他们的参与和体验是学习过程的重要组成部分。在体育教学中，学生应被视为主动的学习者，而非被动的接受者。他们不仅需要掌握运动技能，还要通过运动来感受、体验和欣赏美，从而实现个性的发展和自我完善。因此，教师在教学过程中应尊重学生的主体地位，鼓励他们自主参与、主动探索，引导他们发现并创造美。

注重个体差异，这是学生个性发展的要求。每个学生都有自己独特的个性和优点，他们的体质、兴趣、潜力、理解力、学习方式等各不相同。在体育教学中，教师需要了解每个学生的特点，因材施教，以便更好地发挥他们的优势，满足他们的需求，帮助他们实现自我价值。例如，在篮球教学中，对于喜欢并擅长投篮的学生，教师可以引导他们欣赏和创造投篮的美；对于喜欢并擅长运球的学生，教师可以引导他们欣赏和创造运球的美。这样，不仅能够提高学生的学习兴趣和动力，还能够帮助他们发现并创造美，实现自我价值。

（三）注重实践性和体验性

实践性是体育教学的显著特征，体育运动是一种实践活动。在体育

教学中，学生需要通过参与实践活动来掌握运动技能，提高身心素质，培养团队合作精神和竞争意识，从而实现自我发展和自我完善。为了更好地实现这一目标，教师需要设计丰富多样的教学活动，让学生在实践中学习，在实践中成长。例如，在足球教学中，教师可以设计不同难度的训练任务，让学生通过亲身参与，体验并领略足球运动的美。

体验性则是体育教学的重要环节，学生通过感受和体验，能够更直观、更深入地理解运动技能和理论知识，激发他们的学习兴趣和动力。在体育教学中，教师需要通过生动形象的语言和具体的实例，引导学生体验运动过程中的美。这种美可以是运动形态的美，也可以是团队合作的美，甚至可以是竞争过程中的激情和挑战的美。学生通过这些体验，可以从感官、情感、理智等多个层面理解和感受美，从而达到教育的目的。

（四）注重培养学生的创新能力和审美创造力

在体育活动中，创新能力主要表现为运动技能的创新，即学生能够根据实际情况和对手的策略，灵活应变，创新运动方式和技巧。为了培养学生的创新能力，教师需要引导学生理解和掌握运动技能的基本原理，以便他们能够在此基础上进行创新。此外，教师还需要通过设计多样化的教学活动，激发学生的创新思维，让他们在实践中寻找和尝试新的运动方式和技巧。

审美创造力的培养则是"寓美于体"理念的核心内容。体育运动具有强烈的审美性，无论是运动形态，还是团队合作，都蕴含着美的元素。为了培养学生的审美创造力，教师需要引导他们发现和欣赏运动中的美，激发他们的审美情感，培养他们的审美鉴赏能力。教师还需要鼓励学生积极参与体育创作活动，通过实践，培养他们将美的理念融入运动中，创造新的运动美的能力。

五、"寓美于体"理念在高校体育教学中的应用对策

(一)引导学生主动参与

教师需要通过各种方式,引导学生主动参与体育活动,以发挥他们的主观能动性。教师可以设置丰富多样的体育活动和游戏化的教学环境,吸引学生的注意力。教师通过设计富有挑战性和趣味性的体育活动,激发学生的竞争意识和参与热情,让他们在活动中感受到运动的乐趣和美好。例如,教师可以组织团队竞技活动或创意体育游戏,让学生在团队合作中体验到体育活动的美。教师可以为学生提供多样化的学习资源和教学材料,以丰富学生的体育学习体验。教师通过运用多媒体技术,展示运动员的优美动作或体育项目的精彩瞬间,让学生通过视觉和听觉感受体育运动的美。教师邀请专业运动员或艺术家举办讲座或表演,激发学生对体育艺术的兴趣和热爱。教师还应该注重培养学生的自我表达能力和创造力,让他们通过个人展示和创新实践来体验和表达体育活动的美。例如,教师可以组织学生进行个人或团队表演,展示自己独特的体育技能和艺术表现,鼓励他们在体育活动中展现个性和创造力。

(二)营造良好的体育氛围

学校应创设一种支持和鼓励学生积极参与体育活动的环境。丰富多样的体育设施和资源,可以为学生提供便利的条件来参与体育活动。这包括建设适宜的运动场地、健身房和器材设施等,以满足学生的不同运动需求。高校应鼓励和支持各类体育活动和竞赛,为学生提供展示自己的机会,包括体育俱乐部、校际比赛、运动会等各种形式的体育赛事和活动。学生通过这些活动,可以展现自己的体育技能和才华,激发他们对体育的兴趣和热爱,从而更加积极地参与体育活动。学校可以组织丰富多样的体育文化活动,如体育节、体育艺术展示等,以丰富学生的体育文化知识和体验。这些活动包括体育艺术表演、体育影视欣赏、体育文化讲座等,让学生通过不同形式的艺术表达和展示,感受体育的美感和艺术价值。

(三)融入审美教育

在体育教学过程中,应该融入审美教育。对于教师而言,可以通过展示优美的运动技艺,引导学生欣赏美。在体育课上,教师可以邀请专业运动员进行技术示范,展示出高超的动作技巧和优雅的身姿,让学生在观看中感受到运动的美。教师还可以通过影像资料、图表和实地观摩等方式,向学生展示各类体育项目中的经典动作和精彩瞬间,让学生在观看中欣赏到体育的美。教师还可以引导学生从不同角度和层面去欣赏体育运动中的美。例如,教师可以讲解和解读体育比赛中的策略和技巧,让学生理解其中的美妙之处;教师还可以探讨运动员的心理素质和专注力,让学生认识到运动中的内在美。教师通过引导学生从更深层次去理解和欣赏体育运动,可以培养他们的审美情趣和独立思考能力。

对于学校来说,则可以举办体育艺术展,让学生自己创作和展示体育美。学生可以通过绘画、摄影、舞蹈、音乐等形式,表达自己对体育美的理解和感受。例如,学生可以通过绘画展现运动员的力量和速度,通过摄影展示运动场地的美景,通过舞蹈展现运动的韵律和优雅。这样的艺术展可以为学生提供展示自己创造力和审美能力的平台,激发他们对体育美的热爱和追求。高校也可以引入相关的艺术课程和课外活动,进一步丰富学生的审美情趣。例如,学生可以学习艺术史、美学理论等课程,了解不同文化背景下的体育艺术表达;学生还可以参加体育文化交流活动,与其他学校或机构进行艺术展览和演出的交流,拓宽学生的艺术视野,培养学生的艺术感知。

(四)加强体育教师的专业培训

1. 组织专业培训课程

高校可针对体育教师的专业发展需求,为其提供相关的教学方法和技巧的培训。这些培训可以包括课堂教学技能的提升,如如何设计寓美于体的教学内容、如何引导学生感知体育活动中的美,以及如何评价和指导学生的审美表达能力等。培训还可以包括教师审美素养的提升,如对艺术和美学理论的学习、对不同体育项目中审美元素的认知等。通过这样的培训，可以提高教师在审美教育方面的专业水平。

2.组织教师间的交流与分享

通过组织教师间的交流与分享，能够有效促进彼此之间的学习和成长，如可以定期组织教师座谈会、教学观摩活动和教学案例分享，让教师有机会相互交流和分享自己在寓美于体教育方面的经验和教学成果。教师通过这种交流与分享，可以相互借鉴、学习和启发，提高自身的教学能力和审美教育能力。

3.鼓励体育教师参与学术研究和专业发展活动

教师通过参与学术研究，能够深入研究体育教学领域的相关问题，探索寓美于体教育的理论与实践，为教学提供更科学、有效的指导。教师通过参与研究项目，可以深入探讨体育教学中的美学元素、审美体验和审美教育的实施策略等重要议题。他们可以运用科学的研究方法，收集和分析相关数据，挖掘出体育教学领域的新知，为学科的发展作出贡献。教师通过研究，可以发现和总结出一些有效的教学策略和方法，将理论与实践相结合，为教学提供更科学、创新的指导。教师通过将研究成果应用于课堂教学中，提升学生对体育活动美的认知和体验，培养他们的审美能力。学校还可以鼓励教师将研究成果运用到自己的教学实践中，并进行反思和总结。学校可以组织教师进行教学观摩活动，让教师之间相互学习和借鉴，不断提高教学质量。

4.建立有效的评估和反馈机制

制定明确的评估标准和指标，以确保评估的客观性和公正性。这些标准包括教师在教学过程中运用审美教育的能力、教学方法和策略的有效性，以及学生对体育活动美的认知和体验等方面的评价。评估标准应该具有可衡量性和可操作性，方便教师和评估者进行评估和反馈。学校可以通过多种方式收集评估数据，如教学观察、学生问卷调查、教学作品评价等。这些数据可以为评估提供丰富的信息，帮助教师了解自己在审美教育方面的表现，并找到改进的方向。学校应及时向教师提供评估结果和反馈意见，并与教师进行沟通和交流，这种反馈可以是口头的，如面对面讨论或教学观察后的反馈会议，也可以是书面的，如评估报告或建议书。反馈应注重正面肯定和激励，并提出具体的改进建议和培训需求，帮助教师进一步提升审美教育能力。此外，学校也可以鼓励教师参加专业评比和竞赛，为他们提供展示自己教学成果和能力的平台。这可以提高教师的积极性和主动性，促使他们在审美教育方面不断精进和创新。

第三章　多元化教学方法与模式在高校体育教学中的应用

第一节　体育游戏法在高校体育教学中的应用

一、体育游戏概述

（一）游戏

游戏作为一种生动的社会现象，随着人类的生理需求和心理需求，以及社会文明的进步而逐渐形成和发展。游戏可以被视为一种休闲活动，它是在满足基本物质生活之后，人们为了追求精神愉悦而自我设定的具有规则性的体验。游戏通常需要在特定的环境和时间段内进行，以实现个体和集体的精神满足。随着时间的推移，人类社会和文化的演变催生了各种各样的游戏形式。这些游戏形式各具特色，受到地域和文化的深刻影响。有些游戏主要强调娱乐性，有些游戏旨在挑战和提升智力，有些游戏需要身体的运动和协调，还有一些是基于竞技的比赛。

多种观点已经对游戏进行了深入解读和归纳。例如，《辞海》将游戏定义为："游戏"是集智力性及竞技性为一体的文化娱乐活动，也是一种集体性的活动。而《现代汉语词典》则把游戏总结概括为单纯的愉悦身心的活动,和正式的体育竞赛有本质的区别。学者龚坚在《体育游戏概述》中提出:"游戏是一种集体形式的活动,它的诞生从本质上来看是因社会的进步和人类的生理和心理层面需要而产生的。"

(二)体育游戏

体育游戏被称为"活动性游戏",是体育教学的重要组成部分,同时是一种规则化的游戏方式。为了激发学生的运动热情,教师可以通过加入故事线或规则,或是根据活动结果来决定游戏的输赢,以此来激发学生的参与欲望。这类游戏的基础元素包括身体动作、故事情节、规则、方法、结果及运动场地和器材。其中,身体动作是体育游戏的核心要素。根据教学目标和学生的年龄特性,体育游戏可以被划分为不同的类型,如按照是否有故事情节、运动量大小、是否分队及人体基本活动的类型(如跑、跳、投)等来划分。

体育游戏作为游戏演化过程中的一个分支,最初是基于身体运动的集体活动,并遵循特定的规则。这类游戏对身心健康有着促进作用。因为体育游戏同时具有趣味性和集体性,所以参与体育游戏能够给人们带来愉快的体验,让人们的身心得到放松。体育游戏不仅仅是游戏的一部分,它与体育有着紧密的联系。随着社会的发展和文化的进步,不同地区根据自己的文化背景产生了具有各自规则的体育游戏。体育游戏与体育竞技的共性在于它们都具有竞争性和协作性。此外,体育游戏也是脑力和体力活动的结合。

(三)体育游戏的特点

关于体育游戏的特点,可以归纳为以下四点,如图 3-1 所示。

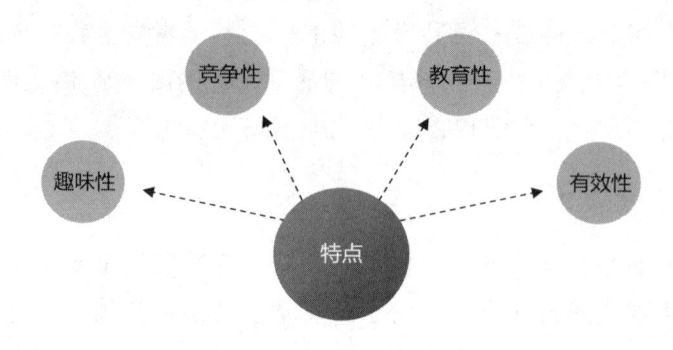

图3-1 体育游戏的特点

1. 趣味性

具有趣味性的体育游戏能够吸引不同年龄、性别、体能条件的人们参与其中,因为这种趣味性不仅包含在游戏过程中的身体活动和竞技体验,还包括在与他人合作和竞争中产生的社交体验。体育游戏的规则通常设计得既简单又具有挑战性,以吸引参与者。这种简单使任何人都可以快速理解游戏规则并参与其中,而挑战性则刺激参与者不断提高他们的技能和策略,以达到游戏的目的。这种在游戏中寻求掌握和胜利的过程带有浓厚的趣味性。体育游戏的趣味性还体现在它们为参与者提供了丰富的身心体验。游戏中的身体运动带来了生理上的快感,如肌肉的舒张和紧张、心率的加速和汗水的流淌等,而在挑战和竞赛中与他人互动则带来了心理上的满足,如成功的喜悦、失败的悔恨和与他人的羁绊等。这种丰富的身心体验使体育游戏具有很高的趣味性。无论是运动项目的种类、规则的设计还是比赛形式,都有各种各样的变化,可以满足不同参与者的需求。这种多样性使体育游戏总是充满新鲜感,总是能带来新的乐趣和挑战,从而增强了其趣味性。

2. 竞争性

在规则方面,规则旨在决定胜负,并设定相应的奖惩措施。规则的存在使游戏成为一种有目标的活动,而非无目标的娱乐。参与者通过比较自己和他人的表现,来寻求自我超越和他人超越,以达到游戏目标,这种过程就是竞争的体现。在参与者心理方面,竞争心理是人类的本能,人们天生就有超越自我和他人的欲望。体育游戏通过规则的设置和对游戏过程的设计，满足了人们的这种心理需求。参与者在游戏中体验到紧张、激动、喜悦、失落等各种情绪，这些情绪都是竞争的产物。在实际技能和策略方面，参与者要想在游戏中获胜，就应具备一定的技能和策略。他们应通过不断训练和学习，来提高自己的能力，才能在竞争中取得优势。这种技能和策略的提升过程，本身就是一种竞争。体育游戏的竞争性也体现在社会影响上，许多体育游戏发展到今天，已经不仅仅是娱乐活动，更是一种社会活动，影响着人们的生活方式和价值观。胜利在游戏中便意味着荣誉和赞美，失败则会带来挫折和批评，这种社会影响使游戏的竞争性更加明显，也更具有吸引力。

3. 教育性

体育游戏的教育性是无法忽视的，因为它不仅为人们提供了锻炼身体的平台，还是精神教育和道德教育的重要载体。游戏中的各种身体活动，如跑、跳、投、掷，都需要消耗能量，从而有利于提高体力和耐力。人们通过规律的锻炼，还能提高灵敏度、协调性和平衡性，对身体的全面发展起到积极作用。许多体育游戏都是团队形式的，需要队员相互配合才能取得胜利，这一过程培养了参与者的团队精神，也提升了他们的沟通能力和解决问题的能力。遵守游戏规则需要参与者有很强自我约束力，而正确看待胜负需要他们有坚忍的意志和优良的品格，这些都是提升道德素质的方法。

4. 有效性

在强化社交能力方面，大多数体育游戏都需要团队合作才能取得胜利，参与者在游戏中学会了与他人沟通、协调，这在很大程度上强化了他们的社交能力。与此同时，体育游戏还为人们提供了一个建立友谊、提升彼此关系的平台。在塑造参与者心理素质方面，参与者需要面对各种挑战和压力，这一过程有助于提高他们的心理承受能力和应对压力的技巧。而在面对胜败的过程中，参与者也可以培养出健康的竞争观和正确的胜负观。在实现教育价值方面，教师可以利用体育游戏，将理论知识融入实际操作中，使学生在活动中学习和理解这些理论知识。这种学习方式不仅提高了学习效率,还增强了学习的趣味性。

二、体育游戏的教学价值

(一)增强教学过程的娱乐性,提高学生学习的积极性

体育游戏充满乐趣,可以为学生提供轻松愉快的学习环境,让学生在游戏中感受快乐,从而激发他们的学习兴趣。体育游戏的规则设置常常使比赛结果存在不确定性,从而激发学生的好奇心,使他们有欲望去探索并参与其中。比如,篮球游戏中,每次的得分都充满了偶然性和必然性,让人充满期待;足球比赛中,每次的进攻和防守都在考验着运动员的技术、战术和团队协作,常常让人眼前一亮。而且,体育游戏的目标明确,过程充满竞技性,使学生可以在追求胜利的过程中,不断提升自己的技能和策略。例如,在排球比赛中,每个人都要在限定的时间内,通过合作或独自努力,创造最高的得分;在棒球比赛中,每个运动员都要通过尽可能多地击中球,来达到胜利的目的。这种明确的目标,使学生在比赛中,能够不断尝试、学习和提高,以进一步激发他们的学习积极性。

(二)增强学生体质,提高健康水平

体育游戏通过各种形式的身体运动,让学生在参与中得到身体的全面锻炼。在攻防转换、奔跑、跳跃等动作中,能锻炼学生的力量、速度、耐力、柔韧性、灵敏性等身体素质,而这些正是增强体质、提高健康水平的基础。例如,足球比赛中的长距离奔跑和精准传球可以训练学生的耐力和肌肉力量,而乒乓球比赛中的精准击打和灵活移动则能提高学生的灵敏性和协调性。体育游戏的竞技性和团队性使学生在锻炼身体的同时,提升心理素质和社会能力,在游戏过程中,学生需要坚持到底,挑战自我,这能够培养他们的意志品质,增强他们的抗压能力,对身心健康产生积极影响。参与体育游戏,需要遵循规则,保持公正,这会让学生了解到在生活中,尊重规则、公平竞争的重要性,进而养成良好的行

为习惯。定期参加体育游戏也会使学生养成积极参与体育活动的习惯，这对于维持和提高健康水平具有实质性的作用。

（三）促进学生认知水平的发展

体育游戏中的策略运用是一种对学生认知能力的挑战，学生需要根据游戏规则，对局势进行分析，制定出最优的策略。比如，在围棋比赛中，学生需要根据对方的棋路，预测可能的走势，然后制定出相应的策略。体育游戏中，动手动脑的实践也是对学生认知能力的锻炼。在游戏中，学生不仅需要理解游戏规则，还需要手脚的协调能力，完成各种任务，这些都需要良好的认知能力来支撑。

（四）促进学生个性社会化的形成

体育游戏，无论是团队游戏还是个人项目，均需遵循一定的规则和标准。参与游戏的学生应接受并尊重这些规则和标准，从而学会在集体活动中遵守社会规则。这种从游戏中获得的社会认知规则，是个性社会化的一个重要环节，为学生在更大社会环境中的行为提供了一种规范。在体育游戏中，学生通过团队合作，学习了如何在集体中与他人沟通和协作，培养了团队精神和协作意识。这种集体意识的培养，有助于学生在社会中与他人和谐相处，有助于他们在未来的工作和生活中更好地融入社会。另外，体育游戏中的胜负也有助于学生个性的社会化。它可以让学生了解到，无论是在生活还是在工作中，都会有起起落落，需要学会的是如何优雅地接受失败，如何从失败中汲取教训，如何坚持并且不断努力。这种积极向上的态度和弹性心态对他们个性的社会化较为重要。

三、体育游戏应用于高校体育教学的原则

（一）学生中心原则

首先，在高校体育教学中学生中心原则表现在教师对学生个体差异的认知和尊重上。每个学生的体质条件、兴趣爱好、学习习惯和学习能

力各不相同，教师在设计和实施体育游戏教学活动时，需要考虑这些差异，调整教学内容和教学方法，使其更符合学生的个人发展需求。其次，学生中心原则要求教师在教学过程中应积极引导学生参与，为学生提供主动学习和发展的机会。在体育游戏教学中，教师应鼓励学生积极参与，为他们提供自我表现的平台，让他们在游戏中体验成功，从而提高自我效能感，增强学习的积极性和主动性。最后，学生中心原则强调教师应当以学生的学习成效为导向，而不是以教师的教学行为为中心。教师需要在教学过程中持续关注学生的学习进展和反馈，及时调整教学策略和教学行为，使教学更符合学生的学习需求和发展规律。

（二）适度竞争原则

竞争是人的一种基本心理需求，它可以激发人的进取心和战斗精神，实现人的自我超越。在体育游戏教学中，适度的竞争不仅可以增加游戏的趣味性和挑战性，激发学生学习的积极性，还可以通过竞争提高学生的运动技能，培养他们的团队合作精神和竞争意识。然而，过度的竞争可能导致一系列负面效应，如焦虑、压力、恐惧失败等，这不利于学生的身心健康和全面发展。因此，教师在引入竞争时，应把握好竞争的度，避免竞争过于激烈或无序。教师要营造一个公平、公正、尊重个体差异的竞争环境，使所有学生都有平等的参与机会，避免竞争结果导致某些学生的自尊心受损。在日常教学中，教师应注重引导学生如何正确地认识和看待竞争，培养他们的良性竞争意识，使他们明白竞争的目的不仅仅是为了赢，更重要的是通过竞争促进自我的成长和提高。教师应强调过程，而不仅仅是结果，培养学生的团队精神、协作精神和公平竞赛精神。

（三）安全第一原则

体育游戏有着显著的趣味性和竞技性，但这也意味着有可能存在一定的安全风险。学生可能因为过于投入或过度竞争而忽视自己的身体状况，造成运动伤害。因此，教师在引导学生参与体育游戏时，应始终关注学生的安全问题，确保游戏环境的安全。

在具体操作层面，这包括确保运动设备和环境的安全，定期检查和维护设备，清理运动场地，避免有可能导致学生受伤的安全隐患。教师还需要根据学生的体质和运动能力，选择适合他们的运动项目和难度，避免让学生进行过于剧烈或超出他们能力范围的运动。教师还要向学生传授急救知识，使他们在发生意外伤害时能够进行有效自救和互救。

（四）德育引领原则

体育游戏作为一种特殊的教育手段，具有较强的社会性和集体性，这为德育教学提供了得天独厚的条件。体育游戏中的团队协作、竞争对抗、公平竞赛等特性，可以被用来培养学生的团队精神、公平公正观念和尊重他人等价值观念。

在具体实施上，教师可以设计含有道德教育元素的体育游戏，引导学生在游戏中实践和体验道德规范和社会规则，提高他们的道德认识和道德实践能力。教师还应重视对学生的道德教育和引导，通过评价和反馈，帮助学生认识自己的行为和态度，进一步提升其道德素质。

四、体育游戏法在高校体育教学中的应用对策

（一）细化体育游戏内容，优化体育游戏组织方式

对于游戏内容的细化，教师需要确保每个游戏环节都具有明确的学习目标，能够有效地帮助学生提高技能或知识水平。例如，教师可以设计一些小游戏，通过模拟实际比赛的情境，帮助学生理解和掌握特定运动技术。此外，教师还可以根据学生的能力和兴趣，设计一些差异化的游戏活动，满足不同学生的学习需求，从而提高他们的学习效果和学习满意度。

至于游戏的组织方式，教师需要根据游戏内容和学生的学习需求，选择合适的组织形式，以确保游戏能够顺利进行，使学生在游戏中学习。教师可以根据课程内容和教学目标，选择个人对抗、小组合作、全班竞

赛等不同的游戏组织形式。在选择游戏组织形式时，教师还需要考虑学生的个体差异，尽可能地让每个学生都能参与游戏，从而提高他们的学习积极性。

除此之外，教师还需要灵活运用各种教学手段和策略，以提高游戏教学的效果。例如，教师可以通过提问、引导、反馈等方式，帮助学生理解和掌握游戏规则，提高他们的游戏技能。教师还可以通过及时的评价和反馈，帮助学生了解自己的进步和不足，激发他们的学习兴趣和学习动力。

（二）整合体育游戏结构与布局，强化体育游戏评价

整合体育游戏结构与布局，意味着所有游戏环节，包括预备、进行、结束等各阶段，都需要组织得井然有序，并且各环节之间要逻辑清晰，相互联系。这种整合不仅会使游戏进程连贯，还会使游戏的整体教学效果得以体现。例如，预备阶段教师可以引导学生熟悉游戏规则；进行阶段则让学生实际操作，体验游戏乐趣，并在游戏过程中培养所需的体育技能和策略思考能力；结束阶段则通过总结反思，指导学生深化体验和感受，提高学习成果。通过这种有机整合，使每个游戏环节都能发挥其最大效能，提升教学效果。

强化体育游戏评价则需要在体育游戏教学中，增加对学生的正向反馈，以提高学生的学习动力和积极性。评价不仅可以让学生了解自己的进步和提高，还能帮助他们了解自己的不足和需要改进的地方。游戏评价主要是通过学生在游戏中的表现来进行的，而且应以鼓励为主，让学生在游戏中获得成就感，激发他们的学习积极性。这需要教师运用多元化的评价方式，如过程评价、结果评价、同伴评价等，以全面、真实地反映学生的学习情况。评价还需要具有针对性，对于不同的学生、不同的游戏环节，教师需要采用不同的评价方式和标准，这就需要教师具有灵活的评价技巧和敏锐的教学洞察力。

（三）加强体育游戏认知，丰富游戏储备量

一方面，体育游戏教学的首要任务是提高学生的体育游戏认知水平。这要求教师在教学过程中不仅让学生掌握游戏规则，还让他们理解游戏的意义、背后的策略和技巧，以及游戏如何帮助他们提升体质、协作能力和竞争意识。例如，足球游戏可以锻炼学生的身体协调性，围棋游戏可以提升学生的策略思考能力，团队接力比赛则能培养学生的团队协作精神。

另一方面，教师需要丰富自身的游戏储备量，以便在教学中灵活运用，满足学生的不同需求和兴趣。有经验的体育教师应该熟悉各种体育游戏，包括传统的、现代的、国内的、国际的等，并能根据学生的实际情况，选择合适的游戏进行教学。例如，对于体质较差的学生，教师可以选择一些对身体负荷较小的游戏，如乒乓球、羽毛球等；对于兴趣广泛、体能出色的学生，教师则可以安排一些更具挑战性的游戏，如篮球、足球等。教师的游戏储备量会直接影响教学的质量和效果。教师还应定期更新自己的游戏储备，学习和引入新的游戏，以适应不断变化的教学需求。这样既能保持教学的新鲜感，又能激发学生的学习兴趣，提高他们的参与度。

第二节　分层教学法在高校体育教学中的应用

一、分层教学法概述

分层教学是指教师根据学生现有的知识、能力水平和潜力倾向把学生科学分成几组各自水平相近的群体并区别对待，这些群体能够在教师恰当的分层策略和相互作用中得到发展和提高。

二、分层教学的理论基础

（一）因材施教理论

人类个体之间存在差异显著，因此在教学过程中，教师应为每个学生选择适合其特性的教育方式。尽管在一般的班级教学制度下，学生通常处于相似的年龄阶段，但由于环境干扰和遗传特性等因素的影响，他们在学习热情、兴趣爱好等方面有着较大的差异。这就产生了一个问题，即面对学生的个体差异，如何在统一教材的班级授课制度中实施有效的教学？为了解决这个问题，教育专家提出了因材施教的理念。

分层教学是因材施教的一个有效实施策略。它充分尊重和利用了学生个体差异的客观存在，因此已被证明是一种成功的教学方法。分层教学的实践表明，如果想让因材施教在教育过程中更好地发挥作用，就需要对学生的个体差异进行深入理解和研究，包括他们的智力和非智力方面的特征。这样，分层教学才能得到适当的应用，更好地反映因材施教的理念。需要强调的是，即使是同一班级的学生，尽管他们都处于相同的年龄阶段，但他们的个体差异仍然显著。

（二）最近发展区理论

最近发展区理论强调每个学生都有两种发展水平，即现有水平和潜在水平，这两者之间的发展区就是"最近发展区"。为了将学生的潜在发展区成功地转化为他们的现有发展区，教师需要从最近发展区理论所揭示的水平差异出发，持续创造新的"最近发展区"，这样才能更有效地推动学生的个人成长。教师针对不同能力层次的学生的特征进行教学活动，能让课堂教学更贴近学生实际，更有效地促进他们的学习。教师应利用"最近发展区"理论合理设置教学难度，以及根据不同层次的学生的知识和接受能力来确定教学模式和策略。

(三)掌握学习理论

掌握学习理论强调,学生在学习过程中达不到优秀水平,原因并非他们的智力或能力,而是因为他们没有获得适宜的教学环境。这是一种富有启示的教学理论,主张学生学习能力的差异并不能预设他们对学习内容的掌握程度,无论学生天赋如何,都有潜力成为知识丰富的人。这个理论的核心观点是,只要给予学生合适的教学条件,足够的学习时间和恰当的教学引导,他们就能理解和掌握所学的知识。因此,教育教学应充分考虑学生学习实践和学习进度的差异,否则可能会拉大学生之间的差距。从掌握学习理论的角度来看,对于同一教学内容,不同层次的班级应有不同的教学方法、教学要求,学生的学习方式和教学组织形式也应具有相应的差异。在把班级分为三层的情况下,高层的班级基础好、学习速度快,可以进一步深化学习;中层的班级基础一般,可以步步为营地进行学习;底层的班级基础较弱、学习速度较慢,应先将可以掌握的内容学好,暂时难以掌握的可以先放下。这就是教育实用主义的一种体现,即最符合学生的教育,就是让学生能够有效掌握学习内容的教育。

三、分层教学法在高校体育教学中应用的必要性

(一)提升高校体育教学效果

分层教学法在高校体育教学中应用的关键在于,通过结合不同学习层次和水平的学生,将他们科学合理地分为不同学习小组,然后体育教师针对不同小组调整教学计划和教学内容,这样能够确保每个小组的学生都能跟上教学节奏,通过自身努力取得相应的进步。与此同时,由于每个学生体育学习能力存在明显差异性,他们在实际学习过程中会遇到各种各样的难题,通过分层教学法能够集中解决同一小组遇到的问题,促进体育教学的顺利发展,能够大大提高体育课堂的教学质量和效率,促进学生在体育方面的全面发展。

（二）提高高校体育教师专业性

在教育体制不断改革的背景下，高校教育对体育教师提出了更高的要求，体育教师应通过不断地努力学习，充分掌握各种先进的教学方法，创新课堂教学模式，提升体育教学的效果，这样才不会被社会淘汰。与传统体育教学方法相比，分层教学法的应用更能够体现出体育教师的专业性，实现现代高校体育教师更加全面的发展。在分层教学模式下，体育教师应根据学生的不同学习情况和学习兴趣，合理制定教学方式和内容，帮助全体学生完成各个要面对的各项学习任务，提高学生的体育学习能力。在分层教学中，体育教师应不断改进教学手段，创新课堂教学内容，提高自身的综合教学能力，只有这样才能促使各个教学环节有条不紊地开展，最大限度地满足不同学生的体育学习需求。

四、分层教学法在高校体育教学中实践应用措施

（一）优化设计体育教学目标，并将其分层

在展开体育教学前，高校体育教师要充分了解全班学生的实际学习情况和水平，这样有利于教师合理设计教学目标，做好教学计划和目标分层工作，提高体育课堂教学质量和效率。在这个过程中，体育教师要注意的是设计的教学目标应在学生能力承受范围内，且能够得到学生的普遍认可和接受，满足学生的学习需求。例如，在组织学生开展山羊分腿腾越活动中，教师要结合不同体育能力的学生，对学生提出不同的学习要求，合理制定学习目标。对于体育综合能力较差的学生，前期只要求学生简单越过山羊，无须注重过程技巧，先培养学生的学习自信心，感受体育活动的乐趣，这样有利于培养学生终身体育意识；而对于体育综合能力较强的学生，教师要提出与之相对的要求，指导学生注重腾越技巧、拉开跳跃距离，确保动作的协调性。这样能够促使每个学生积极参与体育学习活动，不断提高自身的体育学习能力，争取在自身努力下完成教师布置的教学任务。

(二)科学设置体育教学内容,按照难度进行分层

在高校体育教学过程中,体育教师要结合学生的兴趣爱好和学习能力,科学设置课堂教学内容,并按照内容的难度进行合理的分层工作,充分考虑学生的身体素质、基础水平及学习动机等因素。教师根据不同学习层次的学生,制定出难易适度的考核标准,以确保每个学生都能够完成任务,提高他们的学习自信心和兴趣,从而促进高校体育教学持续稳定发展。

跑步是高校体育教学的核心内容,积极开展跑步活动有利于提升学生的身体素质,培养学生良好的意志品质。例如,在长跑教学活动中,体育教师要根据其难易程度,科学进行分层教学。对于身体耐力偏低的学生,教师前期只需引导其完成1~2圈的跑步任务,在经过一段时间的训练之后,该部分学生体能会有所上升,教师再逐渐增加他们的跑步距离,争取更大的进步;而对于身体耐力高的学生,教师要让其完成3~4圈的跑步任务,在长期训练后,指导其慢慢加快跑步节奏,提高跑步速度。而在短跑训练活动中,教师要融入更多难度适中的跑步游戏,按照游戏难度组织学生开展活动。在"追逐跑游戏"中,教师要将跑步能力相差不大的学生分配到一起进行游戏比赛,既能促使他们进行良好的竞争,在游戏中获得快乐和成就感,又能够提高他们的体育学习能力。

科学完成分层是在高校体育教学中有效应用分层教学法的前提条件。为了达成科学分层的目标,教师应遵循"以生为本"原则及"因材施教"原则,结合具体体育教学内容建立多元分层标准体系,最大化地实现分层教学法对增强高校体育教学实效性的促进作用。

1.根据学生的身体素质进行分层

高校学生的身体素质有着较为明显的差别,如果教师未能充分了解学生的实际身体素质和体能状况,而采取让体质和体能处于不同层次的学生进行同等强度体育练习的方法,那么体质强、体能好的学生体育潜能得不到充分发挥,而对于体质弱、体能差的学生则容易导致他们产生抗拒心理。教师应根据学生体质健康测试结果,总结学生的身体素质和

体能状况，并进行科学分层。例如，在开展长距离跑教学时，教师可以先分析女生的 800 m 跑测试结果和男生的 1 000 m 跑测试结果，结合《国家学生体质健康标准》中关于"优秀""良好""及格""不及格"的成绩规定，将学生分成 A、B、C、D 4 个层次，然后为每一层次的学生制定不同的教学目标和教学措施，让耐力跑教学更具针对性。

2. 根据学生对某一运动技能的掌握程度进行分层

学生在进入高校前，已经历了从小学至高中的体育学习，对于某一运动技能的掌握程度必然存在差异。为此，教师可以在深入开展教学前，先进行运动技能测试，评估学生对各项运动技能的掌握程度，然后根据测试结果对学生进行合理分层，提高体育教学效率。例如，在进行篮球教学中的投篮技能教学前，教师可以先开展 3 次"一分钟投篮测试"，记录学生在 3 次测试中投中的篮球数，并观察他们投篮姿势的规范程度，将投中篮球数量在 20 个及以上的学生分入 A 层，将投中篮球数量在 10~20 个的学生分入 B 层，以此类推。然后再为不同层次的学生设置不同的投篮教学目标、采取不同的投篮教学措施，让投篮技能教学更具有效性。

3. 根据学生的实际体育学习需求进行分层

学生在兴趣爱好方面的差异会让他们产生不同的体育学习需求，教师在分层时也应充分考虑。教师可以通过观察学生在体育课上所展现出的学习态度和学习积极性、与同学进行交流沟通的方式来了解学生的体育学习兴趣及实际需求，再根据结果对学生进行分层。

完成分层之后，教师可以将不同层次的学生进行组合，建立体育学习小组，教师还能有效培养学生形成合作精神和集体意识，仍以上面提到的投篮技能分层为例，在完成分层之后，教师可以将 A、B、C 这 3 个层次的学生进行合理组合并建立篮球学习小组，推动 A、B 层学生带动 C 层学生在投篮技能上取得进步。

在高校体育教学中应用分层教学法最重要的目标是帮助所有层次的学生都取得进步，因而教师不能固化分层教学方案，而是应根据学生的实际体育学习状况灵活地对分层结果进行调整，教师应建立阶段性考核和评价机制，总结学生对体育运动情感的变化并结合这些信息调整分层。

（三）注重体育学习考核，对其进行分层

高校体育教师在实施分层教学法时，要注重对学习过程的分层考核，及时掌握学生当前学习情况，从而有针对性地采取教学改进措施。体育教师要结合当前班级学生的体育学习整体水平，科学制定完善的分层考核标准，在教学过程中根据实际情况，适时优化考核标准，对于学习能力较差的学生要适当降低考核标准，以帮助他们建立学习信心，对于学习能力好的学生则要适当提高考核标准，充分激发他们的学习潜力，促使他们上升到更高的层次。例如，在羽毛球教学活动中，体育教师不能简单地按照学生身体素质或运动技能掌握程度来进行考核标准的制定，而要综合考查学生的学习态度、动机，以及学习能力。对于在此过程中表现优秀的学生，教师要制定难度更高的标准，不能让学生自我满足、止步于现状；而对于在此过程表现急慢、能力不足的学生，教师要降低考核标准，注重教学的循序渐进，展开分层评价，这样有利于激发这部分学生的学习兴趣，使其全身心投入教学活动中。

总而言之，基于分层教学法对于改善高校体育教学效果及培养学生运动习惯的重要作用，高校体育教师应建立多元分层标准体系，将学生的身体素质状况、运动技能掌握程度及实际体育学习需求纳入分层标准，结合具体教学内容选择分层方案，同时注意以小组教学方法配合分层教学法、注意建立动态评价机制灵活调整分层教学方案，最大化地实现分层教学法对于高校体育教学的促进作用，切实增强体育教学的实效性。

第三节 合作教学模式在高校体育教学中的应用

一、合作教学模式的含义

合作教学模式以尊重学生的个性和人道主义精神为核心价值，通过教师和学生，以及学生之间的互动和合作推进教学过程。这一模式的基础元素包括以小组为单位的学习活动；通过互动和合作驱动的教学过程；以目标导向为原则的教学设计；以团队表现作为奖励标准的教学评估。合作教学方式有助于在教师和学生之间建立起互信和尊重的合作关系。

此模式源于合作学习方法，这一方法在近代就已经出现。然而，将"合作学习"科学应用到课堂上，这一研究起步于 20 世纪 70 年代，其主要代表人物为美国的戴卫·约翰逊（David Johnson）和他的兄弟荣·约翰逊（Roger Johnson）。在这之后，苏联的一些教育改革者也开始在教学实践中应用和研究合作学习方法。到了 20 世纪 80 年代，以"合作教育学"为理论基础，合作教学模式得以形成。此模式的影响力相当大，目前全球许多国家都在教学中应用这种模式，并普遍采用合作学习的方式。

二、合作教学模式的理论依据

（一）合作教育学理论

合作教育学是人本主义和社会主义理论的结合，其理论基石是激发学生学习的内在动力，通过体验学习的成功、进步和发展的愉悦感，让学生主动参与学习过程。为达成这一目标，合作教育学强调师生关系的根本性转变，即建立基于互尊互信的合作关系。

在合作教育学的理论框架下，教师不再是知识的传递者，而是学生学习的指导者和助推者。教师通过创设和谐、开放的学习环境，引导学生共同探索和解决问题，从而使学生在合作互动中深化理解，拓宽视野，充分体验学习的乐趣。此外，合作教育学也重视学生之间及学校与家庭之间的紧密合作关系。学生间的合作关系会鼓励彼此互帮互学，从而培养团队合作精神和社会技能。学校与家庭的紧密合作关系则能够让家长更加了解和参与到孩子的学习过程中，这对于学生的全面发展至关重要。

值得一提的是，合作教育学在教学方法上坚决摒弃强制手段，主张采取引导和鼓励的方式来促进学生的学习。这种非强制性的教学方法充分尊重学生的主体地位和个性差异，让学生能够在自由、宽松的学习氛围中挖掘和发展自身潜能。

（二）社会互赖理论

社会互赖理论是一种阐述社会结构和个体行为之间关系的理论，主张社会的互赖结构决定了个体的行为模式，从而影响了活动的整体构成。这一理论包括积极互赖（合作）与消极互赖（竞争）两种主要的互动方式。在积极互赖或合作的环境中，个体倾向于互相鼓励和推动，共享信息和资源，以共同达成目标。这种合作关系强调集体利益的优先，个体的成功依赖整个团队的成功，从而形成一个良好的、共享成功的氛围。与此相反，在消极互赖或竞争的环境中，个体可能会相互阻碍以达成自己的目标，这导致了竞争和矛盾的产生，阻碍集体的进步。

课堂结构被归纳为三种类型：合作、竞争和个体化。在合作的目标结构中，个人和集体的目标是一致的，个人的成功取决于集体其他成员的成功，个人和集体的成功是互相联系的。这种教育模式鼓励了成员间的互帮互助，强化了团队精神和集体责任感。

三、合作教学模式的操作流程

合作教学模式的操作流程如图 3-2 所示。

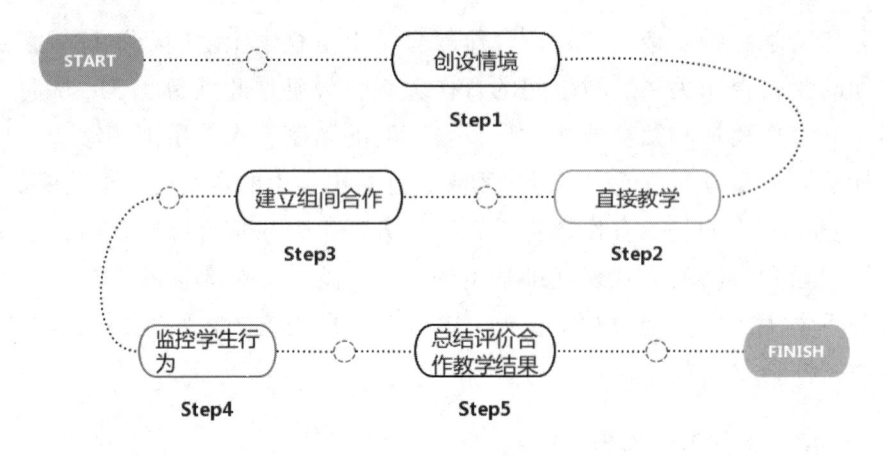

图 3-2 合作教学模式的操作流程

（一）创设情境

创设情境的目的在于为学生提供一个良好的合作心理环境，激发他们的参与意愿和主动性。该步骤的关键在于让学生感受到自己在合作教学中的角色和获得的收益，只有当他们感到有所收获时，他们才会更积极地参与学习，减轻心理负担，提高其主动性和独立性。

（二）直接教学

直接教学是合作教学模式中不可或缺的一部分。它采用多种形式，如师师合作、师生合作、生生合作、个人与集体合作，以及学习小组之间的合作。无论采取何种形式，教师的直接教学都起着重要作用。教师需要以直接的方式向学生解释学术任务，确保学生对指定的学习任务有清晰的了解，并明确学习目标。

在直接教学过程中，教师应注意以下几点：第一，在课程开始时，教师应先告诉学生他们将学习什么内容和这些内容的重要性，教师可以通过引发学生对生活问题的好奇心来激发他们的学习兴趣；第二，在课程进行中，教师要紧密围绕教学目标和任务来进行讲解，注重需要理解的要点，并通过视听材料、操作、实例等方式来教授概念和技能；第三，在定向练习阶段，教师应引导学生思考问题并回答学生提出的问题，以评估他们对教学内容的理解程度。

（三）建立组间合作

教师在合作教学中的角色应与学生的合作学习小组密切配合。首先，教师应帮助学生组建适当规模的合作学习小组，小组成员的数量为 2~6 人。其次，教师需要设定合作学习的基调，强调团结合作的重要性，如"众人拾柴火焰高""团结则胜利，分裂则失败"等口号，以激发学生的团队意识。最后，教师给每个小组成员分配学习任务，并明确其个人责任，同时明确成功的标准。在小组活动中，教师应组织学术讨论，引导学生围绕讨论的问题发表个人观点，并促进学生之间的交流和合作。

（四）监控学生行为

教师需要观察学生的合作学习活动，了解他们在小组中的具体行为，是否遇到问题或困难。教师要确保每个小组都能正常运作，并及时提供帮助，对遇到挫折的学生给予情感支持、鼓励和指导，并回答学生提出的问题。教师还可以介入小组活动，提供建议，教授学生必要的合作技巧和方法，以促使学生展现更好的行为。教师在监控学生行为时，需要起到观察、指导和参与的作用，以确保合作学习的顺利进行。教师通过合理的监控，能够及时了解学生的学习情况和遇到的困难，并提供适当的支持和指导，帮助学生取得更好的学习成果。

（五）总结评价合作教学结果

合作教学结束时，教师扮演着总结和评价的角色。教师应和学生一起讨论小组活动的情况，回顾和总结学习过程中的得与失。这包括评估学生在哪些方面做得好，哪些方面需要改进，以及学生从中获得了哪些经验，等等。教师还应将总结结果反馈给全班学生，以促使他们从中学习经验并吸取教训。学生通过合作教学的总结和评价，可以回顾自己的学习过程和成果，并从中获得反思和成长的机会。教师的引导和评价可以激发学生的自我意识和自我评价能力，促使他们更加深入地理解合作学习的价值和重要性。教师的评价也可以为学生提供参考，使他们能够更好地理解自己在合作学习中扮演的角色和发展方向。

四、合作教学模式的基本要求

（一）合作教学分组

在体育合作学习过程中，分组的主要原则是组间的同质性和组内的异质性。这意味着，各个小组的总体水平应相对一致，以保持各个小组之间的平衡。但是在每个小组内部，学生的性别、学业成绩、特长、体育技能水平等方面应存在一定的差异。分组策略应考虑学生的兴趣和愿望。

（二）教学中的教师任务

在教学任务方面，教师需要在熟悉学生能力的基础上，根据教学内容设计适当的教学方法和任务。在教学过程中，教师需要主导教学并指导学生进行合作学习。

（三）教学中的学生任务

学生的任务是在教师布置的任务和要求下，以合作学习小组为单位，充分发挥主观能动性，通过集体协作完成任务。

（四）体育课的开始部分

体育课的开端应由学生以小组为单位，轮流带领其他同学进行预备活动，从而提高学生的解释、组织和示范能力。

（五）集体讲授课

集体讲解课程的时间应由教师根据不同的教学内容进行合理安排，讲解过程应强调关键点，简洁明了，以效率为主。

（六）合作教学小组的课堂活动

在学生进行合作学习前，教师需要解释一些重要的问题，如只有当所有小组成员都完成了教学任务时，整个小组的任务才会被视为完成。学生需要互相监督，检查组内成员是否完成任务。同时，教师需要在学生进行合作学习时，巡视、观察、记录，并适时进行指导。

（七）测试与反馈

在学生完成任务后，应进行独立测试或组间比赛。教师需要根据测试或比赛结果来进行评估和总结，以帮助学生了解自己的不足，并在未来进行改正和提升。

（八）课后任务

课后任务的布置应根据教学目标和要求，合理安排复习、预习任务和课后作业。

五、合作教学模式应用于高校体育教学的原则

（一）导练结合原则

导练结合原则所倡导的是一个理念，即学生通过教师的引导，能够进入教学环境，实践技能，并在此过程中解决遇到的问题。教师不再是教学过程中的唯一主导者，但他们的引导和指导仍然是至关重要的。教师通过对教学内容的指导，可以帮助学生理解和掌握所学课程的基本技术和技巧。他们可以提供必要的背景知识，提出问题，引发学生的思考和讨论，从而引导学生进入学习状态。学生的"练"是学习过程的关键部分。学生通过教师的引导和同伴的合作，理解和掌握所学课程的技术。他们可以在小组学习的过程中共同解决问题，互相学习，共享知识和技巧。在实践中，学生可以深化他们对知识和技能的理解，提高他们的体育技能，同时可以培养他们的团队合作能力和问题解决能力。在这个过程中，学生也应该学会自我调整和反思。当遇到困难时，他们应该学会

寻求教师或同伴的帮助，接受批评，反思自己的学习过程，以提高学习效果。

（二）适时点评原则

教师需要紧密观察学生的学习过程和演练效果。这不仅包括观察学生的动作完成情况，还包括对学生学习态度、合作精神、解决问题的能力等方面进行关注，这样可以帮助教师了解学生的实际学习情况，以进行更准确的点评。教师在点评时要实事求是，既要看到学生的进步，也要指出他们的不足。在表扬学生进步的同时，要针对学生在技能掌握、合作交流等方面存在的问题给出建设性的建议，引导他们思考如何改进。点评要具有针对性，尽量避免模糊的评语，而是要提出具体可行的改进措施。教师在点评时要尊重学生，避免直接否定学生的表现，而是鼓励他们继续努力，以免打击他们的自信心和学习积极性。适时点评原则也要求教师应灵活运用，根据学生的具体学习情况和反馈结果，适时调整教学策略和方法，以有效推动学生学习的进步。

六、合作教学模式应用于高校体育教学的对策

（一）转变传统体育教学思想，培养学生合作学习意识

合作学习是一种以学生为中心的教学方法，强调学生之间的互助与合作，以共同完成任务和解决问题为目标。在体育教学中，合作学习不仅可以提高学生的体育技能，还可以培养学生的团队合作能力、解决问题的能力、沟通和协商的能力等。因此，教师需要积极推广合作学习的教学模式，将其应用到体育教学中。

为了成功实施合作学习，教师需要培养学生的合作学习意识，让学生认识到，合作学习不仅仅是一种学习技能的方式，更是一种解决问题、共享知识、互相学习和发展的方式。学生需要认识到，通过合作学习，他们可以在团队中找到自己的位置，提高自己的学习效率，提升自己的社会技能，为未来的生活和工作做好准备。

（二）创新设计学生合作学习的过程，进行合理分组

教师可以根据学生的性别、体质、技能水平等因素进行分组。例如，教师可以将技能水平相近的学生分在一组，这样他们可以在相互学习和交流中取得进步。教师也可以将技能水平不同的学生分在一组，利用他们之间的差异促进交流和学习，提高学生的技能水平。此外，教师还可以根据学生的性格特点进行分组，让不同性格的学生相互配合，这样可以提高团队的协作能力。对于创新设计学生合作学习的过程，这需要教师具备创新思维和方法。例如，教师可以设计一些富有挑战性和趣味性的体育活动，引导学生进行合作学习。教师可以设置一些小目标，让学生在完成目标的过程中进行讨论和合作。这样的设计，不仅能激发学生的学习热情，还有助于提升他们的团队协作能力。

在合作学习过程中，教师需要发挥引导的作用，及时给予学生反馈和建议，帮助学生调整学习策略，解决学习中遇到的问题。教师需要注重培养学生的自我反思能力和自主学习能力，使他们能够在合作学习中不断提高和进步。

七、合作教学模式应用于高校体育教学应注意的问题

（一）注意学习中的群体发展

群体发展是合作学习的重要组成部分，因为它有助于提升学习群体的活力和效率，有助于学生了解自己在团队中的角色定位，培养他们的团队精神和合作意识。学习群体的发展涉及学生之间的互动、互助和互补。在实施合作教学模式时，教师应引导学生明确团队目标，以及各自的角色和职责，并培养他们的团队协作精神。教师需要为学生提供良好的沟通环境，鼓励他们在学习过程中交流想法，分享知识，解决问题。

在学习群体的发展过程中，教师还应关注学生的个体差异。每个学生都有自己独特的个性、学习风格和能力，这些差异可以为学习群体带来丰富的资源，但同时可能导致团队的冲突和分歧。因此，教师需要利

用学生的个体差异，促进团队的多元化，同时要注意解决团队中的冲突，维护团队的和谐。为了有效推进学习群体的发展，教师还应制定出适当的评估标准，以便了解和跟踪学习群体的进展。评估标准应包括团队的整体表现，如团队协作的效果，以及每个成员对团队目标的贡献等。这样的评估既可以鼓励学生积极参与团队学习，也能帮助教师及时调整教学策略。

（二）注意培养学生的创造能力

创造力涉及独立思考、问题解决、新颖想法的提出，以及对既有概念的挑战。对于学生创造力的培养，教师应该鼓励学生在学习过程中勇于提出自己的想法，甚至是对常规想法和方法的挑战。这可能需要创设一种开放、包容的学习环境，其中学生可以自由地表达自己的看法，不用担心会被批评或质疑。教师也需要注重引导学生如何理性地评估和反思自己的想法，以培养他们的批判性思考能力。为了激发学生的创造力，教师可以设计一些需要学生共同思考和解决问题的活动。例如，教师可以让学生在小组内讨论如何在某项运动中提高效率或降低风险。学生通过这样的活动，不仅可以运用创新思维解决实际问题，还可以了解在团队合作中沟通、协调的重要性。教师还应不断更新自己的教学方法，以适应不断变化的教育需求和学生特性。利用现代化教育技术，如在线学习平台、虚拟现实技术等，可以为培养学生创造力提供更多的可能性。

（三）注意充分发挥教师的主导作用

教师的主导作用表现在明确教学目标上。教师需要根据课程标准和学生的具体情况，设定明确、具体的教学目标，这是引导学生进行合作学习的前提。教师应将教学目标告知学生，让他们明白学习的目的和方向，以便更好地进行自主学习。教师的主导作用还体现在组织合作活动上，教师应根据教学目标和学生的实际情况，设计适合学生能力和兴趣的合作学习任务，并合理安排学习时间和环境。教师应指导学生建立有效的合作团队，如设定团队规则、分配团队角色等，以确保合作学习的顺利进行。在营造学习氛围方面，教师需要营造开放、包容、平等、尊重的学习氛围，让学生敢于表达自己的想法，愿意接受他人的意见。这种氛围有助于培养学生的合作意识，提高合作学习的效果。

（四）注意发挥小组长的作用

对于小组长来说，他们需要拥有良好的沟通和协调能力，要能够协调小组成员的关系，平衡各方面的需求，以确保小组内部的和谐和效率。他们还要能够与教师进行有效的沟通，反映小组的学习情况，以便教师针对性地进行教学指导。小组长还需要具备一定的专业知识和技能。他们应当以身作则，带领小组成员共同探究和实践，引导小组成员深入理解和掌握体育技能。在必要时，他们应能够帮助小组成员解决学习中遇到的问题，以保证小组学习的连续性和深度。在小组活动中，小组长应积极参与，有效引导，他们不仅仅是组织者，更是合作者。他们应以开放和接纳的态度对待每一位小组成员，鼓励他们表达自己的意见，积极参与小组活动。

在实施合作教学模式时，教师应重视培养和选拔小组长。一方面，教师可以通过各种方式培养小组长的领导能力，如为小组长提供领导力训练，给予小组长更多的责任和权限等。另一方面，教师应充分考虑学生的个性、能力和志愿，合理选拔小组长，使他们能够发挥出应有的作用。

第四节 翻转课堂教学模式在高校体育教学中的应用

一、翻转课堂的内涵

对翻转课堂内涵的解读，主要聚焦在两个层面，即微观层面和宏观层面，两个层面的具体解读如表 3-1 所示。

表3-1 翻转课堂微观层面和宏观层面的解读

类　型	特　点	代表性解释
微观层面	突出对翻转课堂实施流程的描述，明确具体，但不符合概念界定规范	1.翻转课堂是教师创建视频，学生在家中或课外观看视频中教师的讲解，回到课堂上师生面对面交流和完成作业的一种教学形态。① 2."翻转课堂"又称"反转课堂""颠倒的课堂"，是教师根据教学目标和教学内容及学情，制作成教学视频，学生在课外或家中进行自学和练习内化，课堂上师生进行交流碰撞的一种教学形态。② 3.翻转课堂（Flipped Classroom）（也称颠倒课堂或反转课堂）就是在信息化环境中，课程教师为学生提供以教学微视频为主要形式的学习资源，学生在课外时间完成对教学视频等学习资源的自主学习，而师生在课堂时间则是面对面解答疑惑、开展协作探究和互动交流等活动的一种教学模式。③
宏观层面	突出翻转课堂的功能和作用，但易以偏概全，并未解释清楚翻转课堂的本质	1.翻转课堂是指通过互联网技术，通过实际教学和网络教学相结合的方式，开展的新型开放教育课程教学的改革活动。④ 2.翻转课堂即通过对知识传授和知识内化过程的颠倒，从而改变传统教学中的师生角色并对课堂时间的使用进行重新规划的一种新的教学模式，也被称为课堂翻转。⑤

① 王忠惠,朱德全."翻转课堂"的多重解读与理性审视[J].当代教育科学,2014(16):30—33.

② 许兴亮."翻转课堂"翻转了什么[J].当代教育科学,2014(16):34—35.

③ 刘小晶,钟琦,张剑平.翻转课堂模式在"数据结构"课程教学中的应用研究[J].中国电化教育,2014(8):105—110.

④ 肖立志."翻转课堂"视域下的远程开放教育式课程教学研究[J].黑龙江高教研究,2014(7):158—160.

⑤ 马俊臣.基于"翻转课堂"的现代教育技术教学研究[J].中国成人教育,2014(6):125—128.

结合上述观点和笔者对翻转课堂的认识,本书将翻转课堂定义为,以能力培养为目标,以信息化网络平台和实际课堂为中介,以分组学习为基础,注重课前知识、技能学习,课中、课后知识与技能内化和应用的个性化教学范式。将能力提升作为教学目标,使教育教学与我国当前的人才培养需求相匹配;以信息化网络平台和实际课堂作为连接媒介,凸显了在翻转课堂中,信息化教育的关键作用,也揭示了翻转课堂的实现离不开实际课堂环境的支持;倚重团队协作学习,反映了翻转课堂的合作学习特性;强调课前的自主学习,以及课中、课后知识与技能的吸纳与应用,既明确了翻转课堂的教学结构和操作步骤,也映射出翻转课堂对认知规律的尊重;以个性化教学为教育模式,凸显了翻转课堂对学生个体差异的充分尊重。

二、翻转课堂的基本特征

(一)教学技术的信息化

传统的课堂教学,教师主导内容的传递,学生在课堂上主要扮演接受者的角色。而在翻转课堂模式下,教师可以利用网络视频、电子书籍等各种信息化技术提前发布教学内容,使学生可以在课前进行预习,课堂时间主要用于讨论和解决问题。信息化教学可以通过在线论坛、问答系统等方式,实现课堂之外的教学交流和互动,增强课堂的延展性和互动性。

(二)教学资源的最优化

最优化的资源运用包括但不限于采取适合学生学习特点的教学方法、制订切实可行的教学计划、使用最新的教育技术,以及有效利用丰富的线上和线下教学资源。

在翻转课堂中,教师通常将课程内容以视频或文本形式提前发布给学生,让他们在课前自主学习,而课堂时间主要用于深入讨论、辅导和解答学生疑问。这种方式最大化地利用了课堂时间,并充分发挥了学生自主学习的能力。教学资源的最优化还体现在教学计划的制订上。教师可以根据学生的学习进度和理解程度，灵活调整课程内容和教学方式，确保学生能够理解和掌握知识点。翻转课堂模式的实施，依赖现代教育技术的发展，如在线教学平台、数字化教学资源等。教师可以借助这些技术工具，优化教学资源，提高教学效率。例如，利用网络技术，教师可以引导学生独立学习，也可以轻松获取反馈，从而及时调整教学策略。翻转课堂模式通过有效利用线上和线下的教学资源，为学生提供更多元的学习机会。教师可以根据课程要求，引导学生利用网络资源进行自主学习，也可以利用课堂时间进行小组讨论，促进学生间的交流和合作。

（三）教学平台的二元化

翻转课堂模式强调教学平台的二元化，具体表现为线上和线下两个平台的并行使用。在这种模式中，线上和线下的教学活动不仅相辅相成，还可以形成一种协同效应，以提高学生的学习效果。

线上教学平台，主要是指教师利用信息技术，将课程内容以视频、音频或文本形式，提前发布在学校的在线教学系统或其他教育平台上。学生可以在课前，根据自己的时间和节奏自主学习，掌握基础知识。这种线上学习方式，不仅提高了学生的学习效率，还增强了学生的学习自主性。线下教学平台，则是指在课堂上，教师通过引导学生进行深入讨论、问题解答，以及项目式学习等形式，帮助学生深化理解，提升应用技能。与传统的教学方式相比，线下课堂的重点更多是放在知识的理解和应用上，而不仅仅是知识的传递。

（四）教与学的个性化

个性化学习以学生为焦点，教师通过为学生定制教学方法、课程及学习环境，以满足他们的个人需求和期望。这种方式可以让学生根据他们的兴趣、经验，以及节奏和方式进行学习。翻转课堂成功地将教学的重心从"以教师为核心"转移到了"以学生为核心"。在明确的任务导向下，学生能在课前根据自己的节奏、兴趣和需求去学习线上教学资源。

同时，教师通过创设良好的学习环境，并根据学生的实际需求进行及时的在线辅导。课堂内，教师更多地将时间分配给学生，除了根据学生的学习情况进行必要的讲解、示范，大部分时间都花在组织学生进行各类活动和巡回指导上。学生则通过与教师、同学间的交流、互动和实践来进一步吸收并应用知识与技能。这种看似没有统一步调的教学方式，实则具有强烈的针对性，它尊重每个学生的独特性，是个性化教学的体现。

（五）教学评价的多元化和全面化

在翻转课堂的教学环境中，教学评价呈现出多元化和全面化的特征。它不仅包括对学生知识掌握程度的评价，还关注学生的学习过程，包括他们的学习策略、学习态度、学习习惯等方面。此外，评价的形式也变得多样了，既有传统的纸笔测试，也有在线的自动化测试；既有教师给出的评价，也有学生的自我评价和同伴评价；既有形式评价，也有过程评价和终结性评价。该模式下的评价角度也由单一的教师评价，扩展到了包括学生自我评价和同伴评价在内的多元评价，这种多元化的评价方式，能够帮助学生从多个角度了解自己的学习情况，提升自我调整和自我提升的能力。评价的目标则从传统的只关注知识的掌握，扩展到了学习过程、学习策略、学习态度、学习习惯等多个层面，评价较为全面，有助于培养学生的素质，提高他们的综合能力，从而更好地适应社会的需求。

三、翻转课堂模式下的教学目标设计

在制定教学目标时，应遵循"学生为主、以学引教"的教学观念。学习的起点应引领教学的起点，学习目标应设定教学目标。观察翻转课堂模式，可以看到学生的学习过程被分为课前、课中和课后三个阶段，每个阶段的教学目标都有其独特性。因此，遵循"以学引教"的理念，可以根据这三个教学阶段将翻转课堂的教学目标设定为课前、课中和课后三个阶段的教学目标。这三个层次的目标相互制约、指导，每个层次的教学目标都会涵盖"知识认知""情感态度"和"技能能力"三个领域，不过根据教学内容、教学任务等具体因素，可能会偏重某个领域。

为了在实际教学过程中更方便地实现教学目标，翻转课堂模式下的三种教学目标可以细分为班级、小组和个人三个层次。首先，班级教学目标为第一层次，这是根据课程特性、教学大纲、学生特性和教学任务等因素设定的。班级教学目标难度应适当，以便实现基本的班级教学目标并保持课程教学的有序进行。如果难度太高，会妨碍教学进度，而难度太低则无法激发学生的学习兴趣。其次，小组教学目标属于第二层次，主要是教师根据小组整体的学习状况和小组成员的总体需求制定的。小组教学目标的实现主要依赖小组成员的合作学习，教师则只进行监督和必要的指导。翻转课堂强调小组教学，小组成为学生合作探索和交流的重要平台，学生在学习过程中遇到的问题应优先在小组内解决，不能解决的由小组长通过与教师的在线交流解决，也可以在课堂上让教师直接解决。针对不同小组的特点，教师需要设定不同的小组教学目标，这样既可以引导小组成员之间加强交流和合作，也可以促进学生对新知识的掌握。最后，个人教学目标居于第三层次，主要根据学生的个人特点、学习情况和学习需求等因素制定。在实际教学过程中，有的学生可能很容易实现班级教学目标，而有些学生可能难以达到，教师不能因个别学生影响正常的教学进度。因此，为了让能力强的学生得到更多的提升，同时让能力弱的学生跟上教学节奏，教师需要根据学生的实际情况设定个人教学目标，如图3-3所示。

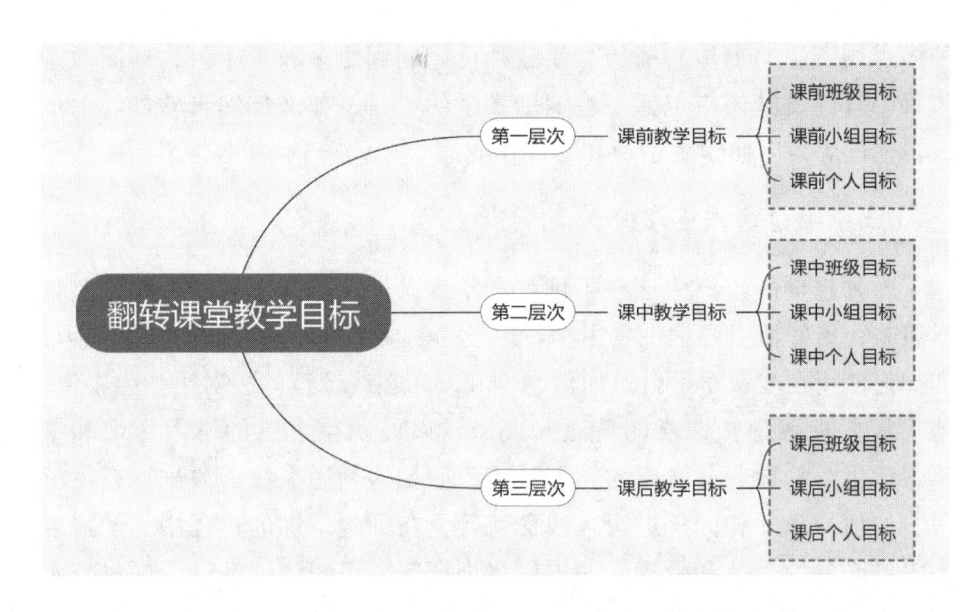

```
                              ┌─ 课前班级目标
              ┌─ 第一层次 ─ 课前教学目标 ─┼─ 课前小组目标
              │               └─ 课前个人目标
              │
              │               ┌─ 课中班级目标
翻转课堂教学目标 ─┼─ 第二层次 ─ 课中教学目标 ─┼─ 课中小组目标
              │               └─ 课中个人目标
              │
              │               ┌─ 课后班级目标
              └─ 第三层次 ─ 课后教学目标 ─┼─ 课后小组目标
                              └─ 课后个人目标
```

图 3-3　翻转课堂教学目标的层次与分类

四、翻转课堂的实施条件

（一）完备的网络教学设施

翻转课堂模式的成功实施需要完备的网络教学设施。其中包括硬件设施与软件设施两部分。

对于硬件设施来说，学校应为学生提供稳定且高效的网络环境，以便学生无论在哪里都可以通过网络连接进行学习。这包括但不局限于，充足的电脑资源，确保每个学生都能够在计算机上进行学习，以及快速稳定的互联网连接，使学生在任何时候都可以快速接入网络，获取所需要的学习资源。学校还需要提供一些特定的硬件设施，如扬声器、麦克风、摄像头等，以便有效开展在线教学。

对于软件设施来说，学校需要提供一套完整且易用的在线教学平台。这个平台应包含课程管理、讨论区、在线测验、成绩管理等功能，以便教师进行教学管理，学生进行学习和互动。此外，这个平台还应支持各种多媒体资源的上传和播放，使教师可以利用更多教学手段，提高教学效果。软件设施还应包括一些辅助教学的工具，如文档编辑软件、图形编辑软件等，以便学生学习和完成作业。

（二）专门的师生培训

教师培训的重点应该在于理解和掌握翻转课堂的理念，从而调整教学策略，更好地引导学生自主学习。教师需要掌握一些必要的技术能力，如如何使用在线教学平台、如何制作和发布在线课程等。对于学生来说，他们需要理解翻转课堂的特点和要求，以便调整自己的学习习惯和策略。学生要掌握一些必要的学习技能，如如何利用在线资源进行自主学习、如何与教师和同学进行在线交流等。在师生培训的过程中，学校应当提供必要的支持和指导，如提供培训资料、组织培训活动、提供技术支持等。

（三）专项资金和技术的支持

高校需要投入一定的资金来购买和更新教学设备，如计算机、投影设备、网络设施等。高校为了制作优质的在线教学资源，可能需要购买专业的软硬件工具，或者请专业人员进行视频录制和编辑。这些都需要一定的资金支持。在技术方面，翻转课堂依赖网络和信息技术，这要求高校有一定的技术实力，比如高校需要有能力构建和维护在线教学平台，处理在线教学中可能出现的各种技术问题。教师和学生也需要掌握一定的技术能力，如使用计算机和网络进行教学和学习，使用各种教学软件等。

虽然专项资金和技术的支持是实施翻转课堂的必要条件，但是它们并不足以保证翻转课堂的成功。要实现翻转课堂的长期有效性，还需要教师的积极参与，学生的主动学习，以及家长和社会的理解和支持。可以说，专项资金和技术的支持是实施翻转课堂的重要基础，但是真正的成功还需要其他条件和各因素的配合。

（四）学校教学管理部门的支持

一方面，教学管理部门能够为教师提供必要的资源和条件，使他们有更多的时间和精力来准备和设计高质量的教学材料，从而帮助学生在课前进行自我学习。教学管理部门也可以通过对教师进行专业培训，提高他们的信息技术应用能力和教学方法，使他们能够更好地在翻转课堂中发挥作用。另一方面，教学管理部门也能够为翻转课堂提供必要的组织和管理，以确保其顺利进行，比如制订翻转课堂的实施计划，明确教师和学生的任务和责任；监控翻转课堂的实施过程，及时调整教学策略；通过评估和反馈，不断优化翻转课堂的教学模式。学校教学管理部门可以通过激励机制，鼓励教师和学生积极参与翻转课堂的实施，如可以通过奖励优秀的教师和学生，让他们在翻转课堂中得到认可和回报。教学管理部门还需要保持与其他相关部门的沟通与协调，如技术支持部门、学生事务部门、家长组织等，给予翻转课堂全方位、多层次的支持。

（五）学生高度的学习自主性

这种教学模式需要学生在课前通过网络自主学习，掌握和理解新知识，然后在课堂上通过和教师、同学的讨论与合作，进一步巩固和深化对新知识的理解。这样的学习模式，对学生的学习自主性要求较高，需要学生具有较强的学习动机、自我管理能力和自我驱动力。如果学生对学习有浓厚的兴趣和热情，他们会更加愿意投入自主学习中，积极主动地探索新知识，从而提高学习效果。因此，如何激发和维持学生的学习兴趣，使他们主动投入学习中，成了实施翻转课堂教学的关键。在翻转课堂中，学生需要独立完成大量的学习任务，如预习、复习、课后作业等，这需要他们能有效地管理自己的学习时间和资源，合理规划学习进度。自我驱动力是学生学习自主性的另一个关键因素。在翻转课堂中，学生不仅能自主学习，还能积极参与课堂活动，如提问、讨论、合作等。这就需要他们有足够的自我驱动力，能主动寻求学习机会，勇于挑战自我，不断学习、不断进步。

（六）任课教师对学生的充分了解

不同的学生可能喜欢不同的学习方式，如有些学生可能更偏向视觉学习，而有些学生则可能是听觉学习者。对于这些学生来说，提供适合他们学习方式的教学资源将更有利于他们的学习。教师在设计课程和教学资源时，需要尽可能地考虑学生的各种学习风格。在授课过程中应当了解学生的知识掌握情况，以便在课堂上提供恰当的辅助和引导。对学生学习需求和个性差异的理解有助于教师进行个性化教学。在翻转课堂的环境中，教师有更多的机会与学生进行一对一交流，这为教师提供了去理解每一个学生的独特需求和个性差异的机会，更好地满足每一个学生的学习需求。教师通过持续关注学生的学习过程和学习结果，可以发现教学中可能存在的问题，并及时调整教学策略，提高教学效果。

五、翻转课堂教学模式应用于高校体育教学的价值

（一）有利于高校体育教学工作贯彻健康第一的指导思想

中国高等教育中，体育课程的核心目标是保障学生的身心健康发展。然而，传统的教学方式往往会让教师的讲解和示范占据大部分课堂时间，这限制了学生对理论知识的理解和技能实践的机会。在这种情况下，要达到以学生健康为主导的教育目标就变得有些困难，因此这种教学理念受到了许多学者的质疑。然而，翻转课堂的教学方式将学生的学习过程分为课前、课中和课后三个阶段。在课前阶段，学生通过在线教学平台学习教师提供的音视频教学资料，从而在课程开始之前就基本了解了技能动作的要点。这意味着在课堂上，教师不再需要进行过多的讲解和示范，只需要管理整个教学过程。这种教学模式使学生在课堂上有更多的时间进行自我实践和练习，这不仅能够引发学生对运动技能学习的兴趣，还为学生提供了更多的时间进行课堂交流，以便更深入地研究运动技能。这种方法有助于提高学生的健康水平，从而实现高等教育中以健康为中心的教学理念。

（二）有效促进了高校体育教学的信息化发展

计算机科技、移动设备和互联网技术的快速发展对于高等教育的日常生活和学习模式产生了深远影响。在日常生活和学习方式中使用信息设备，如智能手机和计算机，已经成为常态。适应现代社会的变革，把先进的信息化技术应用到教育领域，已经成为教育改革的必然趋势，这对于提高教育质量和优化人才培养模式具有积极影响。尽管如此，我国高等教育体育领域的信息化程度仍然较低，尚未被广泛接纳和应用，教学方式仍是以教师为主导的讲解和示范。这种教学方式与学生的日常生活和学习模式相矛盾，因此会降低学生的学习兴趣，导致高校体育教育的效果不佳。在这个信息化高速发展的社会中，翻转课堂的教学模式为高校体育教学的改革提供了新的路径。此模式被视为科技与体育教学成功结合的典范。将翻转课堂模式引入我国的高校体育教学中，不仅可以使学生的学习方式与日常生活更为一致，还能让学生的体育学习更加轻松和个性化，这对推动我国高校体育教学向信息化、现代化的转变具有重大意义。

（三）有利于促进高校体育教学实现工具与人文的统一

从教学工具的角度来说，翻转课堂教学模式利用了先进的信息技术和教育资源，如网络视频、在线教材等。这些工具不仅提高了教学效率，还使教学方式更加多元化。学生可以根据自己的学习进度和理解程度自主选择学习资源和方法，提高了学习的自主性和灵活性。从人文关怀的角度来说，翻转课堂教学模式注重学生的个体差异，尊重学生的主体性。在教学过程中，教师更注重引导学生主动学习，鼓励学生主动参与和交流，以提升学生的批判性思维和解决问题的能力。教师对学生的教学关怀也体现在对学生学习过程的跟踪和反馈，以及对学生所面临困难和挑战的克服，营造关爱、包容、互助和合作的学习氛围上。

六、翻转课堂教学模式应用于高校体育教学的对策

（一）在线体育教学平台的建设策略

1. 选好网络教学平台

选择优秀的网络教学平台是构建在线体育教学的关键步骤。首要考量的因素是平台的功能性和易用性。平台需要具备教学功能，包括但不限于视频上传、在线交流、成绩追踪和反馈功能。无论是教师还是学生，都需要在短时间内掌握平台的操作方法，以便尽快进行在线教学。在选择平台时，还需要考虑其稳定性和安全性。平台的稳定性决定了教学的连续性，如果平台经常出现故障或掉线问题，那么将严重影响教师的教学效果和学生的学习体验。而平台的安全性则关乎学生个人信息的安全，只有选择安全可靠的平台，才能确保学生在安全的环境下进行在线学习。随着教学需求的不断变化，平台是否能够提供足够的空间和可能性以满足未来的需求，这也是评估网络教学平台是否优秀的重要标准。因此，选择网络教学平台是一个综合性的决策过程，需要根据实际的教学需求和环境，慎重选择。

2. 做好体育教学资源的开发与上传

在开发教学资源时，应根据体育课程的具体要求和学生的学习需求，精心设计和制作符合教学目标的多媒体教学资源，如教学视频、动态示范图、理论知识解说等。这些资源需要具有一定的系统性和完整性，以保证学生通过学习这些资源，能全面、系统地掌握课程中的各项知识和技能。在上传资源时，需要考虑其组织和管理方式。资源应按照一定的逻辑和顺序进行分类排列，方便学生查找和学习。考虑到体育教学的特殊性，体育教学资源的开发和上传还需要关注动作的正确性和安全性，以及体育道德和精神的传播，以保证学生在获取体育技能的同时，建立健康的心态和价值观。

3. 做好体育教学模块的切割

在线体育课程教学资源的制定应根据体育教学模块的具体内容来进

行。在创建这些资源之前，教师需要将体育教学内容细分为各个单元，然后根据这些单元进行教学资源的设计、收集、整合和上传。体育教学内容模块的细分需要考虑以下几个方面。

第一，应参考课程规划（教学计划）和体育教学目标，防止做出缺乏指向性的决策。第二，了解学生的体育学习状况和需求，避免过度主观的决策。第三，注重每个教学模块在知识、技巧和锻炼方法上的全面性和完整性，避免过于偏颇。第四，注重体育教学模块之间的系统性和连贯性，避免片段化。第五，充分考虑学生学习进度的差异，注意体育教学模块切割的稳定性和灵活性，避免过于刻板。第六，切割后的体育教学模块应在教学结束后便于评估。

（二）学生在线体育学习效果的评价策略

在翻转课堂教学模式中，学生的预习工作为课堂学习打下了基础。只有在完成预习任务后，课堂教学才能得以顺利进行。然而，在我国高等教育中，如何评估学生的预习效果是公共体育教学实施翻转课堂所遇到的一大挑战。在文化课的教学中，由于教学内容以知识为主，教师可以利用在线测试来评估学生的知识掌握程度。但是，体育教学以技能为主，仅仅依靠在线测试，教师仅能评估学生对于体育理论的掌握，而无法评估学生的技能掌握程度，这就需要教师寻找其他的评估方法。在如今的信息化社会中，智能手机、电脑等网络设备已经被普遍使用，利用各种网络平台进行学习和交流已成为常态。因此，应充分利用这些信息交流平台，将其融入翻转课堂的教学中。总结我国普通高校公共体育教学应用翻转课堂的经验，对学生在线体育学习效果的评价可以从三个方面进行：首先，通过学生在线测试的结果评估学生对体育知识的掌握情况；其次，让学生以小组为单位制作体育技术动作的练习视频，并上传到微信、QQ等信息交流平台，教师通过在线浏览这些视频，就能了解学生的技能掌握情况；最后，教师通过启动网络平台上的体育技术学习讨论活动，从讨论过程中评价学生对体育知识和技能的掌握程度。

（三）课中体育教师对教学活动组织管理的策略

在体育课堂上，教师需要通过精心组织的教学活动，促使学生对所学的体育知识、技能和方法进行深化理解和实践。课堂活动的主要形式包括师生共同实践、小组研究与练习、组间竞赛、学习成果的展示，以及学习体验的分享等。值得注意的是，尽管学生在课前进行了自主学习，但由于缺乏专业教师的现场指导，他们模仿的体育技术动作可能存在误差。因此，使学生的技术动作规范化成了体育课堂教学的关键任务。教师可以引导学生进行技术动作的实践，这种师生共同实践的活动形式是必不可少的，并且应优先考虑，这将有助于及时纠正学生的技术错误动作。小组研究与练习可以进一步加深学生对技术动作的理解和体验，而组间竞赛则有助于营造活跃的课堂氛围，并加强学生的团队合作能力。学习成果的展示和学习体验的分享可以让学生体验到学习的成功和满足感，从而激发他们学习体育的积极性和自主性。将这些活动有机地结合起来，可以有效地促进学生的身心健康和能力培养。

（四）课后体育教学策略

学生通过学习和实践体育教学内容，尤其是参与各种课堂活动，可以将所学的知识、技巧和方法转化为实际能力。这与金字塔理论中的主动学习和建构主义理论中的"以学生为中心"的主张是一致的。然而，从认知形成的过程和技能形成的基本规律来看，学生在课前和课中的体育学习和实践过程仍是不完全的。在认识形成的过程中，一般需要主体发挥注意、试探、体验、识别、表达、试用、整合、记忆等智力活动的作用。[1] 整体看来，学生在课前和课中的学习和实践过程实质上是注意、尝试、体验、认识、表达和应用的过程，缺乏对知识、技巧和方法的整合及在整合之后的巩固，因此这并不是一个完整的认知形成过程。从技能形成的基本规律来看，技能形成的过程可以分为泛化、分化和巩固三个基本阶段。学生在课前进行的在线自主学习过程属于技能形成的泛化

---

[1] 武文虎. 论素质规律和学习规律[J]. 教育理论与实践，2012, 32（8）：11—13.

阶段,在课中参与的各种体育实践活动主要属于技能形成的分化阶段,缺少的是技能形成的巩固阶段。根据认知形成的基本规律和技能形成的基本规律,可以知道,在翻转课堂模式下的高校公共体育教学中,学生的体育学习是一个巩固的过程。如何引导学生在课后及时巩固所学的体育课程内容已经成为重要的教学任务。由于学生具有一定的逻辑分析能力,因此引导他们反思和总结学习过程中的问题,以提高其学习效果,是翻转课堂模式下课后体育教学的主要任务之一。

在体育教学中,学生的学习和实践,以及他们在课堂活动中的参与,都可以帮助他们将所学到的知识、技能和方法转化为实际应用能力。然而,从知识形成和技能形成的角度来看,学生在课前和课中的体育学习与实践方面仍存在不足。在知识形成的过程中,学生需要注重试探、体验、识别、表达和运用等环节,但通常缺乏对学习内容的整合及后续的巩固,因此其认知形成过程并不完整。而从技能形成的角度来看,其过程一般分为泛化、分化和巩固三个阶段。学生在课前的在线学习主要处于泛化阶段,而课堂内的实践活动主要处于分化阶段,但缺乏后期的巩固阶段。高校体育教学中,尤其是在翻转课堂模式下,学生的体育学习还需要进一步巩固,如何指导学生在课后进行有效复习和巩固,已经成为教学的重点。

翻转课堂的学习过程包括课前预习、课堂内实践和课后复习三个连贯的阶段,三者共同形成一个有机的学习系统。课前阶段是学习新的知识、技能和方法,达到"过关";课堂阶段是通过参与探索和实践活动,实现对所学内容的建构和内化;课后阶段是通过完成相关学习任务,实现对所学内容的巩固和拓展。在实际的教学中,体育教师可以采取以下三种方法指导学生在课后及时复习和巩固所学的体育课程内容,并通过反思和总结来改进他们的学习方法。首先,通过讨论区或在线作业的方式,提出问题,使学生进行巩固练习和反思总结。例如,教师可以在讨论区让学生总结在课前和课中的学习和实践中存在的问题和改进的方法,或者通过在线发布作业的方式,让学生根据本周的课程内容,提交小组的学习成果展示视频,并由小组长根据组员的学习情况撰写简短的学习总结。然后，根据体育课程内容，提出小组间的课后比赛要求，由小组长在线报告比赛结果，并结合评价结果，使学生在课后复习和巩固体育课程内容。教师也可以在课堂中准备一些与教学内容相关的问题，让学生在课后根据自己的兴趣进行思考，这同样可以达到复习和巩固教学内容的目的。

第五节　俱乐部教学模式在高校体育教学中的应用

一、体育俱乐部教学模式的概念

体育俱乐部教学是一种独特的教学形式，它允许学生根据自己的选择和教学环境的实际情况，选择教师并进行特定项目的学习。这种学习方式旨在系统性地培养学生对特定项目原理和方法的理解，以及在组织和欣赏等方面的技能，使学生真正掌握一到两项体育运动项目，从而终身受益。体育俱乐部教学的核心在于激发学生的体育兴趣和提升其运动技能，通过俱乐部的形式进行教学。这种教学模式强调知识和趣味性的结合，理论和实践的交融，以及学生的主观能动性和创新性的发展。这种方法鼓励学生积极参与，并在体育活动中体验乐趣和成就感，旨在培养学生的体育意识，提高其运动技能。学校体育俱乐部教学模式主要以培养学生的终身体育观念、习惯和能力为目标，能有效地将学校体育和社会体育进行有机衔接，推动高校体育教学向终身化的方向发展。

二、体育俱乐部教学模式的特点

体育俱乐部教学模式主要有五大特点，如图 3-4 所示。

1 明确的培养目标和指导思想
2 新颖的教学组织形式
3 会员制度
4 学生参与教学与组织管理
5 课内外一体化,拓展体育时空

图 3-4 体育俱乐部教学模式的特点

(一) 明确的培养目标和指导思想

体育俱乐部教学模式以清晰的培养目标和指导思想为特色。这种教学模式旨在系统化和深化对特定体育项目的学习,为学生提供一个全面了解并真正掌握至少一到两项体育活动的机会。这些活动的选择取决于学生的个人兴趣和教学环境的可行性,为他们提供了终身参与体育活动的可能性。这种教学模式也旨在激发学生对体育的积极态度和兴趣,鼓励他们在学习过程中积极参与和体验运动带来的乐趣和成就感。在这一过程中,学生能够积极主动地参与学习,充分发挥他们的主观能动性和创新精神。

指导思想方面,体育俱乐部教学模式注重结合理论知识和实践操作,让学生在理论学习和实践活动中,体验知识和趣味性的交融。这种方法不仅增强了学生的学习兴趣,还有助于提高他们的运动技能,使他们能够在运动中找到乐趣,进一步培养他们的体育意识和能力。

(二) 新颖的教学组织形式

体育俱乐部教学模式带来了一种全新的教学组织形式。在此模式下,学生能够自由选择他们感兴趣的体育项目,并在教师的指导下进行系统学习和实践。这种自由选择的组织形式充分体现了学生的主体地位,既满足了他们多样化的学习需求,又激发了他们的学习兴趣和积极性。体育俱乐部教学模式也强调教师与学生的紧密合作和交流。教师不仅是教学过程的指导者,还是学生在学习过程中的伙伴和引导者。他们通过设计和组织各种形式的学习活动,以引导学生深入理解和掌握所学的体育知识和技能,使他们在体育活动中获得乐趣和成就感。更为重要的是,这种教学模式鼓励学生通过参与俱乐部活动,建立和发展他们的社交能力和团队合作精神。学生可以通过组织和参加各种体育比赛、活动,加强与他人的交流和合作,提高他们的社会技能和团队合作能力。这无疑会对他们的个人发展和社会适应能力产生深远影响。

(三)会员制度

会员制度赋予学生一定的权利和义务,使他们更深入地参与俱乐部活动。一旦成为会员,学生即拥有了参与俱乐部决策、活动规划和实施的权利,这使他们有机会提升个人责任感和团队协作能力。该制度还有助于培养归属感和社区参与感。每个成员都是俱乐部的重要组成部分,他们的贡献和努力都会被俱乐部所认可和赞扬。这种归属感和认同感能有效地提高学生的参与度和满意度,从而增强他们的学习动力。在俱乐部里,学生需要遵守俱乐部的规章制度,承担起作为会员的职责,同时有机会挑战自我,提升自己的体育技能和领导能力。这不仅有助于他们在体育方面的发展,还在潜移默化中培养了他们的自我管理和自我超越的能力。

(四)学生参与教学与组织管理

学生不仅是学习的主体,还是教学活动的积极参与者和组织者。他们不再是被动接受知识的对象,而是主动参与和体验学习过程的主角,他们将积极学习和掌握相关的运动技能,这种参与式的学习方法,有利于提升学生的实践技能。学生在组织管理中扮演着重要的角色,他们可以参与俱乐部的运营决策,负责规划和组织各类活动,有助于训练学生的组织协调能力和领导才能,也有利于培养他们的团队协作精神和责任意识。

（五）课内外一体化，拓展体育时空

从时间角度来看，体育俱乐部教学模式弥补了传统体育教学中仅仅局限于课堂的不足，将学习的时间线从课内延伸到课外，实现了课内外的有机结合。这种模式鼓励学生在课后的空闲时间，利用体育俱乐部的资源进行自主学习和练习。从空间角度来看，体育俱乐部教学模式打破了传统体育教学只能在固定场地进行的限制，将教学空间从课堂扩展到校园，甚至是社区，为学生提供了更丰富多元的学习环境，并将学习内容与现实生活更好地结合起来，使学生能够在实践中学习和应用知识。

三、高校体育俱乐部的分类

（一）业余体育俱乐部（课外活动俱乐部）

业余体育俱乐部作为学生课余活动的主要场所，其形式和运行方式较之传统课堂教学更为自由和开放。学生可以基于共同的兴趣点自行组织，或在学校的协助下，由学校机构组织成立。这样的俱乐部不追求盈利，运营资金可以免费，或由成员自行筹措。教练可以由学校提供，也可以由俱乐部聘请。学校的体育主管部门，如教务处、体育部、学生体育协会等，应发挥引导作用，对教研室、教练和各个系或年级进行有针对性的监督和指导。各个体育俱乐部应直接受到各个系或年级的领导和管理。俱乐部可以组织各种体育竞赛活动，以激发学生参与体育训练的热情和活跃性，磨炼学生的意志。

（二）休闲健身俱乐部

休闲健身俱乐部主要面向社会大众、教职工和一部分经济条件较好的学生，作为与市场直接相关的经济实体，其运营遵循市场原则，自主管理，并承担经营风险。从宏观视角来看，其管理主要分为外部宏观管理和内部微观管理两个层面。外部宏观管理层由省教育委员会、校领导等构成，通过制定和执行与学校相关的规章制度，对校内体育俱乐部进行宏观指导和管理。而内部微观管理层是指俱乐部内部的管理架构，作

为经济实体，俱乐部应具有社会机构那样独立而完整的内部管理系统。

为此，应选择具备体育专业知识和体育经济管理经验的专家或者管理者担任管理职务。通常，管理体系的架构为董事会—董事长—总经理—主教练或部门经理。休闲健身俱乐部的日常运营资金源于个人或企业的投资，或者社会公益捐款。在经营管理方式和策略上，实行健身器材和教练服务的有偿使用，创新和拓展经营方式和范围，开发和销售具有体育俱乐部特色的商品和纪念品，为俱乐部的发展提供更多可能性。

（三）体育职业俱乐部

在体育领域中，学校的资源和能力差异导致了运动队整体水平的差异。一些院校拥有优秀的运动队和充足的经济资源，这为其提供了成立体育俱乐部的可能。一方面，这些学校可以举办职业级别的比赛，使他们的高水平运动员能够展现自己的技艺，并且通过比赛活动获取资金，为俱乐部的运营提供经济保障。另一方面，他们也可以在非课业时间安排一些适合学生参与的健身活动，既满足了广大学生的体育需求，也能够为俱乐部创造一些额外的收入。

四、高校体育俱乐部教学模式的构建

（一）健全体育俱乐部的管理体系，明确发展方向

对于如何健全体育俱乐部管理体系，会涉及一系列的组织架构和管理机制。它不仅要包含行政管理，如领导机构的设立、分工合作的机制等，还要涉及专业层面，如教练队伍的建设、学员培养计划的设计等。在这个过程中，要以学生为本，尽可能提供符合他们需求的课程内容和形式，并充分考虑师资力量和物资设备的实际情况。发展方向的明确，意味着俱乐部要制定出清晰可行的长期战略规划。这可能包括拓宽教学内容、增设新的课程类型、引进优秀教练、举办更多的比赛活动等。具体的规划要基于俱乐部的实际情况和环境因素进行制定，既要有理想的追求，也要有切实可行的步骤。

管理体系的健全和发展方向的明确也需要制度性的安排。例如，要设立合理的奖惩制度，鼓励教师和学生积极表现，也要设立适当的考核制度，以保证教学质量。要注重与其他俱乐部的交流与合作，借鉴他们的成功经验，丰富自身的教学内容和形式。

（二）加强高校体育俱乐部与社会组织的交流

体育俱乐部在教学模式的构建中，需要汲取各方面的经验与智慧。其中，与社会组织进行深度交流是一个重要的方式。这种交流可以在各个层面进行，包括与其他学校的体育俱乐部，甚至是与商业性质的健身俱乐部进行交流。这种交流可以帮助学校体育俱乐部获取新的教学理念，学习新的管理模式，还可以为俱乐部的长远发展提供一些创新性的想法。

与其他学校的体育俱乐部进行交流，可以学习他们的成功经验。这种交流可以通过参观学习、教师互访，甚至是联合举办比赛等多种形式进行。这不仅可以促进体育俱乐部成员之间的友谊，还能通过相互借鉴，提升各自的教学质量和管理水平。与商业性质的健身俱乐部交流，可以了解它们的运营模式，吸取它们在教学内容、课程设计、教师培养等方面的经验。这种交流还可以创造一些新的合作机会，如邀请俱乐部的优秀教练来校进行教学，或者由其为学校体育俱乐部提供一些高级别的训练课程。与社会其他组织的交流，如体育协会、体育培训机构等，也是较为有益的。它们可能会提供一些与专业体育训练、体育健康教育相关的知识和资源。这种交流可以提高学生的专业素质，提升他们的体育技能，有助于他们了解体育行业的最新动态，增强他们对体育事业的理解和热爱。

（三）合理设置体育俱乐部的教学内容

设置的内容应与学生的需求相匹配，既要满足他们的身心健康需求，也要满足他们对提升运动技能、认识新运动项目的需求。体育俱乐部的教学内容应设置基础和进阶两个层次。基础层面的教学内容，主要为初学者准备，目标是帮助他们了解和掌握基本的运动技巧，培养他们对运动的热爱。进阶层面的教学内容，则为已具有一定运动技能的学生而准备，其目标是进一步提升他们的技能，挑战他们的极限。体育俱乐部的教学内容还应包含一些特色项目。特色项目是指那些与众不同，具有一定吸引力的运动项目。这些特色项目，可以帮助俱乐部吸引更多的学生，也能让学生在体验中发现运动的乐趣。体育俱乐部的教学内容还应考虑现代人的健康需求。例如，可以开设一些健康教育课程，教授学生如何科学运动、如何预防运动伤害、如何健康饮食等，帮助学生建立正确的运动观念，形成健康的生活方式。俱乐部的教学内容还应具备一定的灵活性，这既体现在教学项目的多样性，也体现在教学方法的变化性。这样，才能适应学生的个体差异，使他们在俱乐部的学习中获得最大的满足感。

（四）建立"五种关系"发展俱乐部教学

"五种关系"体现了教师和学生间的互动与相互依赖，这五种关系包括互信、合作、平等、尊重和亲近。

第一，互信关系是教师和学生建立健康合作关系的前提。教师在教学中应展现出他们的专业知识和热情，全力以赴地传授知识，关心学生的学习进展和发展需求。尊重学生的个性和观点，鼓励学生表达自己的想法和问题。学生在教学中也应积极参与，表现出积极的学习态度和责任心，勇于向教师请教和讨论，以实现共同的教学目标。只有在相互信任的基础上，教师和学生才能更好地合作，形成良好的教学氛围，促进学生的全面发展。

第二，合作关系是教师和学生共同完成教学任务的必然结果。教师作为引路人，要用丰富的知识和教学技巧，引导学生在学习中前行。而学生作为学习者，应积极主动地学习，主动参与教学活动，并勇于提问和探索。在这种合作关系下，教师和学生之间能够形成良性互动，相互促进，实现教学的有效进行。教师的教学水平和能力得到提升，学生的学习成绩和学科能力得到提高，双方共同成长。合作关系也有助于培养学生的自主学习能力和解决问题的能力，使其成为具有独立思考和创新精神的终身学习者。

第三，平等关系是维护教师和学生关系的重要方面。教师和学生在教学过程中应该建立平等的权利和义务关系，相互尊重、理解和信任。教师要认识到每个学生都是独特的个体，拥有自己的兴趣、能力和学习风格，应该尊重学生的个性和差异，不偏袒、不歧视，平等对待每个学生。学生也应该尊重教师的工作和权威，遵守教师的纪律和规定，认真听讲和完成作业。只有建立平等关系，教师和学生才能真正地平等相待，相互理解，形成和谐的教学关系。这样的平等关系不仅有利于教师更好地发挥指导作用，激发学生的学习兴趣和潜能，还有利于学生积极参与教学活动，主动学习，提高学习效果。

第四，相互尊重是构建良好师生关系的重要条件。学生应该尊重教师的努力和付出，理解教师的工作压力和责任。教师是学生的引路人和指导者，在教学过程中付出了大量的心血和精力，希望学生能够认识到这一点，对教师给予尊重和理解。教师也应该热爱学生，尊重学生的自我价值和个性。每个学生都是独特的个体，拥有自己的优势和潜力，教师应该认识到这一点，不以成绩高低或其他标准来评价学生，而是要关注每个学生的进步和成长，帮助他们充分发展自己的潜力。相互尊重的关系有助于建立和谐的师生关系，营造良好的学习氛围，激发学生的学习动力和兴趣。当学生感受到教师的尊重和关爱时，他们会更加愿意听从教师的指导，主动参与教学活动，提高教学效果。

第五，亲师信道强调了教师和学生间的亲近关系和信任关系。在体育教学中，教师不仅需要具备扎实的专业知识和教学技巧，还要关心学生的个人成长和价值观的塑造。只有当教师与学生建立了真诚的亲近关系，赢得了学生的信任时，才能更好地进行教学活动，促进学生的全面发展。亲师信道的核心是师生之间的情感联系和理解。教师要积极倾听学生的心声，关心他们的需求和困惑，并且给予及时的帮助和支持。教师要关注学生的兴趣和爱好，鼓励他们参与体育活动，激发他们的学习兴趣和热情。教师还应该成为学生的榜样，自己先树立正确的价值观和行为规范，然后引导学生树立正确的价值观和人生观。亲师信道不仅有助于提高教学效果，还有助于培养学生的自信心和自尊心。当学生感受到教师的关爱和理解时，他们会更加自信，更加愿意主动参与课堂活动，更加积极地学习。亲师信道也有助于改善学生的行为表现，减少不良行为的发生，营造和谐的教学氛围。

第六节　线上线下混合教学模式在高校体育教学中的应用

一、线上线下混合式教学的概念

线上线下混合式教学是现阶段在混合式教学的基础上针对教学特点进行的补充。何克抗指出，混合学习就是把传统学习方式的优势与网络化学习优势相结合，不仅要充分发挥教师引导、启发、监控教学过程的主导作用，还要充分体现出学生作为学习过程主体的主动性、积极性与创造性。[1]

线上教学是网络教学平台与课程教学相融合；线下教学是在传统课堂的基础上，采用师生面对面实时交流与讨论的一种教学方式。线上线下混合式教学与网络远程教学有区别，也和纯粹的面授不一样，它的显著特征是线上线下两种学习途径在看似分离的时间和空间下是融为一体，线远程教育与线下面对面教学的相互配合、相互连接，在课时分配、课程内容编排、师生角色、考核方式等方面有新的要求。

线上线下混合式教学在我国发展较晚，相关理论和实践并未完善，暂时还没有形成统一的概念。但共同之处都是将线上线下混合式教学看作教师和学生两大主体，通过在线教学与传统教学相结合的方式，教师发挥主导作用，充分引导学生进行主动和个性化学习。此时可以归纳理解为以下几点：①线上线下混合式教学不是单纯的线上教学或线下教学；

---

[1] 何克抗. 从 Blending Learning 看教育技术理论的新发展：上 [J]. 电化教育研究，2004（3）：1—6.

②两者是相互融合、紧密联系的；③与传统的"灌输式"教学相比，该教学模式不受时间、地点和空间的限制，在知识获取方面更加方便快捷；④对教师的教学能力和学生的学习能力都提出了更高的要求。

为了使线上线下混合式教学更好地应用于本研究，本书将其定义为，是将线上教学与线下教学两者优势相结合，在整个教学活动中，以学生为主体，教师积极引导学生进行主动思考和创造性学习的一种教学方式。

二、高校体育线上线下教学模式的特征

（一）教学形式灵活化

传统的体育教学多数在体育场馆进行，学生应按照教师的安排参与训练和活动。而在线上线下结合的教学模式中，学生可以根据自己的时间和空间自由选择参与体育活动，不受时间和地点的限制。线上体育教学可以采取诸如视频教学、在线课堂、线上教练等形式，这些教学方式能够充分利用网络资源，为学生提供丰富的教学内容。比如，学生可以在课堂之外，通过观看体育教学视频，学习和模仿运动技能。教师可以利用在线课堂，实时监测学生的学习进度，及时给予反馈和指导。线下体育教学也可以结合现代教学技术，如虚拟现实、增强现实等技术，为学生提供沉浸式的学习体验。这些技术可以帮助学生更直观地理解和掌握运动技能，提高学习的趣味性和效果。线上线下结合的教学模式，可以借助现代教学管理系统，实现教学过程的全程管理和控制。例如，教师可以根据系统收集的学生学习数据，进行个性化的教学设计和教学评价。这些都充分体现了线上线下教学模式的灵活性。

（二）学生学习自主化

线上线下结合的教学模式，对学生的学习提出了新的需求，那就是学生需要对自己的学习过程和结果负责。这种学习模式下，教师的角色更多的是引导者和指导者，而学生则需要自主参与学习，主动完成教学任务。在在线教学环境下，学生可以根据自己的情况，自由调整学习时

间和学习进度。比如，学生可以选择在晚上或周末进行线上学习，也可以根据自己的学习进度，调整学习计划和学习速度。这样一来，学生就可以更加灵活地安排自己的学习，而不是被固定的课程表所束缚。线上线下结合的教学模式，还可以使学生自主选择学习内容，比如学生可以根据自己的兴趣和需要，选择不同的体育项目，或者选择不同的学习资源，如在线视频、教学软件等。在自主学习的同时，学生需要对自己的学习过程和结果进行自我评估和自我反思。这需要学生具备一定的自我管理能力和反思能力。为此，教师可以通过线上线下结合的教学模式，引导学生形成有效的学习策略，提升学生的自我学习能力。

三、线上线下混合教学模式在高校体育教学中的应用策略

（一）线上教学平台与综合教学管理系统的建立

构建高校体育的线上教学平台和综合教学管理系统是实施线上线下混合教学模式的技术基础。应用现代信息技术，对高校体育课程的在线资源进行共享，不仅是高校体育课程教学改革的逻辑延续，还是创新和改革的有力驱动力。线上教学平台和综合教学管理系统的建设不只是对高等教育科学发展观和高等教育质量工程理念的深化体现和聚焦呈现，还是高校体育教师利用文化和地理优势，探索信息化应用和发展新模式，为社会提供全新服务的重要步骤和尝试。在这一改革下，现代信息技术的引入成为推动教育改革发展的重要动力。线上教学平台和综合教学管理系统的建设，不仅推动了高校体育教学的创新和改革，还为高校体育课程的信息化应用和发展提供了可能，这也是高校体育教学服务于社会的一种新的尝试和探索。

1. 对现有线上教学平台的分析

现有的线上教学平台主要分为两种类型。一种是以中国大学 MOOC 为代表的异步学习平台，这一平台主要为学生提供教学资源，使学生可以在任何时间进行学习，并在学习结束后通过平台进行问题解答和完成作业。这种教学平台的特点是强调在线自主学习和非实时交互。然而，

第三章 多元化教学方法与模式在高校体育教学中的应用

对于重视实践和体验的大学体育课程来说，这种方式并不完全适用。这种方式需要学生具有较高的自我控制能力，并需要在线教学管理系统对学生的学习情况进行有效监督。另一种是以腾讯会议为代表的同步教学平台，教师可以实时授课，学生可以实时提问，模拟了线下教学环境。这种方式的特点是强调在线实时交互，但由于信息技术的限制，对学生的空间有一定限制，不能进行需要大量身体活动的体育课程。

这两种线上教学平台都有自己的优点和不足，但都不能完全替代传统的大学体育课程。在建立综合性的线上教学平台时，需要兼顾这两种方式的特点，同时注意对学生学习情况的监督和教学质量的评估。只有这样，才能最大化利用线上教学平台，为学生提供更好的学习环境和体验。

2.建立统一的高校体育教学平台

第一，实现高校体育教学的有效整合，有必要在教育行政部门的领导下，创建一个由各地高校组成的全国性和区域性的体育教学联盟。这样不仅可以提高不同区域间体育教学的效率，丰富学生的学习内容，还助于避免教学模式的同质化。同时，地域性的联盟可以强化同一地区不同高校之间的交流，提升体育教学的质量，并形成全国范围内的协调教学模式。

第二，线上教学平台的建立应向社会全面开放，以提高公众的体育素养，使他们能够享受到优秀的体育教学资源。平台的开放性不仅可以为高校之间提供互相学习、借鉴的机会，还可以通过社会反馈，提高平台的教学质量。

第三，为实现教学资源的共享，需要建立一套合理且统一的课程管理标准。在教师的培训阶段，这种统一的标准能够提高教师的学习效率，降低学习成本，并且避免因对不同学生采用不同的管理和评价标准而导致的教学混乱。

第四，搭建教师在线交流的网络系统是至关重要的。鉴于不同高校体育课程的开展有各自的特色，这就需要教师之间进行频繁交流，以丰富他们的教学能力。此外，老教师的教学经验是宝贵的资源，而通过在线交流系统，这些经验可以被有效地利用，进而提升教学质量。

3.建立高效的管理平台

（1）建立学生画像系统。构建学生个性化画像系统是至关重要的一步，以便根据不同学生的特征，设计和实施分层次的体育教学计划。在此过程中，教师应坚持人本主义原则，也就是在尊重、关怀和理解学生的基础上，以服务为理念，制定教学管理方法。

高校培养人才的成效是否满足学生的期待，其关键在于学生的学习体验。只有坚持"以人为本"的教学管理理念，教师才能从"控制学生"转向"服务学生"。在管理学生的过程中，教师需要承认并尊重学生之间的差异，如他们的身体素质、行为习惯，以及认知水平等。因此，教师应当体现出层次性和差异性，教师需要利用在线平台，对学生的信息进行深入分析，以此来制定适应不同学生的学习策略。同时，学生的学习需求变得越来越复杂和多样，教师需要主动收集并重视学生的反馈，站在学生的角度去理解他们的需求，并据此来制订体育教学计划。

（2）建立意见反馈平台。构建意见反馈机制，携手各方共同营造优质的教学氛围，需要以教育管理结构为基础，并充分尊重和纳入教师和学生的反馈。在当下的普及化教育环境下，大学生对教学质量的期待不断提升，他们对传统教学的接受度可能会有所下降，新的需求与固有的教学模式可能会产生冲突。因此，高校教学管理需充分尊重学生的观点，通过教师、学生及教学管理者的共同参与来推动教学模式的发展，以达到提升教学质量的目标。

一方面，作为教学的主要受益者，学生在接受高等教育的过程中，有权提出自己的需求，并对教学管理提出改进建议。在教学计划管理上，学生应被赋予一定的决策权，教学管理者需听取学生的意见，满足其需求，从而提升教学管理的科学性和有效性。在教学运营管理上，应接受学生的监督与评价，定期进行满意度调查，以便深入了解学生对现有教学管理体制的看法，据此进行改进，提升管理水平。在教学质量管理上，应逐步构建有效的机制，让学生能参与学校的教学质量保障活动，积极接纳学生的反馈和建议。

另一方面，教师作为教学的主要参与者，对教学的各种因素和学生特点有深刻的理解。教学管理者需要充分发挥教师的专家角色，让他们参与到教学管理中来，这样才能有效提升管理能力，提升教学质量。同时，引入第三方评价机构也能提升教学质量评估的专业性和公信力。

（3）以线上平台为基础，建立线上线下综合教学管理平台。信息技术的运用打破了线上和线下教学的时空界限，从某种程度上提高了学生学习的自由度。在这种情况下，教学管理不能只专注于线上或线下，单一的管理方式可能会导致线上和线下教学的分离，从而将一门课程割裂为两部分，这并不能提升学生的学习效率，反而会降低教学质量。因此，需要建立一个能同时考虑线上和线下教学的综合平台，对教师的教学和学生的学习进行全面管理。

各个教学管理机构应根据自身情况制定合理的提案和策略，并以此为基础，形成适应学校实际需求的政策规划，确保线上与线下教学之间的稳定切换和连续性。应以线上平台为综合管理平台的主要工具，充分利用线上平台快速处理和传输数据的能力，实现线上线下教学数据的同步传输，并对教学过程中产生的数据进行反馈，及时解决教学中出现的问题。学校需要将信息教学资源规范化，建立功能完善的教学资源中心，不仅为学生提供优质的线上学习资源，还为教师提供有效的线上线下教学资源。同时，加强对国家、省级和学校资源共享平台的使用，实现自主研发创新。加强信息技术基础设施建设，确保在线下课程中教师和学生在教学过程中产生的数据能高效地向线上传输，使线下教学和学习的成果可视化。管理平台应便于教师和学生使用，从本质上来说，线上管理平台是为教师和学生服务的，因此在设计管理系统时应让界面简洁明了，让教师和学生都能够轻松操作。最后，需要建立让教师和学生能及时进行反馈的系统，让他们能够参与评估，充分考虑他们对教学实践的意见，让他们也能参与到教学管理工作中来，以确保线上线下混合教学的持续发展。

（二）根据高校体育课程特点分配教学内容

1.线上同步教学

线上同步教学以网络视频系统为基础，具有方便传输文字和视觉信息的优点。它能帮助学生从宏观视角了解运动项目，并能讨论运动技能、健康行为和体育道德等方面的问题。以下是其在高校体育线上线下混合式教学中的发展路径。

第一，教师可以与学生通过共同欣赏体育赛事，分享运动员的经历，来培育学生的体育道德和健康行为认知能力。例如，"奥运裁判带你鉴赏赛事"这一课程通过欣赏中国女排比赛，向学生传达爱国主义精神、团队合作精神和刻苦奋斗精神。课程以传统民族运动如太极、龙舟为讲述点，让学生理解传统体育的美。这种方式可以让学生体验体育的美妙，领略体育精神中的无私、团结、容忍和诚实，感受中华民族传统体育的深沉内涵。这样可以从思想上引导学生树立终身锻炼的意识，并进一步提高他们的身心素质，改变他们对体育的认识。通过比赛视频和教师的讲解，可以让学生更深入地理解体育精神，让他们明白参与体育活动的意义及体育活动可以带给他们什么，从而激发学生对运动的热爱，增强他们参与体育活动的积极性，并塑造他们终身体育观念。

第二，教师通过讲解运动项目的技术动作和运动实践，提高学生的运动能力。由于当前的互联网技术存在一些限制，线上视频课程在传递三维空间中身体运动轨迹信息的效率上可能低于线下教学，因此在线上线下混合式教学模式中，线上同步教学不能完全取代线下教学中技术动作的练习，但它对体育教学的贡献不可忽视。在线下进行运动能力训练之前，线上的运动项目讲解可以作为课前的预习，来提高学生的学习热情，让学生形成动作的视觉印象，为线下课程做好准备；在线下进行运动能力训练之后，对技术动作的讲解有助于学生巩固对运动能力的认识。

第三，教师可以通过网络视频和运动健康知识的讲解，向学生传授如何通过运动保持身体健康并预防运动损伤的知识。教师教学内容需与学生的生活经验相结合，强调教师与学生、学生与学生之间的线上互动，通过互动和反思，促进学生深度学习，从而培养学生的健康行为。这里所说的生活经验指的是学生在体育课程和线下运动中获得的经验，这种经验是通过长时间的学习和活动累积的。

2. 线上异步教学

线上异步教学采用数字化平台，师生可以在不同的时间和地点进行教学交互，这种方式在高校体育线上线下混合教学中的发展路径具有以下特点。

第一，利用网络资源，学生可以自行回顾和研究已结束的教学课程，巩固和深化对知识的理解。这种方式利用了网络教学信息可留存和反复学习的特性，对于促进运动技能的练习和改进，如避免动作变形等问题，具有积极意义。例如，教师可以为学生提供精选的运动视频，作为学生学习的参考和指导。

第二，借助互联网的海量信息，学生可以自我寻找和学习相关的体育教学扩展资源，根据个人需求和兴趣，开展自我指导学习，实现个性化发展。这种线上体育教学的方式，可以帮助学生充分理解和掌握体育精神、提升体育认知水平、增强锻炼意识、了解健康知识。

第三，教师可以通过线上学习平台或互动工具，进行教学资源发布、作业批改、错题分析等教学活动，也可以参与学生的互动交流、学习成果提交、自主练习和学习感悟分享等活动。这种方式能够让教师更好地理解学生的学习情况和需求，以帮助学生学习。

3. 线下同步教学

线下同步教学需与线上教学相衔接，并主要从运动技能、运动品德和健康行为三个方向展开。

在运动技能的培养上，线下同步教学以线上同步教学的基础学习为前提，因此需缩短教师示范和解说的时间，延长学生实践和教师与学生交流的时间。这种交流的主要目的是通过教师纠正错误，优化学生的技术动作，让学生亲身体验运动技术。与其他学科不同，体育在很大程度上需要通过学生的主观感受引导其学习。纯粹的线上学习很可能会导致学生出现"看似理解，实践却忘记"的现象。

在运动品德的培养上，体育品德包含体育兴趣、健康的生活方式、体育道德和体育精神等方面，这些在理论学习的基础上，需要通过学生的参与和体验体育互动活动，进行感受和理解。例如，在素质拓展活动中的信任摔背，学生可以通过实践体验对他人的信任和被他人信任的感觉，理解付出与收获的关系及换位思考的重要性。这些只有在实践中才能真正获得。

在对健康行为的培养上，在线下同步教学中，教师除了教授运动技能，还需要讲解如何预防常见的运动损伤，在实践中让学生直观地感受到保护自己的重要性，树立正确的运动安全观念。比如，在游泳课程中，教师通过理论讲解和实践指导，教授如何进行心肺复苏等水上紧急救援技术。这类实操性的运动损伤预防及应急处理技术在实际操作中的学习，能提升学生的学习效果，使他们熟练掌握这些技能。

4.线下异步教学

线下异步教学注重学生在非正式教学时间的个性发展和运动实践的参与，涵盖了课后作业、体育活动及校园体育赛事等环节，是高校线上线下混合式教学发展的重要组成部分。

在运动技能上，学生应通过自选的体育活动，把在课程中学到的理论知识和技能付诸实践。学生可以根据自己的兴趣和技能水平，选择合适的体育活动，加强技能的运用和提高。为此，高校需要有良好的体育设施，为学生提供足够的空间以便学生自由运动，同时应建立完善的校园体育赛事体系，为学生提供表现自己的平台。在运动品德方面，学生应在参与运动实践中，深入体验体育活动的乐趣，培养对体育的热爱和责任感。这样可以增强学生的身心健康，促进其品格培养。在健康行为上，学生应能将学到的健康知识应用于日常生活，以养成健康的生活方式和运动习惯，为拥有强健的体魄和健康的心理提供支持。

（三）加强师资队伍建设

教师是高效混合教学的主导者和实施者，他们的素质、能力和教学方式，决定了混合教学的质量和效果。在混合教学中，教师的角色不再仅仅是知识的传授者，更是引导者和协助者。他们应有能力引导学生在线上掌握理论知识，又能在线下实践中指导学生将知识应用到技能培养中。

一方面，需要加强教师队伍的专业技术培训，提高教师的教学技能和技术应用能力，使他们能有效运用各种线上线下教学手段，提高教学质量。另一方面，需要加强教师的理论知识学习和教育教学理念的培养，使他们能根据混合教学的理念，设计出有趣、富有挑战性和适合学生发展的教学方案。此外，教师应具备优秀的沟通和组织能力，能够根据学生的学习需求和情况，调整教学计划和方式，使学生能够在体育活动中体验到学习的乐趣和成就感。教师还应具备一定的创新能力，能根据混合教学的特点，设计出新的教学模式和方法，提高学生的学习效果和满意度。

第四章　高校不同体育运动的教学与训练

第一节　高校健美操的教学与训练

一、健美操的特点与功能

（一）健美操的特点

健美操主要有以下几个特点，如图 4-1 所示。

01　强烈的节奏感和韵律感
02　广泛的群众性
03　健身的安全性
04　高度的艺术性
05　不断的创新性

图 4-1　健美操的特点

1. 强烈的节奏感和韵律感

健美操的节奏感强烈，通常伴随音乐的旋律进行。音乐的节拍决定了健美操动作的节奏和速度，每一个动作都应该与音乐的节拍保持同步。这种与音乐节拍的同步性，不仅可以使健美操更具观赏性，还能激发参与者的运动热情，提高他们的参与度。

韵律感则源于健美操的连贯性和流畅性。健美操的动作通常是一系列有组织的，相互之间有内在联系的运动组合，每一个动作与下一个动作都有紧密的联系，可以形成一种自然的流动性，这种流动性就是韵律感。这种韵律感不仅使健美操的动作更具美感，还能使参与者的身体在运动中保持协调性和平衡性。

2. 广泛的群众性

健美操以其广泛的群众性而备受推崇。其背后的原因在于健美操的多元性和包容性。它不但适合不同年龄段的人群，而且无论性别、身体素质，甚至运动经验，都可以参与其中。

健美操的动作丰富多变，难度分层明确，可以根据参与者的身体素质和技能水平进行适当调整。无论是刚接触健美操的初学者，还是有一定基础的进阶者，都可以在健美操中找到适合自己的训练模式，尽享运动的乐趣。健美操集合了音乐、舞蹈和运动于一体，具有强烈的娱乐性和感染力。适应各种音乐节奏的动作设计，让每个人都可以在健美操的世界里找到自我。将音乐的元素融入运动中，使健美操更易被大众接受，体验运动的同时享受了音乐带来的愉悦。健美操强调集体合作与团队协作，有着强烈的集体归属感。大家在一起运动，分享健康，享受汗水，形成了一种共享的文化，这种群体互动也使健美操的群众性得以显现。

3. 健身的安全性

安全性包括运动强度的调节、动作设计的科学性，以及教练的专业指导等。

在运动强度方面，可根据不同的参与者，提供不同强度的训练方式，以适应各个年龄层和身体条件的人群。在练习的过程中，参与者可以依据自身的心率、呼吸、肌肉疲劳感等生理反应，适当调整运动强度，避免因过度训练而导致运动损伤。

在动作设计方面，健美操的动作设计兼顾了身体的全面发展和动作的科学性。它的动作设计与生理学、解剖学、生物力学等科学原理相结合，让参与者能在安全的范围内进行身体的训练，同时尽量降低受伤的风险。

在教练的指导方面，教练能够帮助参与者正确理解和执行每一个动作，及时纠正错误的姿势，以防止由此造成的运动损伤。教练也会根据参与者的身体状况，给出个性化的训练建议和调整方案。

4.高度的艺术性

优美的舞蹈步伐、协调的身体转动、流畅的身体线条等元素，都需要参与者准确而有力地执行，以呈现出优雅且富有力量的美感。这种动态美，既体现在动作的整体流畅性上，也表现在每一个细节动作的精准度上。健美操的训练和表演通常都伴随着音乐，音乐的旋律、节奏与参与者的动作紧密结合，形成了一种既和谐又动感十足的艺术景象。音乐的选择和应用，以及动作与音乐的协调度，会直接影响健美操的整体艺术效果。健美操的艺术性还体现在其表演的寓意性上。每一套健美操都包含了一定的主题和故事性，参与者通过自身的表演，传递出这些情感和故事，使观众在欣赏运动技巧的同时，感受到深层次的艺术内涵。

5.不断的创新性

健美操的参与者会结合舞蹈、体操、力量训练等多种运动方式，设计出新颖的动作组合。这种创新不仅在于动作的新颖性，还在于这些动作能够充分激发参与者的运动潜能，使其在运动过程中得到锻炼。健美操的创新性也体现在对音乐、节奏的挖掘上。参与者常常会在不同类型的音乐中找到合适的节奏，以此来指导动作的节奏感和流畅性，使每一次的训练和表演都充满新的挑战和乐趣。一些参与者开始尝试将瑜伽、太极等身心训练形式融入日常训练当中，这不仅能够提高他们的身体素质，还能够使其在运动过程中获得精神上的放松和愉悦。健美操的创新性使其始终保持生机与活力，为运动员和观众带来了无尽的新鲜体验。

（二）健美操的功能

1.强身健体

健美操中的每一个动作，无论是跳跃、踏步、旋转还是伸展，都需要调动全身的肌肉参与其中。这些动作能够提升心肺功能，增强心血管健康，提高身体的耐力和灵活性。健美操的许多动作需要借助自身的体重来提供阻力，这样能有效地增强肌肉力量，特别是腹部、背部和下肢的肌肉。健美操还能改善身体的协调性和平衡能力。在展示各种复杂的步伐和动作组合时，参与者需要保持身体的稳定和协调。这不仅能提高肌肉神经系统的反应速度，还能预防由身体失衡导致的伤害。

2. 塑造形体

一方面，健美操需要全身协调运动，包括跳跃、旋转、拉伸等，这会使全身的肌肉得到锻炼，从而塑造出完美的肌肉线条。另一方面，健美操的节奏感和韵律感，不仅使锻炼更加有趣，还对身体的协调性、灵活性有很好的提升效果，进而改善参与者的身体姿态，使形体更加美观。健美操中的伸展、收缩、旋转等动作，有利于提升身体的柔韧性，从而让身体线条更加流畅、优雅。

3. 调节身心

在身体层面，健美操的循环性运动、有规律的呼吸和全身的肌肉参与，有助于放松肌肉，释放紧张和压力。健美操中的很多动作需要集中精力，这有助于去除杂念，达到一种身心合一的状态。在心理层面，健美操的音乐和节奏会给人带来愉悦的感觉，进一步激发了对运动的热爱和兴趣，从而在心理上产生积极的影响。健美操通过全身的活动，可以帮助人们在短时间内排出大量的汗液，促进血液循环，进而帮助身体排出毒素，提高免疫力。这样的活动还能有效地缓解压力，放松身心，改善心情，帮助人们更好地应对生活的压力。而且，健美操的集体性，使参与者在运动的过程中，也能感受到集体的力量，从而在心理上得到安慰和支持，这种集体的力量，也能帮助参与者建立积极的社会关系，进一步增强了健美操在调节身心方面的功能。

4. 医疗保健

健美操的运动方式是多元化、全面的，涵盖了伸展、平衡、力量和有氧运动等多个方面，能够有效地改善人的健康状态。

对于一些慢性疾病如心血管疾病、糖尿病和高血压等，规律的健美操训练可以帮助人们改善血液循环，降低血糖和血压，并对疾病的防治起到重要作用。健美操中的有氧运动，尤其是对提高心肺功能，降低心脏病发作风险有显著效果。而对于身体康复，如骨折、软组织损伤后的康复，健美操中的各种伸展和平衡动作，可以帮助人们恢复关节活动度，增强肌肉力量，促进伤口愈合。柔软和缓慢的健美操动作，也适合老年人和体质较弱的人群进行，可以有效地预防肌肉萎缩和关节僵直。健美操对于减轻精神压力，改善睡眠质量也有着积极的影响。健美操中的运动和呼吸的协调，可以帮助人们缓解神经紧张，从而达到放松精神，提高睡眠质量的目的。

二、高校健美操训练的基本原则

（一）系统性原则

系统性原则强调的是训练项目、内容和方法的全面性，旨在实现训练效果的最大化。在实施系统性原则时，首要任务是明确训练目标。训练目标应具有明确性和可度量性，这样才能更好地评估训练效果。比如，经过一个学期的训练，教师应要求学生的体质健康测试达到一定的标准，或者掌握一定数量的健美操动作等，只有明确了目标，才能制订出合理、有效的训练计划。健美操训练不仅包括基本动作的训练，还包括身体柔韧性、协调性、力量和耐力等多方面的综合训练。这些训练内容应该以学生的身体条件和技能水平为依据，结合训练目标进行科学安排。而训练方式也要有所变化，以避免学生对单一的训练方式产生厌倦感。

（二）周期性原则

周期性原则关注的是训练计划的制订，以保证训练强度、训练时间、训练方式的有序循环。这是因为人体各种生理活动具有周期变化的规律，这些规律会在一定程度上影响运动能力的表现。在应用周期性原则时，要理解和尊重生理节律，人体的生理机能在一天之内存在着早、中、晚三个高峰，这是一个自然的周期性规律，健美操训练应安排在身体机能高峰期进行，以获得最大的训练效果。根据训练目标的不同，训练周期也会有所不同。一般而言，基础训练期、专项训练期、比赛训练期和恢复期构成了一个完整的训练周期。这样设计的目的是保证训练的连贯性和阶段性，避免训练中的突然变化。训练的强度、内容和方式不应该是恒定的，而应该是随着训练周期的变化而变化的。一般而言，训练的初期，以低强度、多次数的训练为主，随着训练周期的推移，训练强度逐渐提高，次数逐渐减少，以保证训练效果的最大化。在每个训练周期结束后，都应该设置一段恢复期，让学生的身体得到充分休息和恢复，为下一个训练周期的到来做好准备。

（三）合理安排原则

1. 合理安排运动负荷

运动负荷的大小、频率、持续时间等因素都会影响训练的效果和学生的身体健康。过大的运动负荷可能会导致运动伤害，如肌肉拉伤、关节扭伤等。这样不仅会影响学生的健美操学习，还可能对他们的身体健康造成影响。因此，在初期阶段，应注重基本技能的熟练掌握，运动负荷可相对较小，以保证学生能够在安全的环境中进行训练。运动负荷的增加应是渐进的，符合人体生理机能适应性规律。每次训练后，学生的身体会出现一定的疲劳，但经过适当的休息，不仅能恢复到训练前的水平，还会进一步提高，这就是运动生理学中的"超恢复"原理。如果运动负荷增加过快，超过了学生的恢复能力，就可能导致过度疲劳，甚至引发过度训练综合征。教师应根据学生的恢复状况，逐步提高运动负荷，使学生能在保证安全的同时，持续提高自身的健美操技能和身体素质。运动负荷的安排还应考虑学生的学习与生活压力。高校学生的学习任务较重，健美操训练应在帮助他们释放压力，提高身心健康水平的同时，避免增加他们的压力和负担。在设计运动负荷时，不仅要考虑健美操的技能提升，还要兼顾学生的身心压力，合理安排训练时间和强度，以保证学生在享受健美操带来的快乐的同时，能在其他学习任务上保持良好的状态。

2. 合理安排运动时间

对于高等院校中的健美操训练，其时间安排应优先考虑下午的3点至6点。原因在于，这个时间段的生理和心理条件比较适合体育锻炼。经过胃肠道的消化和吸收，食物中的能量已经转化为体内的能源，为身体的高强度运动提供了化学能。此外，此时人体生物钟处于最佳状态，精力旺盛，可以进行强度较大的训练。训练后的能量消耗和身体疲劳可以通过晚餐和夜间休息得到有效恢复和补充，从而提高健美操训练效果，同时促进肌肉的发展。

在健美操的训练中，以下几个方面需要特别注意：首先，训练周期的设定。在初始阶段，每次的训练时长应控制在45～60分钟，每周训练3～4次，或者间隔一天训练一次。经过2～3个月的训练后，可以根据个人体质的反应适当增加每次的训练时间至90分钟。其次，日常训练的安排。如果训练在餐前进行，训练结束后需要休息30分钟再进食，以避免消化系统受到影响。如果在餐后训练，应在餐后1.5～2.5小时后进行训练，以避免消化系统的工作受到干扰。晚上的训练应在睡前1.5～2.5小时结束，避免过度兴奋影响睡眠。最后，单次课程的训练。一次完整的健美操训练的内容和时间安排可参照表4-1[①]。

表4-1 健美操训练内容及时间分配

健美操课的结构	训练时间分配/分钟
热身部分	10~15
基本有氧操	30~40
力量柔韧素质练习	10~15
拉伸练习	5~10
放松部分	5~10

---

① 李孟华. 高校健美操运动与教学研究[M]. 北京：北京工业大学出版社，2018：103.

（四）区别对待原则

区别对待原则强调教练和教师要根据每个学生的体质、年龄、性别、健康状况、兴趣等方面的差异，制定不同的训练方案，以提高训练效果，并保证学生的健康和安全。

体质和健康状况是决定学生能否参与健美操训练，以及能参与哪些训练项目的重要因素。对于体质强壮、健康状况良好的学生，教师可以为他们设计更多的力量和耐力训练；而对于体质较弱、健康状况不佳的学生，教师则应安排更多的恢复和舒展训练，以避免身体负担过重。年龄和性别也会影响健美操训练的方式和强度。一般来说，年龄较小的学生身体更为灵活，可以进行更高强度的训练；而年龄较大的学生则需要更多的休息和恢复时间。男生和女生在力量、灵活性、耐力等方面也有明显的差异，因此在训练内容和方法上也要有所区别。兴趣是决定学生能否持续参与健美操训练，以及能否积极投入训练的关键因素。对于对健美操有热情的学生，教师可以设计更多有挑战性的训练项目，以满足他们的兴趣和挑战欲望；而对于对健美操兴趣不高的学生，教师则应通过各种有趣的训练方式，激发他们对健美操的兴趣。

（五）及时调整原则

根据学生的身体状况，当学生身体疲劳、感觉不适或出现伤病等情况时，教师需要及时调整训练内容，适当减轻训练强度或暂停训练，让学生有足够的时间恢复。这样可以避免学生因为过度训练而导致的身体损伤，也能保证他们在良好的身体状况下进行训练，从而提高训练效果。教师通过观察和分析学生的训练过程，可以了解学生对特定训练的反应和适应情况，从而判断是否需要调整训练内容和方法。比如，如果发现某项训练对学生来说较为困难，或者他们在某项训练中表现得不够自如，那么教师就应该考虑将这项训练进行相应的简化或者修改，使其更加符合学生的实际能力。对于个人进步，每个学生在健美操训练中的进步速度和程度都是不同的，有的学生可能在短时间内就掌握了一项新的技能，而有的学生则需要更长的时间，教师在训练过程中应根据每个学生的进步情况，适时调整他们的训练计划，比如为进步较快的学生增强训练难度，而为进步较慢的学生提供更多的练习和指导。

（六）全面训练与专项训练相结合原则

全面训练的目的是提升学生的基础体能和整体协调性。在实际训练中，可能会涵盖力量、速度、耐力、柔韧性、平衡等多个方面的训练。全面训练有助于学生保持良好的身体机能，使他们在后续的专项训练中，能够拥有良好的体能和基础素质来支持技术的学习和技能的提升。

专项训练则更加关注健美操的技术动作，如旋转、跳跃、平衡等动作的训练。此类训练要求学生拥有较高的专注力和技术准确性，而且每个动作的训练都应基于正确的动作模型和严谨的技术要求来进行。这对于提高运动员的技术熟练度和动作表现力至关重要。

全面训练和专项训练相结合原则就是要在全面和专项之间寻找一个平衡。这是因为，如果过于侧重全面训练，可能会忽视对具体技能的训练，使学生在具体动作的掌握上不够熟练；反之，如果过于侧重专项训练，可能会忽视基础体能的培养，使学生在训练中体力不支，无法持久地进行高强度的技术训练。因此，教练应根据学生的实际状况和训练目标，灵活调整全面训练和专项训练的比例，从而确保训练的效果和效率。

三、高校健美操教学方法

（一）讲解法

讲解法主要包括教师向学生介绍动作的名称、技术关键点、执行方式及相关要求，以便学生在训练中进行参考。这是在健美操教学过程中，利用语言的一种常见且主要的方式。在运用此种教学方法时，有以下几点需要注意。

1. 讲解的目的性

教师讲解的内容应明确地阐述完成动作的关键技术点、具体执行方法及相关要求等，围绕教学任务和内容，有针对性地讲解学生在教学过程中遇到的问题。

2. 讲解的准确性

教师的讲解内容应是准确的、清晰的，并且具有逻辑性，即理念准确、清楚，有条理、实事求是，并采用统一的健美操专业术语。

3. 讲解时机和效果

教师的讲解可以在示范动作之后进行，也可以在示范动作时进行。在讲解时，教师需要根据学生的知识和经验来确定讲解内容的广泛性和深度，以便学生能更好地理解和掌握动作。

4. 讲解的启发性

教师应通过生动形象的语言来激发学生的学习兴趣和求知欲，引导学生主动思考，使听、看、想、练的过程得以有效地结合。

5. 讲解的艺术性

在教师的讲解中，普通话的标准度、语言的清晰度、语言的生动性、比喻的适当性，以及趣味性和感染力都是比较重要的。这样才能帮助学生快速理解动作，建立正确的动作概念。

6. 讲解的节奏和鼓励性

在讲解中，语言的声音强弱应根据特定的顺序和时间间隔交替进行，这是语言节奏的一部分。同时，教师的语言应充满热情，以调动学生的积极性。

（二）示范法

示范法能直观地呈现动作的整体形态和技术细节，使学生在理论知识和实际操作之间建立必要的联系。这种方法具有可视性，学生能直接观察动作的执行方式、节奏、力度和协调性，以更好地理解和模仿。该方法需要教师精准地展示动作，因为学生将会模仿教师的每一个动作和表情，任何误导都可能会导致学生形成错误的动作模式，从而影响学生的运动效果和安全性。因此，教师在进行示范之前需要对动作有深入的理解和精湛的技巧。示范法不仅包括教师的示范，还可以邀请学生进行示范，特别是那些技术掌握较好的学生，激发学生的学习兴趣，提高他们的自信心，提高学习效果。

（三）练习法

1.重复练习法

一旦学生了解了一个特定的动作或一系列动作的技术要点，接下来就需要进行反复练习。这种练习需要在教师的监督和指导下进行，以确保学生能够正确地进行动作练习，并及时纠正可能出现的错误。通过逐渐增加练习的复杂性和难度，如通过增加动作的速度、力度或连续性，可以帮助学生逐步提升他们的技术水平和动作执行的精准度。重复练习也可以帮助学生培养自己的节奏感。虽然重复练习法比较重要，但过度的练习可能会导致学生疲劳，进而影响学生的学习效果和健康。因此，教师在设计和指导学生练习时，需要根据学生的身体状况和能力，合理安排练习的次数和强度。

2.交替练习法

交替练习法在健美操教学中的具体应用可能包括以下几种形式：一是在练习动作的过程中，可以交替练习该动作的不同部分，如先练习动作的起始部分，然后练习动作的完成部分，最后再将两部分组合起来练习；二是可以交替练习不同的动作，如先练习一个动作，然后练习另一个动作，这种方式可以避免学生对单一动作感到厌倦，也可以提高学生的学习效率；三是可以交替练习不同的练习方式，如可以通过个人练习、小组练习和大组练习的交替，提高学生的学习兴趣，同时可以提高教学效果。

（四）带领法

带领法的基本含义是指教师通过直接参与和引领学生进行健美操训练，旨在帮助学生掌握并熟练运用各种健美操技巧和动作。带领法的主要优势在于，教师通过直接示范和引领，能够更直观、更准确地向学生展示每个动作的具体要求和技巧，以帮助学生更准确地理解和掌握动作的内容，纠正学生的错误动作。而且，带领法通过教师的亲自示范和引领，使学生紧跟教师的节奏和动作，从而能够更好地体验和把握动作的细微之处，提高学生的学习兴趣和参与度。通过教师的引领，学生能够在同一时间、同一节奏下完成同样的动作，这种集体的协作和配合能够培养学生的团队意识和协作精神，提升团队的整体表现。

带领法也有一些局限性，如果教师的动作有误，可能会导致全体学生的动作出错，教师在引领学生时，应确保自己的动作准确无误。再者，带领法可能使一些学生过分依赖教师，缺乏自主探索和独立思考的能力，教师在运用带领法时，也需要鼓励学生进行自主学习和探索。

（五）完整与分解法

该方法主要是教师通过先将健美操的整体动作展示给学生，然后再将其分解成各个单独的动作进行教学，以此帮助学生更好地理解和掌握健美操的各种动作和技巧。

完整与分解法的主要优点在于，它可以帮助学生更好地理解和掌握健美操的整体流程和结构。教师通过先展示整体动作，可以使学生对健美操有一个总体的认知和理解，知道健美操的整体流程和结构，以及各个动作之间的连贯性。这有助于学生在后续的学习中更好地掌握各个动作，也能让学生对健美操有一个更全面的理解。然后，再将整体动作分解成各个单独的动作进行教学，这有助于学生更加详细和深入地理解每个动作的技巧和要求。教师可以根据每个动作的特点，进行详细解释和示范，帮助学生更加准确地掌握每个动作的技巧。分解法也方便教师针对学生的具体情况，进行个别指导和纠正。由于健美操的动作往往比较复杂，如果直接对整体动作进行教学，可能会让学生感到困难和挫败感。而通过分解法，将复杂的动作分解成简单的动作，可以降低学生的学习难度，提高学生的学习兴趣和学习效率。

四、高校健美操训练方法

（一）循序渐进法

循序渐进法核心在于按照从简单到复杂、从易到难的顺序，逐步提升学生的训练难度和训练量。训练开始阶段，应从简单易懂的基础动作开始教学，让学生逐渐熟悉和掌握。例如，可以从基础的站立、行走、跳跃、扭转等基本技术开始，逐步引导学生掌握正确的身体姿态和动作技巧。在此阶段，教师需要注重培养学生的基础技能和身体素质，为后续的复杂动作学习打下坚实的基础。随着学生技能的提高和身体素质的增强，可以逐步提升训练难度，教授更复杂的动作和技巧，如翻腾、空翻、跳跃、转体等。在此阶段，教师应注重引导学生将前期学习的基础技术与新学的技术进行有效结合，形成流畅、协调的整体动作。

（二）音乐分解法

这种方法主要是将一段完整的音乐剖析为若干个部分，以便更好地结合健美操的具体动作进行训练。在使用音乐分解法时，应将整个音乐划分为几个独立的部分，每个部分都与健美操的一组动作相对应。这样可以帮助学生将复杂的动作和音乐结合起来，更好地理解动作与音乐之间的关系。每一部分音乐都可以进一步分解为几个节拍，每个节拍都对应一个或多个健美操动作，这样的分解能使学生更好地感知音乐的节奏，精准地配合音乐进行动作的展示，提高健美操的整体效果。在实际应用中，音乐分解法需要教师的精心引导和示范。教师应帮助学生理解音乐的节奏和动作的关系，通过反复练习和演示，使学生逐步掌握如何在音乐的引导下完成健美操动作。

（三）递加式练习法

递加式练习法的应用始于基础的动作训练。教师会从最简单的动作开始训练，让学生充分理解并熟练掌握。然后，再逐步加入复杂的元素，这可能包括更高难度的动作,或是将多个基础动作组合起来形成一组流程。这样,学生能够在逐步增加难度的过程中,提升技能,减少受伤的风险。除了动作的复杂性,递加式练习法也应考虑训练的强度和频率。在最初阶段,训练可能较为轻松,频率也较低,以确保学生有足够的时间去适应和消化新学的动作。随着训练的进行,训练的强度和频率会逐渐增加,使学生的身体能够得到更好的锻炼,同时不断提高他们的耐力和身体素质。

递加式练习法的一个显著优点是,它能帮助学生在保持积极情绪和动力的同时,持续提升健美操的技能和体能。而且,因为每一个阶段的训练都是基于之前训练之上的,所以学生可以更好地理解和掌握各个动作之间的关系,这对于健美操的整体表演来说比较重要。

(四)模仿练习法

模仿练习法的起点是对示范动作的仔细观察。在教师或其他表演者的示范下,学生可以详细研究每个动作的细节,包括身体的位置、动作的节奏和力度的分配等。在观察的过程中,学生不仅要关注动作的表面,还要理解其背后的技术原理。在模仿过程中,学生可以在实践中找到与示范动作相符的身体感觉,逐步掌握动作的要领。这种由内而外的模仿,不仅是对外在形式的复制,还是对内在技巧的理解和掌握。模仿练习法并不意味着机械地复制动作。相反,学生在模仿的过程中,也需要根据自己的身体条件和理解情况,进行适当调整和改进。这可以减少因模仿不适合自己的动作而导致的受伤风险,也能让学生在模仿中找到自己的特色和风格。

第二节 高校民族健身操的教学与训练

一、民族健身操概述

民族健身操是由民族舞蹈、健美操和少数民族传统体育活动融合而来的健身运动，现在已经作为全国少数民族传统体育运动会的正式项目受到广泛关注。其源于少数民族的日常生活，把人们在祭祀、祈祷、节日庆典娱乐等活动中的肢体动作或主题理念进行再加工，与现代健美操和民族舞蹈相结合，在民族音乐的伴奏下，形成了一种融体育运动与文化娱乐于一体的活动。很多民族健身操的动作和艺术风格都借鉴民族舞蹈。舞蹈是一种以肢体为媒介，以经过精练、组织和艺术化的人体动作为主要表现方式的艺术，用来反映社会生活、表达人们的情感。它是人类最基本的、天生的艺术形式，是人类用以表达心理认知的通用肢体语言。

从广义上讲，源自并在自己民族中流传，并且是自己民族特有的舞蹈形式，就可以称为民族舞蹈。而从狭义上讲，一个民族独有或专有的舞蹈形式也被称为民族舞蹈。民族艺术是反映了一定民族精神生活和物质生活的产物，主要源自民族的社会劳动实践。然而，某种具体的文化或艺术形式的起源、演变，往往还存在着特殊因素，可能与祭祀、娱乐、战争等活动密切相关。中国的民族舞蹈是一个色彩斑斓、丰富多样的舞蹈体系，因社会环境、经济形态和文化习惯等因素的差异而各异，不仅在主题内容和外在形式上，还在节奏和艺术感上有所不同。从功能上看，大致可以分为宗教祭祀舞蹈、礼仪舞蹈、娱乐舞蹈、民族历史传承舞蹈和生产劳动传承舞蹈等。每个民族流传下来的民间舞蹈风格、形式和内容各不相同，或飘逸婉约，或热烈奔放，或源自宗教祭祀仪式，或是为了表达情感，但都充分展示了中华民族深厚的历史底蕴和丰富的民族文化内涵。

许多民族健身操的元素都借鉴了健美操。健美操是一项深受群众喜爱的现代体育运动，较具普及性，是集舞蹈、体操、音乐、娱乐为一体的健身运动。它主要分为三大类：竞技健美操、健身健美操和表演健美操。其中，最受群众喜爱的就是健身健美操，它的主要目的是提高体质，增进健康，适合社会各阶层、各年龄段的人群练习。

民族健身操是近年来提出的新名词，目前学界对其确切定义尚无统一意见。本书将民族健身操定义为，民族健身操是以民族舞蹈动作和民族素材为元素，以体操化的动作为基础，在民族音乐伴奏下，以身体练习为基本手段，以有氧运动为条件，达到增进健康、塑造形体、休闲娱乐和传承优秀民族文化为目的的一项体育运动。

二、民族健身操的特点

民族健身操主要有六大特点，如图 4-2 所示。

图 4-2　民族健身操的特点

（一）浓郁的民族性

民族健身操的独特性主要体现在其吸取了大量民族舞蹈的元素和风格，如舞步、手势、表情等。这些元素都深深地根植在特定民族的文化和历史背景中，反映了其生活习俗、娱乐活动等多种社会现象。以民族音乐为伴奏，民族健身操的每一项动作都充满了强烈的民族风情和生活气息。民族健身操在设计和编排中强调民族文化的传承，充分尊重并融入了各民族的传统习俗。通过这种方式，民族健身操不仅为参与者提供了健身锻炼的机会，还成了传播和弘扬各民族优秀文化的重要载体。人们在健身锻炼的过程中，无形中接受了对民族文化的熏陶，增强了对本民族文化的认同感和自豪感。民族健身操也体现出鲜明的民族性，因为每个民族的健身操都有其独特的动作和节奏。这些动作和节奏源于民族舞蹈、传统体育活动和日常生活习惯，具有很高的生活性和实用性。每个动作都是对特定民族文化的生动表达，既有历史的沉淀，又有现代的创新。

（二）地域性

地域性源于各地不同的民族文化，各民族独有的生活方式、习俗、历史传说、乐器音乐，甚至地理环境等都在民族健身操中得到了展现。因此，每种民族健身操都具有鲜明的地域性特征，凸显出民族文化的多样性和地域文化的独特性。以藏族健身操为例，藏族健身操的动作源于藏族舞蹈和日常生活习惯，动作中包含了藏族人民的生活方式和精神面貌，以及对自然和生活的热爱。音乐则采用了充满高原特色的藏族音乐，如藏戏、鼓乐等，以此来激发人们的运动热情，使人们在运动中感受到藏族文化的独特魅力。维吾尔族健身操充分借鉴了维吾尔族舞蹈中丰富的手臂动作和舞步，而且融入了丝路文化的精神内涵。音乐方面，选取了充满东方神韵的维吾尔族舞曲，旋律优美，节奏活泼，使健身操更具生动性和趣味性。

（三）高度的艺术性

民族舞蹈动作的设计充满了艺术感。这些动作既包括了具有民族特色的舞蹈元素，又融合了现代健美操的技术动作，使整套健身操既保留了民族舞蹈的原汁原味，又增添了许多现代气息。每一套民族健身操的编排都充满了创新和想象，让人在欣赏和练习中感受到浓厚的艺术气息。民族健身操的音乐选取充满了民族特色。旋律优美，节奏鲜明，可以激发人们的运动热情，使健身操更具吸引力。民族健身操的背后往往寄托了他们的民族故事和文化主题。例如，一些健身操会通过动作设计来表现民族的历史、神话，或者是民族的生活场景等，让人们在健身的同时能够了解和感受到丰富的民族文化。

（四）强烈的节奏感

在音乐节奏方面，民族健身操选用的音乐大都具有鲜明的民族特色，其旋律激昂、节奏明快，适合健身操的整体动感。民族音乐的节奏感能够激发学生的热情，使其在快速、准确地跟随音乐节奏的过程中，不仅提高了身体素质,还得到了心灵的愉悦。在动作节奏方面,民族健身操的编排往往会巧妙地结合音乐节奏,通过丰富多变的肢体语言,呈现出强烈的节奏感。既有大幅度的运动,又有细腻的手部动作,以形成独特的节奏感,让学生在参与中体验到节奏的韵律美感。

(五)广泛的适应性

民族健身操的动作源于民族舞蹈,这些动作的复杂度和难度均具有较大的灵活性,使民族健身操可以适应不同年龄层、不同身体状况的人群。从年龄层面来看,无论是年轻人还是老年人,都可以通过选择不同难度的动作,实现个人健身目标。对于年轻人,可以选择一些难度较大、动作较快的动作来进行健身;对于老年人,可以选择一些动作较慢、难度较小的动作来进行健身。从身体状况看,民族健身操对身体的要求不高,无论是健康人群还是身体有限制的人群,都可以通过调整动作的难度和复杂度来适应。民族健身操的广泛适应性还体现在其无须专业设备,无论是在家、在公园,还是在健身房,只要有一块足够大的空地,就可以进行民族健身操的练习。

(六)健身性

民族健身操的动作设计丰富,通过精心编排的动作序列,可以帮助人们有效地提升身体的灵活性和力量。例如,翻腾、踏步、旋转等动作需要消耗大量能量,从而达到增强心肺功能、提高基础代谢率的目的。民族健身操的练习往往伴随节奏明快的音乐,这种有氧运动对心血管健康具有显著益处,能够帮助人们维持健康的心率,使身体的肌肉群协同工作,增强身体的协调性。民族健身操中的很多动作需要大量的伸展和柔韧性运动,这对于保持良好的关节灵活性、预防肌肉僵硬和关节疼痛具有重要作用。人们通过民族健身操练习还能改善身体姿态,预防和改善久坐带来的健康问题。

三、民族健身操的功能

（一）弘扬民族文化，促进民族和睦

近些年，民族传统体育的发展势头强劲，催生了多样化的群众体育活动。这样的活动不仅为民族地区的居民提供了锻炼身体的机会，提升了他们的体质和运动能力，还拉近了不同民族之间的距离，减少了由于地理、生活习惯和文化传统所导致的隔阂。多元化的民族体育活动让各个民族欢聚一堂，在相互尊重和理解各自民族风俗习惯的过程中，增强了民族团结。这些活动提升了各民族的自尊、自信，有利于民族关系的改善、友谊的增进。它们不仅推动了民族地区经济的发展和文化的进步，还推进了社会主义精神文明和物质文明的建设，为建设社会主义和谐社会起到了重要的连接作用。

在现代社会，通过普及和推广民族健身操，将体育作为载体，文化作为内涵，弘扬各少数民族优秀的传统文化，是对各少数民族文化的认可。这样做有助于增强各民族的归属感，对加强民族间的团结具有重要作用。

（二）有利于全民健身计划的实施

民族健身操作为一种具有浓厚民族色彩的体育活动，可以说是全民健身计划实施的有力工具。民族健身操的丰富多彩和较强的艺术性让更多的人愿意参与其中，而非仅仅视其为枯燥无味的锻炼。无论是年轻人还是年长者，都可以在民族健身操中找到自己喜爱的元素，从而积极参与，让身体得到锻炼。民族健身操的动作设计兼顾了力量、灵活性、平衡性和耐力等多个方面，对于提升人们的体质大有裨益。民族健身操的普及性和无须特殊器材的特性，让它成为适合在公园、社区、学校等地方进行的健身活动，方便了全民健身的实施。

（三）传承民族体育文化

民族文化的形成和发展是各民族历史进程中不可或缺的部分，象征着各民族的特色和历史记忆，其内涵包括了物质与精神文化的各个方面。民族健身操作为民族传统体育的现代化表现形式，已成为大众体育活动的重要组成部分。特别是在诸如西部这样的多民族地区，每个民族都有自己独特的文化传统和生活方式，民族健身操正是源自这些民族的生活生产习俗，呈现出鲜明的民族特色。在动作组合、音乐选择、服装设计等方面，民族健身操无不体现出各民族的民俗风情和生活品位，展示了其独特的民族性和观赏性。随着民族健身操在社会中的普及，优秀的体育文化得以传承，而广大群众对民族传统体育项目的好奇心得到满足，从而对民族体育文化与大众健身活动有重要意义。

（四）增进健康美

民族健身操不仅是一种健身方法，还是一种追求健康美的方式。其独特的动作设计和强烈的节奏感让参与者在享受运动乐趣的同时，有效提高身体机能，增强身体素质，拥有健康的体魄。这种健身方式既注重上下肢的协调性和灵活性，又关注整体力量和耐力的提升，有助于塑造优美的体态。此外，参与民族健身操的过程也是享受民族文化魅力的过程。其丰富的音乐和鲜明的民族特色，能让人在运动中感受到文化的底蕴，提升个人精神面貌。因此，民族健身操不仅能够帮助人们实现身体的健康美，还能提升精神层面的健康美，使人在身心并进的运动中，全面提升健康水平。

四、民族健身操教学方法

关于民族健身操的教学方法有很多，包括示范法、讲解法、带领法、提示法、欣赏法、意念教学法、视频教学法等，前三种方法已经在上一节中进行了详细介绍，下面主要介绍后面几种教学方法。

(一)提示法

1. 语言提示

(1)需要使用精确、适当、简洁的语言或命令来指示动作关键点,同时要求声音响亮,发音正确,音调合适。

(2)提示的语言或命令应配合音乐的节奏,教师可以在数节拍的同时指示动作。例如,提示身体姿态时,可喊"1、2、3、4两臂伸直";提示动作方向时,可喊"向左3、4,向右7、8";提示动作速度时,可喊"5、6加快";要求连续再做时,可喊"7、8再做"等。[1]

(3)在指示动作重复次数和改变动作时,通常使用倒数法进行提示,提示时应提前。例如,"4、3、2并退""4、3、2向前走"等。

(4)教育者应使用积极、富有情感的语言进行提示,以对学生产生激励作用。

2. 非语言提示

(1)在使用身体语言进行提示时,应让学生明确理解身体语言的含义。

(2)在使用身体语言时,可以配合语言提示。

(3)在用身体动作进行提示时,要力求动作做得准确、规范,必要时可以夸大动作。

(4)在用手势进行提示时,应提前2拍或4拍做出,并确保每一位学生都能清楚地看到教师的手势。

(5)教师要擅长使用面部表情和眼神的变化来激励学生,如微笑、对视和点头等。

(二)欣赏法

欣赏法的核心思想是引导学生通过欣赏民族健身操的表演,理解并掌握健身操的动作、节奏和风格。学生通过欣赏,可以深入理解动作,提高动作记忆的深度和持久性。教师需要准备一些高质量的民族健身操

---

[1] 寸亚玲. 民族健身操教程[M]. 上海: 复旦大学出版社, 2014: 15.

表演视频,这些视频可以从专业的健身操比赛、表演或教学视频中选取。然后,教师引导学生观看这些视频,通过视频欣赏,学生可以直观地感受到健身操的动作、节奏和风格,从而加深对健身操的理解。教师可以在播放视频的同时对视频中的动作、节奏、风格等进行详细解释和分析,帮助学生理解和记忆。教师还可以引导学生通过比较不同表演者的动作、节奏和风格,理解并掌握健身操的技巧和精髓。教师引导学生通过自我欣赏的方式,观看自己的表演录像,通过自我反思,找到自己动作的不足,灵活调整自己的表演。

(三)意念教学法

意念教学法是一种新颖的教学方法,主要是通过调动学生的内心思维和感受,引导他们理解并掌握民族健身操的动作、节奏和风格。在介绍每一项动作时,教师需要用一些生动形象的比喻或者描述,帮助学生在心理上构建一个动作的形象。例如,描述一个动作像"飘动的云朵"或"弯曲的柳树",这种生动的形象可以帮助学生理解动作的轨迹和形态。教师需要引导学生将这种内心的形象转化为身体的动作。这需要学生深入理解这个形象,感受它的节奏和流动性,然后试图通过自己的身体来表现出这种感觉。在这个过程中,学生需要不断地调整和改进自己的动作,使之更贴近内心的形象。教师应引导学生进行自我反思和评价,帮助他们发现自己的不足,明确改进的方向。学生通过这种方法,可以从内心深处理解并掌握民族健身操的动作、节奏和风格,从而提高他们的学习效果。

(四)视频教学法

视频教学法是一种采用视觉媒介进行教学的方法。这种方法的优势在于,教师通过展示民族健身操比赛的视频,让学生直观地看到专业表演者的动作、节奏和风格。如果设备条件允许,教师还可以录制学生的学习过程,使他们能够看到自己的表现,对自己的动作进行自我评价和调整。观看视频的过程可以激发学生的学习热情,也可以为他们提供具体的学习目标和模仿对象。但是,这种方法的关键在于,学生需要知道他们应该关注什么、怎样去观察，以及为什么需要这样做。只有带着明确的问题和目标去观察，学生才能从视频中获取有价值的信息，进而改进自己的动作和技巧。

五、民族健身操的训练要点

（一）柔韧性训练

柔韧性关系到人体各关节的活动范围及肌肉和韧带的延展能力，这是民族健身操学习的关键素质之一。良好的柔韧性对于展示高品质动作和掌握高难度技能起到至关重要的作用。它能帮助人们做出准确的动作，并减少肌肉损伤的可能性。柔韧性的训练包括动态拉伸和静态拉伸两种方法。在实施这两种训练时，都会用到主动拉伸和被动拉伸的方式。在民族健身操的训练中，通常会综合使用这些拉伸方式，重点训练肩部、腰部和胸部的柔韧性，以及腿部前、后、侧肌群的延展能力，需要通过不同方向的压迫和踢腿等方法进行训练。

（二）灵敏度和协调性训练

灵敏度和协调性指的是在各种复杂的环境变化下，学生能够迅速、有效、灵活、协调地完成各种技术动作。这是各种人体运动技能和身体素质在运动过程中的综合体现。这项训练能够帮助学生提升自己的反应速度、协调能力，使学生更快、更精确地掌握复杂的运动技术，更好地发挥身体的力量、速度和耐力，从而提升运动表现。

第三节　高校啦啦操的教学与训练

一、啦啦操概述

啦啦操作为一项集团队操、舞蹈、音乐、健身和娱乐于一体的体育活动，深受大众热爱，普及程度广泛。作为健美操的一个分支，啦啦操比传统健美操难度小，历来被用作球赛或其他比赛的中场表演项目，之后才逐渐成了单独的比赛项目。随着人们生活水平的提高，啦啦操特有的健康保健、治疗、健身、美体和娱乐的实用价值受到了越来越多的关注，吸引了各年龄段的爱好者参与，并形成了一定规模的参与群体。啦啦操比赛可在体育馆和舞台上举行，其运动场地的集中特性为企业提供了结合比赛进行广告宣传的机会，因此得到了越来越多企业的关注。

啦啦操是以团队的形式出现，并结合舞蹈、口号、舞伴特技（如高难度的托举动作）、翻滚、轿子抛、叠罗汉、跳跃等技术动作，配合音乐、服装、队形变化及标示物品（如彩球、口号板、喇叭和旗帜）等要素，遵守比赛规则中对性别、人数、时间限制、安全规则等规定进行比赛的运动。啦啦操团队也被称为竞技啦啦队，分为技巧啦啦队和舞蹈啦啦队。技巧啦啦队包括男女混合组、全女子组和舞伴特技；舞蹈啦啦队则包括花球、高踢腿、爵士和道具。世界级的啦啦操比赛如全美啦啦操队锦标赛，参赛人数需在 6～32 人，按业余组、中学组、大学组和全明星组等四个组别进行比赛。

二、啦啦操的特征

（一）团队精神

无论是在训练还是比赛中，每个队员都应充分理解并认同他们是团队的一部分，而且团队的成功取决于每个人的努力和协作。

一方面，队员之间需要建立互信关系，因为他们需要依赖彼此以完成复杂的动作和例行程序。这对于培养队员的信任感和团队的成功至关重要，因为它让队员有信心展示高难度的技巧动作，如翻滚、扔接等。

另一方面，团队精神在啦啦操中也体现为责任感和共享成功。每个队员都对自己的表现负责，也对整个团队的表现负责。这种责任感使他们在比赛中尽力表现，并且在队伍中扮演他们的角色。团队的每一次成功，无论大小，都是整个团队的成功。每个人都会感到骄傲，无论他们贡献了多少。这是因为，他们知道自己在团队中的角色对于成功是至关重要的。他们了解，没有他们的努力和付出，是不可能成功的。团队的成功是他们共同的成功，这就是啦啦操的团队精神。

（二）动感活力

啦啦操是一项充满活力和动感的体育活动，它的魅力在于它的节奏感、激情与活力。一场啦啦操表演，不仅包含了精巧的动作设计，更富有强烈的动感和生命力。每一个动作、每一个转身、每一次跳跃，都充满了力量和热情，呈现出强烈的视觉冲击力。动感的特点为啦啦操赋予了无限的生命力和吸引力。在舞台上，啦啦操队员的每一个动作都需要与音乐节奏紧密配合，以达到动感与活力的最大化。身体的振动、跳跃、扭动和各种灵活的动作，形成一个个视觉的高潮，让人感到兴奋和震撼。不仅如此，啦啦操中的动作设计，往往结合了多种舞蹈元素和体育元素，更加增强了其动感和活力。动感活力不仅仅表现在视觉上，更表现在队员身上。啦啦操队员需要有超强的体能，以保证长时间的高强度表演，他们的每一个动作都充满力量，他们的笑容和自信更是展现了活力四射的精神面貌。

（三）风格突出

啦啦操源于美国，最初为美式足球呐喊助威，因此它继承了美国文化的开放、活跃、积极进取的特性。与此同时，啦啦操作为一项全球性的运动项目，各地区的啦啦操队伍会根据自身的文化特性和审美观点来创编啦啦操，因此不同地域的啦啦操在风格上也会存在显著差异。不同团队和个人对啦啦操的理解也会有所不同，这使每一个啦啦操表演都独具特色，风格鲜明。一些队伍可能会选择明快活泼的音乐和动作来展示他们的活力和青春，另一些队伍可能会选择优雅流畅的动作来展示他们的风度和技巧。在这个过程中，啦啦操队员需要通过精心设计的动作、队形、道具及配乐，将他们的创意和精神贯穿整个表演，并以此来凸显他们独特的风格。

（四）培养价值

啦啦操在塑造参与者的能力和领导素质方面扮演着重要的角色。其队员被称为"激励者"，在公众面前煽动情绪，燃烧热情，赢得群众的敬意，并引导他们，转化为队伍的向导和指挥者。在啦啦操早期的发展中，队员的职责是在比赛场外引导群众高呼口号。因此，有机会成为一名勇敢的啦啦操队员，对学生在大学生活中的经历价值是显著的。

三、啦啦操的基本手位

啦啦操共有 32 个基本手位，如图 4-3a、4-3b、4-3c 所示。

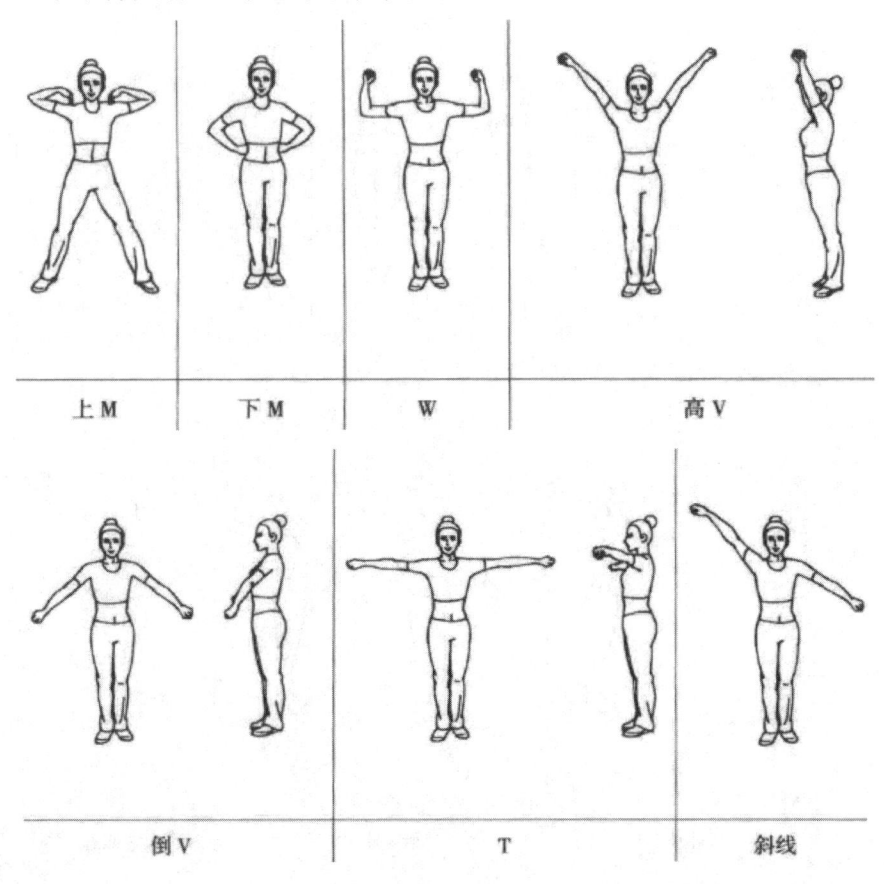

上 M	下 M	W	高 V	

倒 V		T		斜线

图 4-3a　啦啦操的基本手位

| 短T | 前X | 高X | 底X | 屈臂X |

| 上A | 下A | 加油 | 上H |

| 高冲拳 | 侧下冲拳 | 斜下冲拳 |

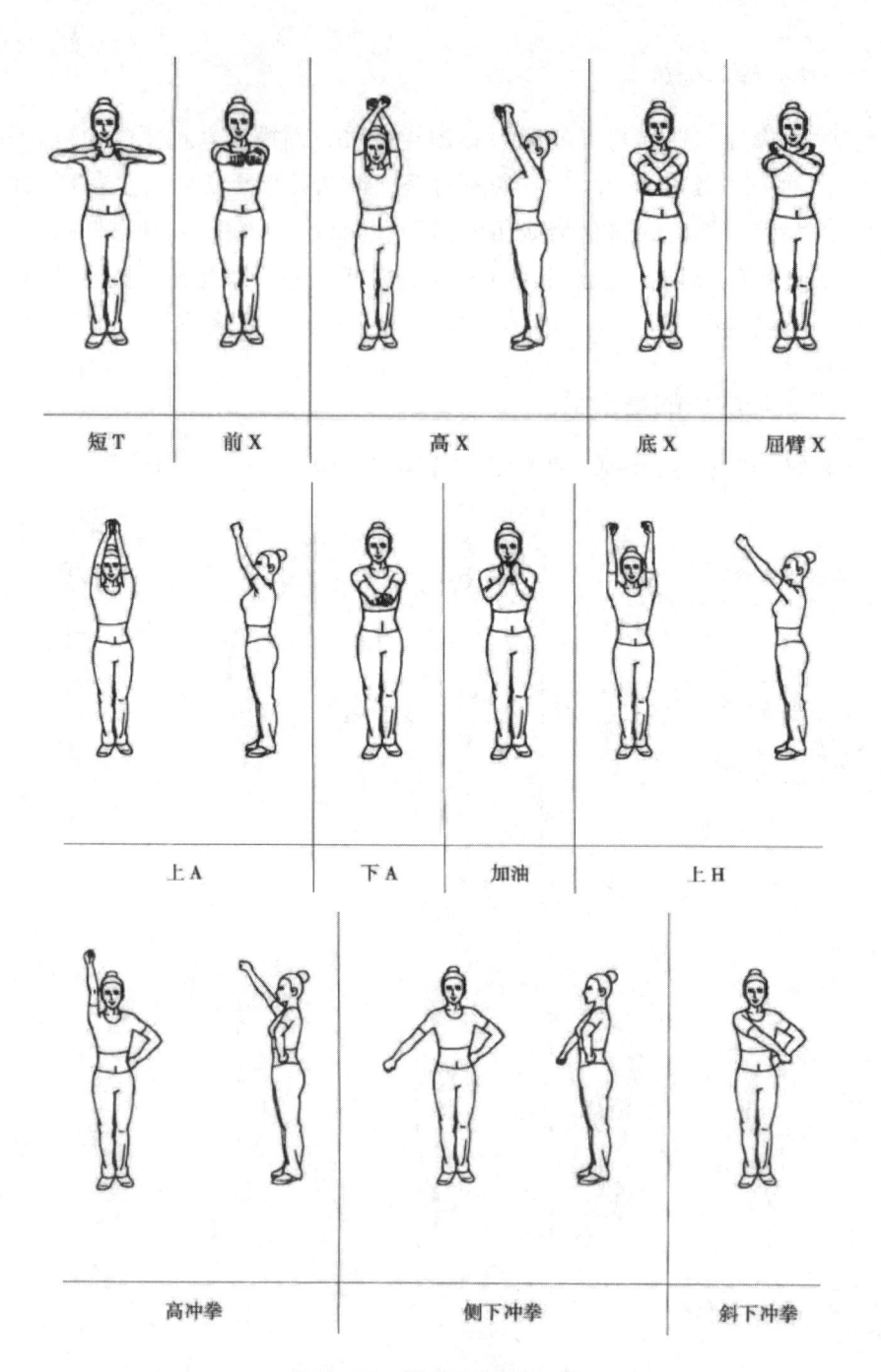

图 4-3b　啦啦操的基本手位

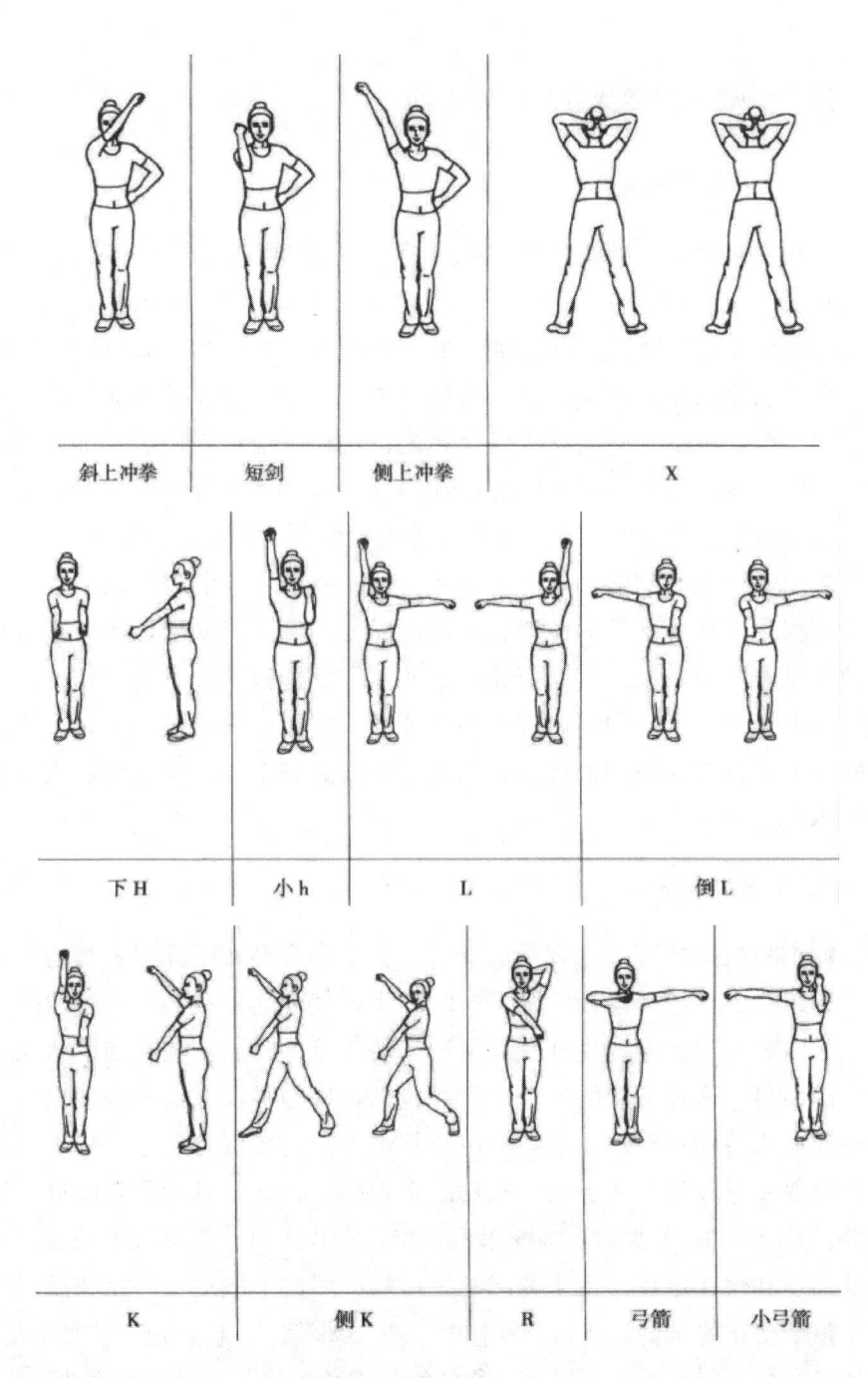

图 4-3c 啦啦操的基本手位

四、啦啦操教学要点及注意事项

（一）技巧啦啦操

技巧啦啦操是一项在音乐的配合下，主要通过跳跃、翻滚、托举、抛接和金字塔形状的技巧动作，搭配口号和基础手势，来展示运动员卓越技能水平的竞技项目。因其独特性、多样性、协同性和风险性等特征，对教师的指导和学生的学习有较高的要求。技巧啦啦操的组成特性如动作多样、配合丰富、空间层级变化频繁，这在教学中强调了教师和学生之间，以及学生与学生之间的保护和协助。教师需教授学生如何展示动作，如何保护自己和他人，如何在保护中提供帮助、在帮助中提供保护，这将帮助学生正确理解动作的要求和技巧，并消除他们的恐惧心理。在教学过程中，每个队员的位置和责任都需要明确，以确保尖子、基座和保护人员能各司其职，共同完成每次的托举、抛接或金字塔动作。在教学过程中，教师会特别强调教学的规范性，遵循由简单到复杂、由易到难的原则，遵循动作的原理，确保动作完成的安全性、稳定性、规范性和艺术性。

（二）舞蹈啦啦操

舞蹈啦啦操是一项在音乐的配合下，汇集多种舞蹈元素和技巧，如旋转、跳跃、平衡和柔韧性等，同时利用过渡和连接技巧，通过改变空间、方向和队形，强调速度、力量和运动负荷，以展示技艺和团队风格的运动项目。这种类型的啦啦操主要包括花球啦啦操、爵士啦啦操和街舞啦啦操。特别是花球啦啦操，由于其难度相对较低且易于掌握，因此它是较普及且较具代表性的一种舞蹈啦啦操。花球啦啦操需要队员手持花球，并结合36个基本啦啦操手位和步行动作来进行。其技术特点是短时的加速和快速定位。由于花球是手持的，因此上肢动作的完成质量将决定整个动作的质量。在执行动作时，重心要稳定，移动速度快且平稳，动作发力快，到位后迅速制动，移动的脚步和手位需要迅速准确地到位，最后瞬间的停顿需要有"寸劲",利落有力。因此,在教学过程中,教师除了要对学生进行力量训练,还要特别强调上肢力量的训练,并注意在指导学生练习时,需要强调花球抛出时不应该是腕关节的"甩",而应该是身体的最远延伸,最后达到的效果应该是"发力快、路径短、刹车脆、定位准确"。

(三)教学注意事项

第一,正确的身体姿势是体现"健康和力量之美"的核心。在进行啦啦操的教学时,需要练习身体各部分的基本姿态、技巧和能力,并强调姿态的精确性。正确的动作姿态训练通常可以分为两个阶段:第一阶段是建立正确的动作姿态,以实现动力定型。这可以通过持续的正确意识来控制动作训练过程,形成正确的动力定型,如通过正确的手位动作,建立准确的本体感觉。第二阶段是通过啦啦操训练塑造美好的体态,同时需要美化和丰富精神内在,在动作姿态中融入情感,赋予其激情、活力和感染力。

第二,注重表演力的培养。表演力是通过脸部表情和身体动作两方面来实现的,一组完整的技巧啦啦操或优美的舞蹈啦啦操如果缺乏表演力,就会失去啦啦操的活力。质朴、自然、真诚且充满激情的表演能带给人们美的享受,起到感染和激励的作用。表演力的训练包括神态、气质和风格三个部分。

第三,注重体质的训练。技巧啦啦操具有特定的托举、抛接、金字塔等动作,队员需要熟练配合,完成难度动作,整套动作下来,对队员的体力和体能有着很高的要求,因此在教学过程中教师需要锻炼学生的体力与体能。

第四,啦啦操是在音乐伴奏下完成的艺术类项目,音乐与动作的结合是视觉与听觉的双重盛宴。因此,在教学中音乐的选择至关重要,教师应引导学生用心去体验,并用动作展现出音乐赋予的时尚、独特、激情、活力等文化内涵,就是对音乐和啦啦操的最好诠释。

五、啦啦操训练方法

（一）啦啦操基础动作的训练

1. 手臂动作控制训练方法

（1）动作反应记忆训练。教师说出动作的名称，学生需要立即反应并执行对应的动作。教师在此过程中强调动作的标准，并及时纠正，以确保动作和其名称能精确对应。

（2）单一手位的连续控制训练。例如，在进行"M"手位训练时，可以连续进行3～5组训练，或者适当延长每次训练的时间。同时，要关注感知肌肉控制力的变化，从而形成肌肉记忆。

（3）双手位变化训练。例如，从"H"手位变换到"T"手位，对动作发力的方向和连接的精准性以及控制力进行练习。初期可以按照较慢的节奏进行训练，熟练后再按照正常节奏进行训练。要求动作与节奏紧密配合，出臂动作应短促有力，两个动作的衔接应该流畅自然。

（4）持器械的重量训练。例如，在进行"短T"训练时，双手持小哑铃，以相同的发力感觉执行动作。每次间隔不应超过5秒，一组进行6次，共进行3组训练。

2. 下肢动作训练方法

（1）下肢肌肉控制训练。通过保持半蹲或平衡姿态进行腿部控制训练。例如，执行"吸腿站"动作，其中一腿支撑，另一腿膝盖弯曲上举，使大腿与地面保持平行，脚尖伸直，双手向上举起。每组持续2分钟，共进行3组。

（2）平稳重心移动训练。通过组合动作的训练使重心平稳移动。例如，先练习一个动作组合，然后将两个动作组合衔接起来进行训练。开始时可以慢节奏进行，熟练后再加快节奏。

（3）节奏变换训练。在不同的音乐节奏下，进行相同动作的训练，通常是从慢节奏变换到快节奏。例如，由4个八拍组成的动作，先按照慢节奏或每两拍一动进行练习，然后在进行两组之后转变为正常节奏。

（4）下肢负重步态训练。绑定沙袋进行下肢技术动作训练。例如，进行一些步伐组合动作的训练，使用递增法。每组进行3次，共6组，每组之间间隔3～5分钟。

（二）啦啦操专项技术的训练

1. 基本形态的控制训练

基本形态不仅是技术动作的起点，还是技术动作的终点。在进行技术动作的过程中，队员需要始终保持正确的身体姿态，这样才能够完成各种技术动作的变换与衔接。因此，队员需要进行大量的基本形态控制训练。

基本形态控制训练的目的是让队员能够准确、迅速、自然地进入并保持基本形态。具体的训练方法如下：队员需要对基本形态有深入的理解，知道如何正确地进入和保持这些姿态；队员需要在镜子前进行反复训练，通过观察自己的姿态和教练的指导，对自己的动作不断进行调整和改进；队员需要在日常生活中注意自己的姿态，提高自己的基本形态控制能力。

2. 动作完成的路线与方法

在执行啦啦操动作时，身体应保持直立，头部轻微抬高，颈部、胸部和腰部的脊椎应保持在同一直线上。手臂动作主要围绕肩关节进行，伸展动作要求手臂挺直，弯曲动作则需要达到特定的角度，手部状态多采取握拳状。步伐应准确、迅速地移动到预设位置，每一步都应清楚、有力，而不要刻意去减缓动作。在伸展动作中，膝部不应弯曲，而在屈膝动作中，膝部角度有特殊规定，膝关节和脚尖的方向应保持一致。头部移动应自然，主要由颈部发力，注意动作的加速和最后的制动定位过程。肌肉发力可以加快手臂或腿部的动作，但在动作转变的过程中，应避免过度用力，让肢体动作不那么僵硬。在手臂肌肉发力时，肩部肌肉应保持松弛，避免耸肩。在移动过程中，通过肢体的伸展和收缩调整身体平衡，保持重心稳定，同时利用肌肉的反作用力和肌肉收缩时产生的拉力，这些都有助于保持重心稳定。

3. 成套动作编排艺术性的训练

在啦啦操的组织和编排中，选择符合队员个性和特长的动作风格至关重要。例如，如果队员的个性更偏向开朗和外向，那么为他们设计的动作就应该充满活力，热情洋溢，具有开放和欢快的特点。相反，如果队员更偏向内向，那么为他们设计的动作就应该更加精致和微妙。在编排一套完整的啦啦操动作时，保持整套动作的一致性是必须考虑的因素，因为在有限的时间内，展示过多的风格可能会使观众和裁判感到混乱，也就无法突出动作编排的关键元素。

第四节　高校篮球运动的教学与训练

一、篮球运动的特点

（一）比赛的观赏性

篮球运动的比赛节奏快，动态变化多，无论是在进攻阶段还是防守阶段，球员都需要灵活运用各种技术和战术，不断调整自己的行动策略，这种快节奏和变化无常的比赛形态会给观众带来较强的视觉冲击力和观赏乐趣。篮球比赛不仅紧张刺激还富有悬念，常常在比赛的最后时刻，球员的一次精彩表现或关键投篮决定比赛的胜负，往往会吸引观众的注意力。

（二）运作的商业性

职业篮球运动员的影响力推动了全球篮球运动的进步。职业化的篮球运动在世界各地日益深入，激励了众多国家开展篮球职业联赛，其中美国的职业篮球联赛颇具影响力。在中国，篮球运动也在不断改善和发展，并逐渐形成了篮球联赛，即中国男子篮球职业联赛。因此，大量的篮球用品、活动和组织也在不断出现，如广告推广、体育设备、体育彩票等，这些都表明商业化是篮球运动的一大特点，也预示着篮球运动未来的发展趋势。

（三）组织的集体性

篮球比赛需要五个运动员组成一个队，各个队员之间的协作和配合关系着比赛的成败。每个队员都有明确的分工，比如有些人负责攻防转换，有些人负责控球和组织进攻，有些人负责防守和篮板。然而，这并不意味着队员的角色是固定的，他们需要根据比赛的实际情况进行灵活调整，以达到最佳效果。篮球运动中的成功进球，都是队员相互配合的结果，个人的技术虽然重要，但是如果没有集体的配合，个人的技术就无法发挥出来。此外，集体精神和团队的凝聚力也是决定比赛胜负的关键因素。团队的队员能否齐心协力，共同面对比赛中的困难和挑战，体现了篮球运动的集体性特征。

（四）运动技能的开放性

篮球运动中运动技能的开放性体现在比赛和训练过程中的多变性与不确定性上。这是因为篮球比赛中的每一个环节，无论是进攻还是防守，都会因为对手的策略、队友的位置变动、比赛的节奏变化等诸多因素而有所不同。在这种情况下，篮球运动员需要具备高度的创新意识和即兴表演能力，以便在比赛中能够随机应变。开放性的运动技能还要求篮球运动员拥有广泛的技能储备，以应对各种比赛场景。

（五）竞争的对抗性

篮球运动中的竞争对抗性，主要表现在两队在场上为争夺篮球、防守和得分的过程中，展开的激烈肉体对抗和策略斗智。这种对抗性在篮球运动中起着至关重要的作用，对抗性使篮球运动具有高度的观赏性和竞赛性，不断对抗和逆转使比赛结果充满变数。对抗性也提高了对运动员竞技技能和心理素质的要求，面对激烈的对抗，运动员需要具备优秀的身体素质、精湛的技术和坚强的意志力，才能在竞争中脱颖而出。竞争的对抗性也会对篮球战术的发展起到推动作用,因为在激烈的对抗中,只有不断创新和调整战术,才能够在比赛中发挥自己的优势。

(六)篮球战术的多变性

运动员在场上面对的是一个不断变化的比赛环境,对手的战术、队友的动作、比赛的节奏瞬息万变。因此,灵活的篮球战术将成为掌控比赛走势的关键。比赛过程中,教练会根据实际情况及时调整战术,包括进攻战术和防守战术。进攻战术主要包括快攻、掩护、挡拆等,防守战术则包括人盯人防守、区域防守、夹击、逼抢等。这些战术的运用要求运动员具备出色的技术能力和战术理解力,而教练则需要具备丰富的战术知识和临场应变能力。篮球战术的多变性不仅体现了篮球运动的丰富性,还增加了比赛的观赏性和竞赛性。

(七)比赛的职业化

职业篮球赛事严格按照专业化的标准进行,包括球员的训练、赛前准备、比赛过程、休息恢复等各个环节,都有科学的方法和严谨的程序。而且,职业篮球赛事也需要专业的经营和组织,具有严格的组织结构和运作方式,包括市场开发、赛事策划、商业合作、球员培养等方面。职业篮球赛事往往拥有较大的社会影响力,这些职业篮球赛事不仅在本国,还在全世界范围内具有广泛的影响力。

(八)篮球活动的娱乐性

篮球运动的规则和比赛模式较具观赏性,如精彩的进球、完美的配合和战术等都能让观众获得视觉享受。篮球运动的身心健康价值也是它娱乐性的一部分,比如在比赛中运动员的积极态度和运动精神常常能激发观众的热情,让人们在欣赏比赛的同时感受到运动带来的乐趣。篮球运动的社交性也增加了其娱乐性,比如在社区、学校或工作场所的篮球赛事常常会成为人们交流的场所,这也是篮球运动娱乐性的一个重要组成部分。

二、篮球运动的作用

(一) 有助于塑造健全的人格

篮球运动展现了人性中丰富多彩的一面,通过这项运动,人们的个人才能、个性和价值观得以体现。人格代表着一个人的精神全貌,是他们在世界上存在的独特标志。在宏观层面,它是一个集体活动,每个参与者都是整体战略的一部分;在微观层面,它也是一场个体与个体之间的对抗。运动员在比赛中需要运用个人才能以实现团队战略目标。这种集体运动背后的每个个体都起着重要作用。篮球运动的复杂性和变化性需要运动员做出正确的判断,这包括选择适当的战术和减少个人失误。这样的特性强调了人们在面对困境时的决心和创新思维,只有具备这些,人们才能在复杂的环境中应对强大的竞争对手,最后赢得比赛。这种在篮球比赛中的竞技精神便是人性的真实体现。

(二) 有助于创造良好的情绪体验

篮球运动是一项充满活力和快节奏的运动,对于运动员来说,每一次投篮得分或成功防守都能够带来成就感和自我价值感,让运动员体验到乐趣。篮球运动还能为运动员提供挑战和学习的机会,在应对挑战、学习新技能、提升个人能力的过程中,也能收获满足和成长。

(三) 有助于培养竞争能力和合作意识

篮球运动是一种团队运动,对于个人竞争能力的培养和合作意识的提升具有深远影响。篮球运动要求队员具备优秀的竞技能力,包括投篮、盖帽、突破等各种技巧。对于个人来说,应通过不断训练和比赛提高自己的技术和策略,以便在比赛中发挥最大效能,这是竞争能力的体现。球队的成功并非取决于个别球员的优秀表现,而是整个球队的协作与配合。每一个队员应理解并认同他们在团队中的角色,并愿意为了团队的最终目标努力。无论是传球、掩护还是防守,每一个动作都要求队员之间的默契和配合。这种团队精神的培养，会让队员更加懂得在竞争中合作，也就是说，合作和竞争并不是对立的，而是相辅相成的。

（四）形成社会规范

篮球比赛是在一定规则约束下进行的活动，而体育道德精神在比赛中的贯彻执行，具有对人的行为进行启示和引导的作用。人们通过参与比赛，可以对现代社会的生活方式有所体验和模拟，有助于形成文明行为规范。篮球运动能够释放人性中的攻击性，但同时，运动规则和道德精神的约束使这种攻击性能够在公平和合理的环境下进行转化，使人们能够依赖智慧和技巧取得胜利，而不是通过不文明、违反道德和粗鲁的行为来赢得比赛。在更深的层面，篮球运动也具有文化规范性的力量，如对礼仪、道德、伦理、法律和信仰的尊重。

篮球运动不仅要求运动员遵守比赛规则，还遵守体育精神。这种精神包括公平竞争、尊重对手和裁判、保持积极的比赛态度等。在比赛中，每个运动员都要以良好的行为和积极的态度赢得胜利，而不是依靠不良行为或非法手段。这种对比赛精神的强调，有助于形成文明和健康的社会行为规范。同时，篮球运动是一种社会化的过程，人们在比赛中不仅可以锻炼身体，提高篮球技能，还可以学习如何在团队中发挥自我、如何与他人合作等社会技能，这些都是对现代社会生活方式的一种模拟和演练。

（五）增进国际交往和友谊

篮球运动作为一项在全球广泛流行的体育运动，为促进各国之间的交流与友谊提供了一个有力的平台。全球性的篮球比赛，使各国运动员有机会欢聚一堂，竞技与互相学习。这些比赛不仅提升了参与者的技能水平，还让他们有机会深入了解不同文化背景下的球员和球迷，增进彼此之间的了解和信任。篮球运动作为一种全球语言，其跨越语言和文化的障碍，连接着世界各地的人们。人们通过篮球，可以感受到共享的快乐，从而增进了国际之间的理解和友谊。

三、高校篮球运动教学方法与对策

（一）发现教学法

应用发现教学法，教师应先给学生设定一定的篮球任务，如进行投篮、运球或是防守等，然后让学生通过自我实践去寻找解决问题的方法。在这个过程中，学生不仅可以通过反复试验找到解决问题的办法，还可以根据个人的身体条件和理解能力，去寻找适合自己的篮球技术和策略。教练还会通过设计一些篮球游戏或情景模拟，让学生在实践中去体验和理解篮球运动规则和策略，提升其实战能力。例如，学生通过小组对抗赛，可以更好地理解和掌握篮球比赛中的防守和进攻策略。

（二）程序教学法

程序教学法是将学习内容细分为连续的小节，遵循逻辑结构构建的自主教学模式。在此教学模式下，学生在教师精心设计的教学路径中独立学习。教师的主要工作是根据学生的学习需求和特点，为其提供符合其水平的教学材料和练习流程。应用程序化教学策略可以显著提高学生的学习动机与参与度。该方法不仅重视学生在学习中的中心地位，还与教育的核心原理相辅相成。在此过程中，学习行为在反馈机制和强化机制的指导下进行，从而具有高度的灵活性和适应性。

（三）形成正确的技术动力定型

1.掌握组合技术，巩固技术动作

在篮球实战中，技术操作通常是一种综合性和连贯性的展示，前一技术动作的完成是后一技术动作的启动和预备，如捕球与传球、定步与投篮、接球与冲击、投篮与冲破等。因此，进行复合技术训练是至关重要的。在复合技术训练中，技术动作的衔接应得体，运动节奏把握恰当，要追求整体动作的协调性。在复合技术的实践过程中，可以从慢速操作开始，逐步提高行动速度和技术动作速度，然后逐渐增添技术组合的种类和变化，以此来进一步巩固技术动作，以达到行云流水的程度。

2.掌握假动作，提高应变能力

在篮球运动中，假动作的使用是一种比较有效的技术，能帮助运动员在面对防守者时占得先机。精准的假动作能够迷惑对手，使对方无法准确判断接下来的行动，从而为运动员创造出更多的得分机会。

一般来说，假动作的掌握需要通过大量的练习才能达成。在训练过程中，教师需要引导学生练习如何巧妙地运用假动作，包括如何控制身体的节奏、如何配合眼神和手脚动作等。教师也要教给学生如何在实际比赛中灵活运用假动作，而不是机械地复制训练中的动作。掌握假动作不仅能提高学生的应变能力，还能增强他们的创新意识。学生可以根据比赛的实际情况，创造性地运用假动作，以应对不断变化的比赛场景。

（四）掌握局部战术配合方法

掌握局部战术配合方法需要运动员深入理解篮球比赛的基本规则和技术要点。这涉及运动员如何处理球、如何运动，以及如何在团队中合作等多个方面。运动员需要知道何时进行突破、何时进行传球、何时进行投篮等。局部战术配合方法要求运动员具有良好的身体素质和技术能力。这包括但不限于基本的传球和接球技巧、优秀的跑动和跳跃能力、熟练的投篮技术等。运动员还需要有出色的观察力和判断力，他们需要根据比赛的情况，快速做出决策，比如选择传球、投篮或是突破，这要求他们在比赛中始终保持清醒的头脑，能够迅速理解和判断比赛形势。

（五）提高攻守转换能力

篮球运动员能够迅速识别场上的形势，包括敌我双方球员的位置、球的位置和可能的发展趋势等。这需要运动员拥有较高的观察能力和理解能力，能在短时间内做出正确的判断。提升攻防转换能力需要强化运动员的应变能力，这涉及运动员如何迅速改变自己的动作和策略，以适应场上的形势变化。例如，在防守转攻时，运动员需要立即从防守态势切换为攻击态势，并全力向前推进。提升攻防转换能力还需要强化运动员的决策能力，无论是防守还是进攻，都需要运动员在瞬息之间做出正确的决策。这包括何时进行突破、何时进行传球、何时进行防守等。

四、高校篮球运动训练方法

（一）技术训练

1. 单个技术的训练

大学篮球运动的技术体系主要由众多的个别技术动作构成。个别篮球技术的强化旨在促使学生获得并提升特定技术的执行能力。掌握个别篮球技术是获取复杂篮球技术和创新的基石，因此学生应优先进行个别技术的强化。

2. 组合技术的训练

在大学篮球运动中，组合技术是指两个或更多个别技术动作有机地衔接形成的各种特定的技术集群。在实施组合技术训练时，要从实战角度出发，解析并提炼可能出现的各种复杂场景，设计不同的篮球组合技术训练方式。掌握组合技术是在对抗条件下应用技术的基础。

3. 位置技术的训练

在篮球比赛中，球员的位置包括中锋、前锋和后卫，不同位置的球员肩负着不同的责任和攻防任务。因此，在训练过程中，教师需要根据学生的位置和攻防任务有针对性地组织训练。

4. 攻防技术的对抗训练

大学篮球技术训练的主要目的不仅是帮助运动员掌握动作技能，更为重要的是学会如何在比赛条件下合理应用动作技能以达成特定的战术目标。因此，运动员应有计划、有要求地进行攻防技术的对抗训练。在以上三个训练的基础上，学会在攻防对抗的情况下减少对手的阻碍和制约，以便及时、准确、合理地应用篮球技术。

（二）战术训练

1. 基础配合训练

篮球比赛的战术形式离不开基础配合。基础配合是全队攻防的基础，只有熟练掌握和运用战术基础配合训练，才能在比赛中更加灵活地运用全队战术，更有效地发挥战术的作用。

2. 战术配合的衔接训练

在有了一定基础的基础配合训练的情况下，可以组织战术配合的衔接训练。战术配合的衔接训练包括两种：局部战术配合的衔接训练和全队战术配合的衔接训练。前者是将局部的基础配合进行组合训练，在训练中强调主次配合的衔接、进行过程中的连接性和变化性；后者是在局部战术配合训练有了一定基础后所进行的全队完整战术训练。目的是通过训练提高全队配合的整体观念，使学生明确在全队配合下自己的行动，以提高全队行动与配合的合理性和攻击性。

3. 战术配合的综合应变训练

在掌握两个（或以上）全队战术的基础上进行各种战术综合变化的组合练习，目的是提高学生篮球战术的实际运用能力。

4. 战术配合的比赛训练

这种训练是检验战术训练水平的重要手段，具有强烈的对抗性。目的是在实践中发现战术配合训练中存在的问题，提高学生篮球战术的实际运用能力。

第五章　高校体育教学评价的改革创新

第一节　高校体育教学评价改革概述

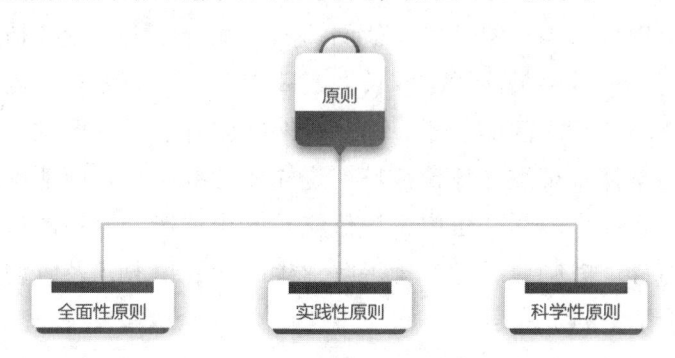

一、高校体育教学评价的原则

对于高校体育教学评价来说，只有在坚持一定原则的基础上开展教学，才能保证教学效果，才能更好地实现教学目标。本书将高校体育教学评价应遵循的原则归纳为以下三方面，如图 5-1 所示。

图 5-1　高校体育教学评价的原则

（一）全面性原则

在实际应用中，全面性原则体现在体育教学评价中的多样性。具体来说，教师应采用多种评价方式，如考查、测试、观察等，以及多角度的评价，如自我评价、同伴评价、教师评价等，以确保评价结果的全面性。教师还需要考虑学生的个体差异，因为每个学生都是独一无二的，不应被单一的评价标准所限制。全面性原则也要求教师关注学生的长期发展，而不仅仅是短期的学习成果。评价不应仅以学生的现有成绩为依据，而应关注学生的成长过程和潜力。这样的评价可以更好地促进学生的全面发展，激发他们的学习积极性，提高他们的自我调节和自我提升能力。

（二）实践性原则

体育是一项强调实践活动的学科，故对学生的评价也应注重实践的反馈与效果。这个原则强调，评价过程应在真实、具体的运动实践中进行，而不仅仅局限于理论的理解或书面的考试。

实践性原则体现在教学评价的实际操作中，需要教师综合考虑学生的技能掌握、运动表现、体能素质等实践层面的表现，而不仅仅是理论知识的理解。例如，对篮球课程的评价，不应仅关注学生是否能够理解和解说规则、战术等理论知识，而应主要考查学生是否能够在实际的比赛中正确运用技术、策略，以及他们的团队配合能力、竞技精神等。实践性原则还要求教师关注学生的长期实践表现，因为体育技能的提升需要反复的练习和长时间的积累。因此，教师应将学生在课堂、课外活动和比赛中的整体表现纳入评价范畴，这样才能准确、全面地反映学生的实践能力。在体育教学评价中，评价应是一个动态、反馈的过程，而非一次性的事件。教师应通过评价了解学生的学习情况，及时调整教学策略，以支持学生的实践学习。

（三）科学性原则

评价活动的设计应基于科学的教学理论和评价理论。这意味着，教师在设计评价活动时，应了解和参考教学理论和评价理论的最新研究成果，以便更好地设计和实施评价活动。评价的实施也应采用科学的方法和工具。例如，评价学生的体能状况时，应使用科学的体能测试工具和标准，如使用心率计监测学生的心率变化，或使用速度计测试学生的跑步速度等。教师还应掌握科学的数据分析方法，如均值、标准差、皮尔逊相关系数等，以便准确分析和解释评价数据。解读评价结果也需要遵循科学性原则。解读评价结果不仅需要考虑评价数据的分析结果，还需要考虑其他可能影响评价结果的因素，如学生的身体状况、学习态度、学习环境等。教师应在综合考虑这些因素的基础上，才能准确、全面地解读评价结果。

二、高校体育教学评价的特征

（一）评价内容的全面性

体育教学旨在提高学生的身体素质，发展其运动技能，并树立健康的生活方式和积极的运动态度。为了全面、准确地评价学生的学习效果，教师需要考虑各个方面的评价内容。教师需要评价学生的身体素质，这包括体能、敏捷性、力量、柔韧性等各项体质指标。对于这些指标，教师可以通过具体的体育测试得到准确的数据。在运动技能方面，评价指标包括运动动作的熟练度、运动技术的掌握程度等。评价运动技能需要观察和分析学生在具体运动实践中的表现。评价学生的生活方式和运动态度也是必不可少的。例如，学生是否坚持定期运动，是否有良好的运动习惯，是否积极参与体育活动等。这些评价内容可以通过问卷调查、访谈等方式来获取。

（二）评价目标的发展性

体育教学的目标在教学过程中是发展的，在教学初期，教学目标主要集中在提高学生的基本运动技能和身体素质上。随着教学的深入，教学目标可能会转向提高学生的高级运动技能，发展学生的团队合作和领导能力，培养学生的运动策略和决策能力等，所以评价目标也需要随之调整和发展。

（三）评价主体的多元性

教师是评价主体的重要组成部分。他们通过在教学过程中的观察和测试，评估学生的身体素质、运动技能、团队协作能力、运动策略和决策能力等方面的发展和变化。这对于了解和指导教学效果，推动教学改进和创新具有重要作用。学生也是评价主体的重要组成部分。他们可以通过自我评价和同伴评价等方式，参与教学评价。学生自我评价可以帮助他们了解和反思自己的学习进度和问题，提高自我调控和自我发展的能力；同伴评价可以帮助他们了解和接纳他人的评价，提高社会交往和团队协作的能力。其他相关者，如教学管理者、家长、社会等，也可以参与到评价过程中来。他们可以提供更全面和多元的评价视角，帮助完善评价结果，促进教学的开放性和社会性。

（四）评价方法的过程性

过程性重视将评价融入教学过程的各个阶段，而不仅仅局限于教学活动结束后。例如，教师可以观察并评估学生在运动中的技能运用、团队协作的表现，甚至是面对挑战时的心态等。这些都是评价的重要组成部分，这样不仅可以帮助教师更深入地了解学生的学习过程，还可以为学生提供及时反馈，引导他们调整学习策略，更有效地学习。体育教学评价的过程性也包含了对教学活动的持续反思和改进。教师需要在教学过程中持续收集和分析评价信息，然后反馈到教学活动中，以实现教学的改进和提高。

三、高校体育教学评价的内容

（一）高校体育教师对体育教学过程的评价

教师应关注教学计划的实施情况。这涉及对教学目标的设定、教学内容的安排、教学方法的选择及教学环境的营造等多个方面进行评价。例如，教师应评估是否所有的教学目标都已实现，是否所有的教学内容都已得到有效传授，是否使用的教学方法能够满足学生的学习需求，以及是否创造了对学生学习有利的教学环境。教师还需要对教学互动进行评价，包括教师与学生的互动、学生之间的互动，以及教师对学生反馈的有效性。例如，教师需要评估自己是否充分听取并理解了学生的观点，是否激发了学生之间的合作和交流，以及对学生反馈是否及时且有效。教师还应对自身的专业发展进行反思和评价，评价自己是否能够跟进最新的教育理论和技术，以及是否能够根据学生的反馈和自身的教学实践经验，不断提高自己的教学技能。

（二）高校体育教师对体育学习过程的评价

学生的技能掌握是评价的重要内容。教师需要观察学生的动作执行情况，对学生的技能运用进行评价。这包括对运动技能的掌握程度、协调性和流畅性等方面进行考查。对于体育教师来说，身体素质也是一个重要的评价点，如学生的力量、耐力、速度、灵敏性等，教师需要确保学生在健康和安全的前提下，能够逐步提高其身体素质。教师还应当将学生的运动态度放到评价中，包括学生对运动的热情程度、对失败的处理方式，以及对规则的遵守等。

（三）学生对体育教学过程的评价

在体育教学中，学生不仅是教学的接受者，还是评价的重要主体。他们对教学过程的评价，会直接反映出教学活动的实效性与满意度。教师采取的教学方式、对运动技能的掌握程度、训练的难易度和课堂气氛的营造，都会影响学生的学习效果。这些评价能够帮助教师更好地理解学生的学习需要，并适时调整教学策略。学生对教师的反馈及引导方式的评价也较为重要。在体育教学过程中，教师是否会给予适时且具有建设性的反馈，能否在学生遇到困难时提供有效的引导，是学生评价的重要指标。这一评价能够促使教师持续提升自己的教学技巧，提高教学质量。

（四）学生对体育学习过程的评价

学生对自身运动技能的评价，可以帮助他们明确自己的运动水平和进步情况。这不仅有助于提高学生的自我认识能力,还可以促进他们对未来学习目标的设定。而学生对自身运动态度的评价,则反映了他们对体育活动的情感态度和价值观。教师通过这些评价,可以了解学生的态度和热情,更好地激发他们的运动热情,引导他们养成良好的运动态度。

四、高校体育教学评价改革趋势

(一)教学评价由单一向多元化发展

随着教育理念的变化,人们开始意识到教学评价应该更全面地反映学生的学习情况,包括技能、知识、态度等多个方面。因此,多元化的评价方式开始受到越来越多的人的重视。例如,除了教师的评价,也可以引入学生的自我评价、同伴评价及家长的评价等多元化的评价方式。每种评价方式都有其独特的价值和侧重点,教师通过综合使用多种评价方式,可以更全面、更准确地了解学生的学习情况。

多元化的评价内容也是改革的一大趋势。除了对运动技能的评价,更多的评价内容被引入体育教学评价中,包括团队合作能力、运动态度、运动习惯等。这些评价内容都是体育教学的重要目标,通过评价这些内容,可以更全面地评价学生的学习成果,从而更好地推动学生的全面发展。

(二)教学评价由重视评价结果转向重视评价过程

近年来,体育教学评价的改革趋势正在由重视评价结果向重视评价过程转变。这一转变的理由在于,过程评价可以帮助教师更好地了解学生的学习进展,以提供及时的反馈,有助于调整学习策略和教学方法,从而提高教学质量和学习效果。

过程评价关注学生的学习过程,强调学生的进步和发展,而非仅仅关注最后的成绩。例如,教师可以通过学生在体育活动中的参与度,以及他们对技术的掌握情况,了解学生的学习过程。教师通过这种方式,可以及时了解学生的学习情况,发现学生的学习难点,并提供及时的指导和帮助。过程评价还有助于培养学生的自主学习能力和自我评价能力。在过程评价中,学生需要自己参与评价过程,反思自己的学习过程,这样不仅可以提高他们的学习效率,还有助于培养他们的自主学习能力和自我评价能力。

第二节 高校体育教学评价体系的构建

一、构建高校体育教学评价体系的理论基础

(一)行为目标评价理论

在现代西方教育评价历史中,行为目标评价理论是第一个产生深远影响的理论。该理论采取"结果导向"的模式,直接将教育计划、方案和目标导向学生,通过学生的表现来揭示,更进一步地,将这样的"行为目标"作为教育评价的主要基准。其实施步骤是,教师先确定具体的教学目标,然后与教学成果进行比较,这个过程中,教师的教学行为会被调整为使两者尽可能一致。从这个视角来看,行为目标评价理论的评价目的比较明确,即通过确定实际教育活动的结果,实现预设教育目标。

(二)人本管理理论

人本管理理论强调尊重和满足学生的个体需求。这一理念在构建高校体育教学评价体系中十分重要,评价应以学生为本,关注他们的实际需求和利益。例如,不同的学生对体育课程有不同的期待和需求,体育教学评价体系应能够反映出这些需求,以便教师在教学中进行适当的调整。人本管理理论主张培养和激发学生的积极性和创造性。这意味着,体育教学评价不应仅仅关注学生的体育技能和成绩,也应关注他们的学习态度、团队合作能力等软技能。这样的评价方式可以激发学生的学习热情,提高他们的创新能力,对他们综合素质的提高具有积极影响。在

体育教学评价中，教师应倾听学生的反馈，适时调整教学方法和评价标准，使教学更加贴近学生的实际需求，这样不仅可以提高教学效果，还能让学生感受到他们的意见和建议是被重视的。

（三）多元智力理论

多元智力理论的核心观点在于，每个人都拥有多种不同且相互独立的智力，这些智力的组合和展现方式会因人而异，从而形成了不同个体独特的智力特征。基于这一理论，体育教师应采用多元化的评价视角，从多个维度观察和分析学生，从而准确评估学生的长处与不足。这种评价结果可以指导教师改进教学方法，提升教学效果。在体育教学过程中，除了要激发学生积极参与体育活动并开展自我探索，还应倡导交流与合作，以实现教师与学生之间的互动，从而达到"互教互学"的教育效果。

二、高校体育教学评价体系的组成要素

学生、教师、教学管理者和教学环境是组成高校体育教学评价体系的四大要素，笔者对这四大要素对应的二级指标以及相应的权重进行了分配，得出了高校体育教学评价体系的层次结构，如表5-1所示。

表5-1 高校体育教学评价体系的层次

一级指标		二级指标	
指标	占比	指标	占比
学生	0.3	学习能力	0.12
		运动兴趣	0.09
		运动水平	0.12
教师	0.3	教学技能水平	0.09
		教学组织水平	0.09
		学生满意水平	0.12
教学管理者	0.2	对体育教学的重视程度	0.10
		对体育教学的投入水平	0.10

续　表

一级指标		二级指标	
指标	占比	指标	占比
教学环境	0.2	物质环境	0.08
		社会心理环境	0.09

（一）学生

学生在高校体育教学评价体系中扮演着至关重要的角色。评价内容主要集中在学习能力、运动兴趣和运动技能水平三个方面。学习能力主要反映在对体育课程内容的掌握程度，以及在模仿和运用体育技能方面的能力；运动兴趣体现在对运动的态度和接受程度，包括喜欢何种运动项目和喜欢个人运动还是团队运动等；运动技能水平则是通过参与体育测试和特定运动项目的熟练程度来评估的。学生的运动水平评价应当视为其基本的身体活动能力和运动参与成果的结合，并应使用开放的评价方式。

（二）教师

教师在高校体育教学评价体系中的角色与学生同样重要，但其评价内容更加多元化，不仅要对自身进行评价，还要考虑学生对其教学行为的反馈。评价的主要内容包括教学技能、教学组织能力和学生对教学活动的满意度。教学技能是教师进行教学活动的基础，包括良好的语言表达能力、感染力和专业知识水平。教学组织能力会直接影响教学效果，这包括教学计划的设计、教学进度的合理安排、教学环境的营造、教学节奏的掌握，以及对突发事件的处理能力。学生对教学活动的满意度是衡量教学效果的一个重要指标，包括学生对教师的评价、出勤情况、作业完成情况等，这些都能从一定程度上反映出学生对教师的满意程度。

（三）教学管理者

教学管理者贯穿教学活动的全程。评价的内容包括管理部门对体育教学的关注程度和对体育教学的投入水平。从管理学的角度看，任何有效的组织计划都与领导层或管理部门的关注程度有直接联系。如果对体育教学缺乏足够的关注，教学活动就难以有效进行。此外，对体育教学的投入水平也直接影响着体育教学的质量，这包括资金的投入规模、对每位学生的平均资金补助、体育设施和场地的数量及使用效率等。

（四）教学环境

创设良好的体育教学环境，并使其与体育教学目标相适应，最大限度地为体育教学服务，是高校体育教学工作中的一项重要任务。对于体育教学评价体系来说，教学环境是系统最外部和最宏观的部分。体育教学环境主要包括物质环境和社会心理环境。物质环境指的是自然环境、空间环境和设施环境，如教学活动的地点、设施的质量和数量等。社会心理环境则包含更广泛的内容，不仅涉及教学氛围，还涉及教师和学生的情感表达和交流。这部分可以进一步细分为人际环境、信息环境、组织环境和情感环境等。

三、高校体育教学评价体系的构建要点

（一）更新和创新评价工作观念与方法

构建高校体育教学评价体系的首要步骤是更新和创新评价工作的观念与方法。传统的教学评价往往注重结果，而忽视了过程，强调单一的、定量的评价，而低估了定性评价的重要性。这样的观念和方法不再适用于现代体育教学，因此应进行更新和创新。

评价工作观念的变化，从注重结果到注重过程，从注重量化到注重定性和量化的结合，从注重知识和技能的评价到注重学生全面素质的评价。这些变化是为了更全面、更深入地了解学生的学习情况，有效促进教学的改进。在新的观念中，评价不再是教学的结束，而是教学的一部分，是教学的引领和推动。评价方法也需要创新，传统的笔试、口试等评价方法，虽然便于操作，但无法全面反映学生的学习情况。新的评价

方法，如同行评价、自我评价；多元化的评价方式，如综合评价、过程评价、实践性评价等，可以更全面、更客观地评价学生的学习效果。这些新的评价方法，有助于培养学生主动学习、合作学习的能力，有利于提高学生的综合素质。

更新和创新评价工作观念与方法，需要教师有较高的教学能力，能够根据学生的实际情况和教学内容，灵活运用各种评价方法。因此，提高教师的专业能力成为必要条件。在此基础上，加强教师的教学研究，充分利用现代教育技术，如信息技术，对教学评价进行数据化处理和智能化分析，可以提高评价工作的科学性和有效性。为了更新和创新评价工作观念与方法，高校体育教学的管理者需要在制度上给予保障。例如，制定和完善评价政策、提供评价资源和支持、营造有利于创新的环境等。这样才能保证评价工作观念与方法的更新和创新得到有效实施。

（二）发挥评价对象在评价工作中的作用

学生是体育教学的主体，他们的学习成效是评价工作的核心。因此，学生应在评价过程中起到主动参与的作用。例如，学生通过自我评价和同伴评价，能更加深入地参与到评价过程中，更深入地思考自己的学习过程和结果，发现自己的优点和不足，从而有针对性地提高自己。教师在评价工作中的作用也不可忽视。作为教学的主导者，教师在评价过程中承担着引导、组织、监督、反馈等多种角色。教师应运用多种评价手段和方法，全方位、多角度地评价学生的学习成效，及时反馈评价结果，引导学生根据评价结果调整学习策略，提高学习效果。其他参与教学活动的相关人员，如教学管理者、家长等，也应发挥在评价工作中的作用。他们应了解和掌握评价的目的、原则和方法，正确处理评价结果，用评价结果推动教学改革，提高教学质量。

第三节 高校体育教学评价多元化模式建设

一、高校体育教学多元化评价的特点

高校体育教学多元化评价主要有三大特点，如图 5-2 所示。

图 5-2 高校体育教学多元化评价的特点

（一）评价主体多元化

关于评价主体的多元化，上面已经进行了详细论述，包括教师、学生、教学管理者等，在此不再赘述。

（二）评价过程动态化

教学并不是一个静止的过程，而是一个发展、变化的过程，评价过程应当对学生的学习过程进行连续跟踪。这意味着在学期开始、中期、结束或是在一项具体任务开始前、进行中、结束后，都要对学生的表现进行评价。这样可以及时发现学生的学习问题，并且可以更好地反映学生的学习进步情况。

评价过程应当具有灵活性，即评价的方式和内容要根据学生的具体情况进行调整。对于那些技能掌握较快的学生，评价应该注重他们在实际运用中的能力和拓展，不仅要看他们掌握了多少知识和技能，还要考

查他们是否能够将其应用于实际情境中，是否能够灵活运用知识解决问题，以及是否能够进一步发展和深化所学内容。而对于那些学习有困难的学生，评价应该注重他们的学习进步和心理变化，而不应该只看他们目前的学习成绩，更要关注他们在学习过程中是否有变化和进步。评价应该鼓励和肯定他们在学习上的努力和进步，为他们提供正面的反馈和支持。

评价过程应当是一个反馈和调整的过程。教师应将评价结果及时反馈给学生，帮助他们总结自己的学习表现，发现自己的优势和不足。这样的反馈可以激励学生，激发他们的学习动力，让他们知道哪些方面需要改进和努力。评价的结果也应该反馈给教师，帮助他们了解自己的教学效果，了解学生的学习情况，了解哪些教学方法和策略有效，哪些需要调整和改进。教师可以根据评价结果进行教学调整，改进教学方法，以更好地满足学生的学习需求，提高教学效果。

（三）评价体现修正性和激励性

修正性主要体现在评价过程中的即时反馈，这种反馈应包括学生在技能、知识、态度等各方面的表现。教师可以通过对学生体育技能的观察和评估，及时发现学生在运动技能上的不足。例如，在篮球课上，教师可以观察学生的投篮动作、运球技巧等，并及时给予指导和反馈，帮助学生纠正错误，提高技能水平。教师通过课堂测验、小组讨论等方式，可以了解学生对体育规则、战术策略等知识的理解情况，并针对学生的掌握程度进行及时反馈和补充，帮助学生更好地理解和应用知识。修正性评价还应关注学生对体育的态度和参与程度。教师可以通过观察学生在课堂上的表现、参与度，以及课后的体育活动参与情况，了解学生对体育的态度和兴趣，及时鼓励学生，提高他们参与体育活动的积极性。

激励性则是评价的另一重要特点。教师在评价过程中应明确评价的目标和要求。学生通过设定明确的学习目标和评价标准，可以清楚地了解自己的学习目标，明确自己的学习方向。教师应该与学生进行沟通，确保学生理解和接受评价标准，使评价过程更加公正和透明。在体育教学中，每个学生都有自己的特点和潜力，教师应该及时发现和肯定学生的优点和进步，给予鼓励和支持。激励性评价不仅是对成绩的肯定，还是对学生努力和进步的认可。教师应设计多样的、具有挑战性的体育活动，使评价过程充满趣味性和吸引力。在体育教学中，学生通常更喜欢参与具有挑战性和趣味性的活动。教师可以设计一些创新性的体育活动，为学生提供更多的选择和机会，让学生在体验中学习、在挑战中成长。

二、高校体育教学多元化评价的作用

（一）有利于促进学生的全面发展

在体育课程中，学生通过积极参与各种体育活动，不仅能提升自己的体能，还可以学到各种体育技能。多元化的评价方式，如实时评价、自我评价、同伴评价等，能够使学生更好地了解自己的身体状况和运动能力，及时调整运动方式和强度，从而在提高体质的同时，提升自身的运动技能。传统的体育教学评价通常以成绩为唯一评价标准，这往往会使一部分体能或技术稍差的学生对体育产生厌恶情绪。而多元化评价则追求过程与效果并重，不仅看重学生的运动技能和身体素质，还关注学生的学习态度、团队合作能力等，这种全面的评价方式能让学生从体育活动中体验到更多的乐趣，提高他们对体育学习的积极性。在体育活动中，学生需要通过团队协作、竞技比赛等形式进行互动。在这个过程中，学生需要学习如何与人沟通、如何合作，这对于他们的社交能力和团队合作能力的提升大有裨益。而多元化的评价方式，如团队评价、互评等，更能让学生意识到团队精神的重要性，在实践中不断提高自己的社会能力。

（二）有利于促进学生的个性发展

不同学生可能对不同的体育项目有不同的兴趣，如有些学生喜欢团队运动如篮球、足球，有些学生则偏爱个人项目如跑步、跳高等。教师通过多元化的评价方式，可以根据每个学生的特点和兴趣对他们的学习表现进行个性化评价，这样不仅可以鼓励学生在他们感兴趣的项目上更加投入，还可以让他们感受到自己的努力得到了认可，进一步激发他们对体育学习的热情。学生通过多元化的评价方式，可以更深入地了解自己在体育学习中的长处和短处，如何才能更好地发挥自己的优势，如何改进自己的不足。例如，自我评价可以让学生自我反思，同伴评价则可以让他们了解别人对自己的看法，教师评价可以为其提供专业的意见和建议。这种从不同角度、多方面对学生进行评价的方式，有利于提高学生的自我认知能力，让他们更清晰地了解自己的发展路径。传统的体育教学评价方式往往强调统一的标准和要求，而多元化的评价方式则更加注重个体的差异，鼓励学生根据自己的特点和兴趣进行学习，展示自我。这种评价方式更加尊重学生的个性，允许他们在体育学习中发挥自己的特长和才能，从而能更好地激发他们的学习动力，提升他们的学习效果。

三、高校体育教学评价多元化模式建设对策

（一）构建多元一体的评价模式

在体育教学评价的构建中，教师、学生都应成为评价的主体，各自执行相应的评价职能。教师负责评价工作的主要部分，而学生则可以根据自我表现来进行自评，同时学生可以基于对他人的认知进行互评。从评价的内容上，多元化的体育教学评价需尽可能全面地反映学生的发展情况，故学生的学习态度、体测档案、心理素质等方面都应纳入评价考量中。

具体到评价的权重分配，建议教师评价、学生自评、学生互评各占50%、10%、10%的比重，而学生的学习态度、体测档案、心理素质等方面各占10%的比重。在教师对学生的评价中，需要将运动技能和体育理论知识两部分分开评价。在评价学生的运动技能时，教师需要充分考虑学生的个体差异，根据学生的体检结果，以及课堂和课后运动的表现来进行综合评价，同时学生的进步和课堂表现也需要得到体现，以激发学生学习的积极性。学生的自评主要是学生自我反思的过程，通过自评，

学生可以更深入地理解自身的情况，包括意志品质、运动观念、学习成绩等方面。学生的互评则体现了同伴学习的原则，互评过程可以培养学生的互助精神和团队合作意识。

（二）制定符合学生现状的评价标准

高校体育教学评价标准应以学生为主体，考虑学生的个体差异，包括学生的性别、身体条件、学习背景等因素。标准的设计应确保它既能有效评价学生的体育技能和理论知识，又不会因为个体差异而产生不公平感。例如，在评价体能方面，不同性别的学生有不同的体能标准；在评价运动技能时，对于身体条件有限的学生，应酌情降低技能难度等。评价标准还应考虑学生的学习环境。例如，学生的专业、课程设置、教师水平、学习资源等都会对学生的体育技能和理论知识产生影响。因此，评价标准的制定应与这些因素保持一致，以确保评价结果的公正性和准确性。评价标准应具有一定的灵活性，能够随着学生的发展和教育环境的变化而进行调整，如随着科技的进步，一些新的体育理论和技术可能会出现，此时，评价标准应能及时做出调整，以反映出这些新的变化。

（三）充分利用现代科学技术

信息技术的发展可以帮助教师更好地收集、整理和分析学生的体育学习数据。例如，教学管理系统能够追踪和记录每个学生的学习进度和成绩，帮助教师了解学生的学习情况。教师可以通过系统查看学生的学习记录，了解每个学生在不同阶段的表现和进步情况。数字化评价工具如在线问卷也能帮助教师收集学生的反馈意见。教师可以通过问卷调查，询问学生对课程内容、教学方法、学习体验等方面的看法和意见。教师通过学生的反馈，可以了解学生的学习需求和兴趣，从而进行针对性的教学调整。信息技术还能减轻教师的评价负担，提升评价工作的效率。传统的评价方式可能需要教师花费大量时间和精力进行手工记录和整理。而信息技术可以自动化地完成数据的收集和整理，让教师更专注于教学和指导学生。

人工智能技术在体育教学评价中也有着较大的应用潜力。例如，人工智能通过对学生的运动表现进行深度学习，可以自动产生评价结果，减轻教师的评价工作负担。教师只需上传学生的运动视频或数据，人工智能就能对学生的动作、姿势、技能水平等进行分析和评价，帮助教师快速了解学生的表现。人工智能的深度学习能力也有助于教师发现学生的潜在问题。人工智能通过对大量学生数据进行分析，可以发现学生在运动技能方面的特点和问题。教师可以根据人工智能的分析结果，提出更个性化、更精准的教学建议，帮助学生有针对性地提高自己的运动技能。

数据分析技术可以帮助教师更好地理解和解释评价结果。例如，教师可以使用数据分析技术来追踪学生在不同运动项目中的表现，了解他们在学习中遇到的问题。同时，数据分析可以帮助教师发现学生在某些具体动作或技能上的常见错误和困惑，从而有针对性地指导教学。数据分析还可以帮助教师发现学生的学习兴趣和特长。教师通过分析学生的学习数据，可以发现学生在哪些运动项目或技能上表现较好，进而鼓励他们发展自己的潜力和兴趣。

（四）保证学生自评、互评的公正客观

在高校体育教学评价多元化模式建设中，保证学生自评、互评的公正性和客观性是至关重要的一环。自评和互评能有效地推动学生的自主学习、提升他们的主观能动性，同时有助于形成良好的教学氛围和学习环境。但同时，自评和互评也会带来一些问题，如评价过于主观，评价标准不一，甚至可能出现夸大或贬低自己或他人的情况。因此，如何保证其公正客观就显得尤为重要。

学生在进行自评或互评时，需要清晰地知道评价的依据是什么，以及评价的各个方面的权重如何。比如，教师可以提前制定评价标准，明确各项体育技能的掌握程度、理论知识的理解程度、课堂参与情况等方面的评价标准。教师要进行合理的引导和培训，通过对学生进行评价培训，让他们理解评价的重要性，知道如何公正、客观、准确地进行评价。

教师需要定期监督和指导学生的评价活动，以确保评价过程的公正和有效。在体育教学评价中，教师评价仍然占主导地位，学生自评和互评的权重应适当，避免过度主观化。教师还应当及时反馈评价结果，鼓励学生认真对待每一次评价，通过评价促进学生自主学习和自我发展。通过公开、公正、公平的评价结果反馈，可以加强学生对评价的信任，激发他们学习的积极性和主动性。

第六章　高校体育教师队伍的建设

第一节　提升体育教师教育教学的能力

体育教学既关乎学生的身体健康,也涉及他们的全面发展。因此,提升体育教师的专业水平是保障学生全面成长的关键。本节将从深化教学理念、持续学习、教学管理与组织能力、课堂沟通与反馈技能,以及引导学生形成健康的体育生活习惯五个方面展开,如图 6-1 所示,帮助体育教师在体育教学方面取得突出成绩。

01 深化教学理念,落实学生为中心的教学模式
02 持续学习,提升教学方法和手段
03 教学管理与组织能力的提高
04 有效的课堂沟通与反馈
05 引导学生形成健康的体育生活习惯

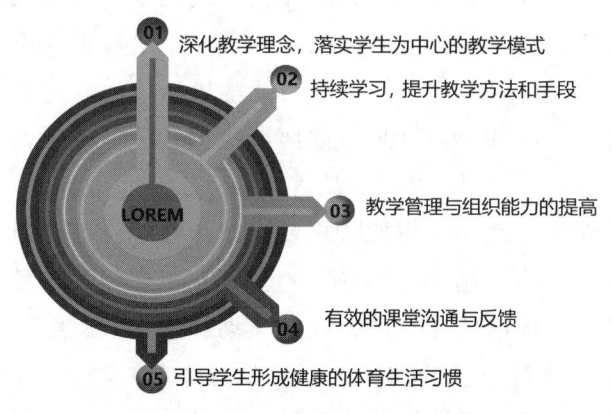

图 6-1　提升体育教师教育教学能力的对策

一、深化教学理念，落实以学生为中心的教学模式

体育教师的教学理念正在经历一场深刻的变革，由传统的以教师为中心转向以学生为中心的模式。在以学生为中心的教学模式下，体育教师需要改变看待学生的方式。每个学生都是独立的个体，具有独特的个性和兴趣。对体育教师来说，理解学生的独特性，并尊重他们的学习兴趣和需求是至关重要的。体育教师的任务不再只是简单地传授知识，而是鼓励学生自我发展，挖掘他们的潜力，培养他们的兴趣和才能。在教学过程中，体育教师不再仅仅是传授知识的讲师，而是鼓励学生主动参与学习过程。体育教师通过创设丰富多样的学习情境，可以激发学生的学习兴趣，使他们更加积极主动地学习。学生通过这些活动，可以在实践中学习，体验成功，也能从失败中学习。

以学生为中心的教学模式也要求教师在教学过程中发挥引导者和推动者的角色。在具体实践中，体育教师通过设计具有挑战性的学习任务，激发学生的求知欲和探索欲。体育教师通过为学生提供开放的问题和项目，培养学生自主解决问题的能力。体育教师要积极引导学生反思，从而提升其自我调节和自我控制能力。在教学过程中，体育教师要为学生提供思考和表达的机会，让他们在思考和表达中培养独立思考能力及自信心。体育教师还应对学生的自主学习能力进行培养。这包括教导学生如何制订和管理自己的学习计划，如何自我评估学习效果，如何从失败中吸取教训，以及如何调整学习策略等。

团队合作在体育教学中也比较重要，教师通过设计和组织各种团队活动，培养学生的协作精神和领导能力。例如，在健美操教学中，体育教师可以组织各种团队协作活动，如集体动作的设计、编排和练习，每位学生都应精准执行自己的动作，同时要与队友的动作高度协调一致。这种过程对于培养学生的团队协作精神，尤其是集体荣誉感有着重要的作用。教师通过让学生担任团队的领导角色，也可以培养他们的领导能力。在健美操团队中，队长不仅要协调队员间的关系，还要把握整体的节奏和风格，这有利于提升学生的领导力和判断力。在团队中，每个人

都应学会取长补短。不同的人有不同的优点，学生通过团队活动，可以观察并学习他人的优点，也可以发现并改正自己的不足。

二、持续学习，提升教学方法和手段

（一）持续学习的意义

教育是一门艺术，也是一项复杂的社会实践活动。它需要教师以高度的敬业精神和专业素养，持续进行专业学习，以便更新知识、提高素质、提升教学技术。持续学习可以帮助教师随时了解和掌握教育教学的最新理论、研究成果和最新的教学技术，这对提升教师的教学方法和手段具有重要作用。持续学习可以帮助教师开阔视野，学习新的理论和方法，接触新的研究成果，也可以帮助教师跳出自我局限的视角，从更广阔的角度理解和审视教学活动。例如，体育教学并非仅仅关乎运动技能的训练，更涉及学生身心健康、社会适应能力等方面的培养。这就需要教师具有开阔的视野，深化对教育教学工作的理解和把握。随着社会的发展，学生的需求和期望也在发生变化。持续学习有助于教师更好地理解学生的需求，从而有效针对这些需求进行教学设计和实施。例如，现在的学生更倾向富有创新性和自主性的学习方式，这就要求教师在教学中更加强调启发引导，并提供多元化的教学手段，从而激发学生的学习兴趣和主动性。持续学习还能促使教师不断完善自我、提升自我。教师的教学水平、教育素养和专业技能，都是在持续学习中得以提升的。教师通过阅读、研讨、研究和反思，可以不断丰富和提升自我，以满足教育教学工作的需求。

（二）持续学习的内容

在教师的持续学习内容中，以教育教学的基本理论和方法为基础，是进行教学活动的关键。这包括了对教育目标、教学原则、教学方法等核心理论知识的深入理解和应用，能够帮助教师在实践中准确地设计和执行教学计划，充分发挥每个学生的潜力。教育教学研究方法的掌握，有助于教师开展更高质量的教育教学研究工作。例如，研究设计、数据收集与分析、研究报告撰写等技能，教师通过这些工具，可以更准确地掌握学生的学习状况，更有效地改进和提升教学效果。教育教学最新进展和趋势的了解，可以帮助教师探寻教育教学的发展脉络，了解教学方法的变化和发展，以及国内外教育界的重要研究成果，从而提升教育教学的先进性和时效性。例如，近年来，在线教育、混合式学习、个性化学习等新兴教学模式的发展，为教育教学提供了新的可能，教师需要适时学习并掌握这些新的教育教学理念和技术。

（三）持续学习的方法

持续学习路径的多样性，可以涵盖不同的形式和领域。例如，参加学术会议、研讨会和工作坊，这样的场合使教师得以听取专家的报告和讲座，以获取领域内的前沿信息和最新成果，更重要的是，它也为教师提供了一个平台，让教师能够交流和分享自己的教学经验和想法，从而带来新的启示和思考；阅读有关教育教学的书籍和期刊，它们是理论知识和研究成果的重要载体，能够帮助教师系统地了解和掌握教育教学的最新理论和研究成果，为教学实践提供理论指导和参考；利用网络课程和远程教育，这些平台为教师提供了便利的学习条件，使教师可以在任何时间和任何地点学习教育教学的新知识和新技术。

持续学习是一个持久的过程，需要教师有坚定的学习意愿，明确的学习目标，恰当的学习方法，良好的学习习惯，以及合适的学习环境。只有这样，教师才能在持续学习中不断提升教学方法和手段，从而更好地完成教育教学工作。

三、教学管理与组织能力的提高

教学管理与组织能力涵盖了多个方面，包括但不限于课程设计、教学计划、教学过程管理、教学评价及学生管理等。课程设计是教学活动的基础，体育教师应具备将教学目标转化为可操作的教学内容和教学步骤的能力。教师还需要根据学生的实际情况，灵活调整教学内容和教学方式。

教学计划是教学活动的指南，在制订教学计划的过程中，体育教师需要明确每个教学环节的预期目标，以及学生在学习过程中应达到的能力水平。这样，教师可以根据具体目标有针对性地选择教学内容和教学方法，从而确保教学的针对性和有效性。有了清晰的教学计划，教师可以更好地控制教学进度和教学时间，避免了教学过程中的拖沓和浪费。这样，教学活动可以有条不紊地进行，提高了教师的教学效率和学生的学习效果。

教学过程管理是教学活动的核心，体育教师应具备有效组织和引导教学活动的能力，包括在课堂上对学生进行引导，鼓励学生参与并全身心投入体育学习中。体育教师需要灵活应对不同学生的学习需求，采用不同的教学方法和策略，确保每个学生都能获得高效学习体验。体育教师应对体育场地和器材进行合理安排和使用，并维护和保管器材，确保其正常使用和持久耐用。在体育教学中可能涉及一些高风险的活动，如激烈的运动项目或特殊环境下的活动。体育教师应对这些活动进行风险评估，并采取相应的安全措施，保障学生的安全。

教学评价是教学活动的闭环，体育教师应通过科学的测试和评估手段，了解学生的运动水平和体质状况，为其提供个性化的学习指导和改进建议。体育教学不仅培养学生的身体素质，还培养学生的体育意识和体育情操。体育教师应关注学生在运动中的表现和态度，鼓励学生积极参与体育活动，培养其积极向上、团结协作的体育精神。为确保评价的客观性和公正性，体育教师应采用多种评价手段和方法，如课堂观察、测试、作业评定等，并充分考虑学生的个性差异和特长，避免片面评价和武断评判。

学生管理是教学活动的保障，学生管理包括课堂纪律的维护。体育课堂往往需要学生积极参与和合作，体育教师应建立明确的课堂纪律，让学生知道应遵守的行为准则。学生管理还包括引导学生的行为。体育教师应引导学生形成积极向上的学习态度和行为习惯。教师通过激发学生的兴趣，培养他们的自律能力和合作意识，帮助他们树立正确的学习观念，主动参与体育活动，并养成良好的体育锻炼习惯。学生的心理问题同样不容忽视，体育活动对于学生来说是一种身心合一的锻炼，教师应关注学生的情绪波动和心理压力，及时对其进行心理疏导和关怀，并帮助学生保持良好的心理状态，提升学习效果。

四、有效的课堂沟通与反馈

课堂沟通不仅包括教师对学生的单向传递，还包括教师与学生间的双向互动。在教学过程中，教师需要清晰、准确地传达教学内容和教学要求，也需要通过问询、讨论等方式，激发学生思考，引导学生主动参与教学活动。这种教师与学生间的互动式沟通，能够调动学生学习的积极性，提高教师教学效果。有效的课堂沟通需要教师具备良好的口头表达能力、观察和倾听能力、情绪管理能力等。口头表达能力是教师向学生传授知识的基础，教师应掌握如何用语言清楚、生动、有条理地表达教学内容和教学要求。观察和倾听能力是教师理解学生需求，获取学生反馈的重要途径，教师应注重观察学生的行为表现，倾听学生的言语表达，以了解学生的学习状态和思考过程。情绪管理能力是教师在教学过程中保持良好情绪状态，从而调动学生学习积极性的关键，教师应学会控制和调整自己的情绪，以营造积极和轻松的课堂氛围。

课堂反馈是教师对学生学习过程和学习成果的评价和回应。笼统或模糊的反馈往往无法给予学生明确的方向，使他们无法确定自我学习的优点和需要改进的地方。具体的反馈意味着教师需要关注学生的学习细节，指出他们在哪些具体的行为或技能上做得好或做得不足。例如，在体育课中，教师可以指出学生在某个动作的完成上是否到位，动作的连贯性如何，呼吸方式是否正确等。这样的具体反馈能帮助学生了解自己的优势和不足，从而有的放矢地进行学习和训练。

对于及时性，良好的反馈应当在学生完成动作或任务后立即给出。让学生在记忆还是新鲜的时候，就能知道自己哪里做得好，哪里需要改进，从而在下一次尝试时即刻调整。如果反馈的时间跨度太长，学生可能会忘记自己的表现，或者没有足够的动力去改变已经习惯的方式。反馈的充分性也是提高学生学习效率的关键。充分的反馈不仅仅指对学生表现的评价,更是包括学生如何改进的建议。教师在评价学生表现的同时,应当给出明确的建议,指导学生如何改进,从而使学生在学习过程中得到实质性的帮助。教师在给出反馈时,应考虑学生的学习过程。过程往往比结果更重要。在教学过程中,教师需要注重对学生学习过程的引导和指导,帮助他们形成正确的学习习惯和技巧,从而提高他们的学习效率。

五、引导学生形成健康的体育生活习惯

在体育教学中,体育教师不仅需要传授体育技能和知识,还需要引导学生树立正确的体育价值观,培养他们积极参与体育活动的态度和习惯。

第一,体育教师需要让学生明白体育的价值,以此引导他们主动参与体育活动。体育不仅仅是一种锻炼身体的方式,更是一种综合素质的培养和提升。体育能够强身健体,提高人的生理功能,让学生拥有更好的体魄和体质。体育还能提高学生的精神素质,如毅力、坚韧、自信等,帮助他们更好地面对生活中的各种挑战。除了个人的发展,体育还能培养学生团队精神和合作意识,在团体体育项目中,学生需要相互协作、相互配合,从而培养团队合作的意识和能力。这种团队精神既可以在体育活动中发挥作用,也会影响学生的学习和生活。体育教师需要在教学过程中通过举例、讲故事、分享成功经验等方式,让学生深刻理解体育对个人发展和团队合作的重要作用。体育教师还可以通过组织丰富多样的体育活动,让学生亲身体验体育的乐趣和价值,激发他们参与体育活动的动力。只有让学生认识到体育的价值,他们才会主动参与,积极投入体育教学中,从中受益并获得成长。

第二,体育教师需要教会学生如何科学、合理地进行体育活动。这涉及一系列重要的知识和技能,体育教师应指导学生制订合理的运动计划,学生需要了解自己每周、每天的运动量,对运动内容进行合理安排,避免过度训练或训练不足的情况发生,合理的运动计划可以让学生充分发挥自身潜力,达到最佳的训练效果;指导学生选择适合自己的运动项

目，每个人的体质和兴趣爱好不同，因此教师应根据学生的特点和需求来选择适合他们的运动项目；教会学生如何避免运动伤害，在体育活动中，运动伤害较为常见，体育教师应引导学生掌握正确的运动技巧和姿势，提高学生注意自我保护意识，以降低运动伤害的风险；让学生了解饮食和休息的相关知识，合理的饮食和休息可以帮助学生更好地恢复体力，提高体育训练的效果，从而提高学生的体育能力。

第三，体育教师需要鼓励学生在课余时间自发开展体育活动。学校应提供多样化的体育设施和器材，如运动场、篮球场、游泳池、健身房等，以及各种体育器械，让学生可以开展不同类型的体育活动，以满足不同学生的兴趣和需求；定期组织各类体育活动和比赛，如运动会、体育节、校际比赛等，鼓励学生积极参与，提高他们的体育意识和参与度；通过课堂讨论、分享体育经验和成果等方式，鼓励学生在课余时间参与各种体育活动，让他们认识到体育活动是生活的一部分，不仅仅是学校课程的一部分；提供一些有趣的体育活动建议，如组织跑步小组、篮球友谊赛、健身挑战等，让学生在轻松愉快的氛围中参与体育活动；体育教师应发挥榜样作用，积极参加学校组织的各类体育活动和比赛，在课余时间积极锻炼身体，让学生看到教师对体育的热爱和投入，从而激发学生对体育活动的兴趣和热情。

第四，体育教师需要持续关注学生的体育习惯，建立良好的反馈机制，以确保学生良好体育习惯的形成。体育教师应对学生的积极参与和进步给予表扬，从而激发他们的学习动力和体育兴趣，通过积极的反馈，学生会感受到自己的努力和付出得到认可，从而更愿意参与体育活动；教师要及时发现学生在体育习惯方面存在的问题，并给予针对性的指导和帮助。例如，教师如果发现学生在某个体育项目上进展缓慢，体育教师可以制订个性化的训练计划，帮助学生克服困难；教师要与学生家长进行沟通，了解学生在课余时间的体育活动情况，以便及时调整教学计划和培养学生的体育习惯。

第二节 提升体育教师的专业技能

在提升体育教师的专业技能方面,笔者将从多个方面着手,包括体育基本理论知识的掌握与更新、体育教学技术和方法的提升、体育规则和运动技能的熟练运用、身体素质和心理素质的强化及体育器材与设备的使用和维护能力的提升等,如图 6-2 所示。通过这些综合性的提升,体育教师的专业技能将得到有效提高,为学生的体育学习和全面发展提供更好的支持及指导。

图 6-2 提升体育教师专业技能要点

一、体育基本理论知识的掌握与更新

体育教学不仅涉及运动技能的传授,还包含运动科学理论、健康教育、运动心理等多个方面。因此,体育教师需要深入了解并掌握这些基本理论,才能更好地引导学生进行科学的体育活动,有效提升他们的体育技能和健康水平。

(一)深入理解运动生理学和运动生物力学

体育教师需对运动生理学和运动生物力学有深入的理解。运动生理学的知识帮助教师更好地了解人体在运动中的生理反应及机能变化。教师通过了解运动对心血管、呼吸、代谢等系统的影响，可以科学制订运动训练计划，为学生提供更加个性化的训练方案。对于运动生物力学，了解运动生物力学的知识可以帮助教师深入理解运动技术的本质，掌握运动技术的规律和要领。教师可以通过运动生物力学的知识，指导学生优化运动技术，提高其运动效能，从而帮助学生在体育活动中取得更好的成绩。

（二）具备专业的健康教育和运动心理学知识

健康教育涉及运动饮食、恢复等方面的内容，这些对学生的运动表现和健康状况有着直接的影响。体育教师需要了解不同运动项目所需的饮食要求，合理引导学生选择适宜的食物，以保证能量供给和身体机能的维持。在学生进行剧烈运动后，恢复的方法和时间也是至关重要的，体育教师应引导学生利用正确的恢复方法，以预防运动损伤。

运动心理学是研究运动中心理现象的学科，对体育教师了解学生的需求、调整教学策略具有重要意义。体育教师通过运用运动心理学的知识，可以更好地理解学生在运动中的动机，从而帮助学生树立正确的运动目标，提高他们的运动动力。运动焦虑是影响学生运动表现的常见问题，体育教师可以运用运动心理学的方法帮助学生应对焦虑，提高他们的比赛心理素质。在团体运动中，团队合作也是至关重要的，体育教师需要了解运动心理学中有关团队合作的理论和方法，帮助学生建立团队意识和合作精神，从而提高团队运动的整体表现。

（三）关注最新体育科研成果，更新自己的知识库

体育科学作为一个不断发展的领域，每天都涌现出新的研究成果和理念。体育教师要时刻关注最新体育科研成果，不断更新自己的知识库，以提升自身的专业水平和教学质量。这需要体育教师具备良好的学习习惯和学习能力。体育教师通过阅读专业期刊、参加专业研讨会等方式，可以及时了解最新的研究成果和前沿理论，了解新的运动技术、训练方

法和健康理念。体育教师还需具备探究问题、解决问题的能力，在学习新的科研成果时，体育教师要有批判性思维，能够理性地分析和评估新知识的可行性和适用性，将科研成果有针对性地应用于教学实践中。体育教师应培养自身的科研意识，勇于探索未知领域，开展教学实践研究，探索适合自身教学特点和学生需求的教学方法和策略。

体育教师在接受新知识和应用新理念时，需要保持开放的心态。有时，新理念可能会挑战传统的教学观念和方法，但体育教师要敢于尝试，勇于创新，不断进行自我反思和自我挑战，通过实践和反思，体育教师可以调整教学策略，提高自身教学质量。在专业研讨会上，体育教师可以和其他同行分享自己的教学经验和教学成果，通过借鉴他人的经验，互相学习，共同进步。体育教师通过与其他同行的交流和合作，可以开阔自己的视野，拓展自己的知识领域，不断丰富自己的知识库。

二、体育教学方法和技术的提升

随着科技的不断进步和社会的快速发展，教学方法和技术也在不断创新。对于体育教师来说，灵活运用多元化教学方法，掌握现代教学技术，是提升教学质量，并满足学生多元化需求的重要途径。

（一）多元化的教学方法

体育教师通过运用多元化的教学方法，能够满足学生的多样化学习需求。在教学过程中，体育教师应根据实际教学情境和学生特性灵活运用和创新教学方法。

例如，对于运动基础较差的学生，任务驱动的教学方法往往能够发挥较好的效果。在这种教学方法中，体育教师会设计一系列具有挑战性的任务，每个任务都设计得刚好超出学生当前的运动能力，但又在学生的努力下能够完成。学生通过这种方式，能够在实践中学习和提高，体验到运动的乐趣和成功的满足感。例如，在篮球教学中，体育教师可以设计"三步上篮""绕柱运球"等任务，学生通过完成这些任务，能够逐步掌握篮球的基本技术和技巧。而对于运动基础较好的学生，探究式的教学方法则更为适用。这种教学方法强调学生的主动性和创新性，引导学生通过自我探索和实践来理解和掌握运动技术和规则。体育教师的主要任务是引导和激发，而不是传授和指导。例如，在排球教学中，体育教师可以提出"如何提高发球的准确性"这样的问题，让学生去寻找答案，通过试验和实践，深入理解和掌握发球的技术原理。

（二）现代教学技术的应用

利用现代教学技术不仅可以丰富教学方法，增强教学效果，还可以帮助体育教师更有效地管理教学过程，更精准地评估学生的学习效果。例如，录制视频是一种比较有效的教学技术。体育教师通过录制学生的运动过程，可以更清楚地看到每个动作的细节。这不仅可以帮助学生了解自身的运动技能，还可以帮助体育教师发现学生存在的问题，给出更具针对性的指导。例如，在游泳教学中，体育教师可以录制学生的划水动作，然后和学生一起分析，指出学生的错误动作，给出改进建议。虚拟现实技术也在体育教学中发挥了重要作用。学生通过虚拟现实技术，可以体验到不同的运动场景，这不仅可以激发学生的学习兴趣，还可以帮助学生更好地理解运动规则和技术。例如，在足球教学中，体育教师可以通过虚拟现实技术，让学生体验到守门员的第一视角，理解和掌握守门技术。智能设备也为体育教学带来了很多便利。体育教师通过智能设备，可以实时收集和分析学生的运动数据，如心率、速度、力量等，这不仅可以帮助体育教师了解学生的运动状态，还可以为其教学决策提供依据。例如，在长跑教学中，体育教师可以通过智能设备监测学生的心率和速度，根据数据调整训练强度和方式。

（三）教学方法与技术的选择

教学方法和技术的选择，需要以学生为中心，这并不仅仅意味着体育教师要尽可能满足学生的学习需求，更意味着体育教师要深入了解学生的兴趣和期望，然后才能够选择合适的教学方法和技术。例如，如果学生对篮球有浓厚的兴趣，那么体育教师可以选择使用案例教学法，通过分析篮球比赛的实况，引导学生理解和掌握篮球技术和战术。体育教师还需要及时调整教学策略。这需要体育教师有一定的敏感性和灵活性，能够根据教学反馈，快速调整教学方法和技术，如果体育教师发现某种教学方法效果不佳，那么应立即寻找原因，尝试新的教学方法。

三、体育规则和运动技能的熟练运用

体育规则是各项体育活动的基本要求，它确立了比赛的基本要求和标准，规定了学生在比赛中应遵循的行为准则。对于体育教师而言，深入理解和准确把握各项体育规则至关重要，深入理解体育规则意味着要对规则的背景、目的和适用范围进行全面了解，不同体育项目和比赛可能有不同的规则和要求，体育教师需要对每个项目的规则有清晰的认识。例如，足球比赛中的越位规则、篮球比赛中的犯规规则等，体育教师只有掌握了这些规则，才能正确指导学生在比赛中的表现。随着社会和体育界的发展，一些体育规则可能会随之调整和改变。体育教师应该持续学习和更新体育规则知识，保持与时俱进。体育教师通过参加培训课程、学习专业资料、与其他体育教师交流等方式，可以及时了解最新的体育规则，以确保自己能掌握领域前沿。对于一些复杂和变化的体育规则，体育教师可能需要更深入地学习和研究，这些规则可能涉及一些具体的技术细节和裁判判罚标准，需要体育教师投入更多的精力去理解和掌握。在教学过程中，体育教师还应通过实际操作，带领学生进行实地练习，让学生更好地掌握和运用体育规则。

运动技能是体育活动的核心内容，它涵盖了各种体育运动的基本技术、技巧和战术。体育教师作为学生的榜样和指导者，需要具备扎实的运动技术。这包括跑步、跳跃、投掷、接球、传球等基本技术。这些基本技术是学生学习和掌握其他高级运动技能的基础，因此体育教师应能够准确地展示和解释这些技术动作，并能够纠正学生在学习过程中可能出现的错误。不同体育项目和比赛需要不同的技巧和战术，体育教师需要对各项运动的技术要领和战术策略有一定的了解。只有这样，体育教师才能在教学中针对不同的体育项目，有针对性地进行教学指导和训练

安排。另外，随着体育运动的不断发展和创新，新的运动技能也在不断涌现。体育教师需要通过专业训练和个人实践，不断提高自身的技能水平。这包括参加专业培训和研讨会，向专业教练和运动员学习，以及亲身参与各项体育运动。体育教师通过不断学习和实践，可以不断更新和提升自己的技能和知识，为学生提供更加专业的、高水平的指导。

四、身体素质和心理素质的强化

对于身体素质的要求，体育教师应有一定的身体素质来保证他们能够进行有效教学。身体素质不仅包括身体健康、力量、灵活性、耐力和协调性，还包括对各种体育项目的技术熟练度。例如，足球教师应该具备足球比赛所需的基本技巧，并有良好的身体素质进行比赛。此外，体育教师还需要通过定期的锻炼和训练来维持和提升他们的身体素质。

心理素质的重要性也不容忽视。心理素质的重要组成部分是情绪管理能力。良好的情绪管理能力使体育教师在面对学生的挫折、失败或挑战时，能够保持积极的情绪状态，不被消极情绪所困扰。他们能够快速地从消极情绪中解放出来，重新集中精力投入教学工作中。这不仅能提高他们的教学效果，还能为学生树立积极应对困难的榜样。心理素质的另一重要组成部分是责任心和使命感。体育教师不仅要教授学生体育技能，还要帮助他们树立正确的价值观和生活态度，帮助他们养成健康的生活习惯。他们需要认识到教学工作对学生的影响，认识到自己对学生的成长和发展负有责任。这种责任心和使命感能驱使他们用心教学，不断提高自己的教学水平，以期为学生提供更好的教学服务。

五、体育器材与设备的使用和维护能力的提升

体育教师需要熟练使用各种体育器材和设备，既包括传统的体育器材，如篮球、足球、羽毛球、乒乓球等，也包括现代的体育设备，如健身器材、运动测量设备、运动模拟器等。体育教师需要了解这些器材和设备的特点和使用方法，以便在教学中正确、有效地使用它们。

体育器材和设备的使用寿命、安全性，很大程度上取决于日常的维

护。体育教师需要知道如何保养和维修这些器材和设备，以确保它们在长期使用中的稳定性和可靠性。在日常维护中，体育教师需要做好以下几个方面的工作。①清洁和保养，定期对器材和设备进行清洁，防止灰尘和污垢积聚。特别是器材表面和关键部位，要保持干净。②检查和修理，定期检查器材的各个部件是否完好，是否有松动或损坏现象。对于损坏的部件，要及时进行修理或更换，确保器材的正常运行。③润滑和防锈，对于需要润滑的部件，要选择合适的润滑剂进行润滑，以减少摩擦和磨损。对于金属器材，要注意防止生锈。④存放和保管，正确存放器材和设备，避免阳光直射、雨淋等自然因素的侵蚀。尤其是易损坏的器材，要存放在干燥、通风的地方。⑤定期检验，定期委托专业机构对器材和设备进行检验，确保其性能和安全符合标准要求。

体育教师还需要具备对新型体育器材和设备的学习和掌握能力。随着科技的发展，体育器材和设备也在不断更新和发展，新型体育器材和设备可能涉及先进的科技原理和复杂的操作方法，体育教师需要通过系统学习和实践，迅速掌握其使用要点。体育教师可以通过反复实践、模拟演练、与专业人士交流等方式，熟悉和掌握新型器材的操作技巧和使用技巧。新型体育器材和设备通常具有更多的功能及特点，能够为体育教学提供更多元化的教学手段和体验。体育教师需要创新教学方法，将新型体育器材融入教学过程中，从而激发学生的学习兴趣和积极性。例如，利用虚拟现实技术，可以为学生创造更真实的体育场景，让学生身临其境地感受运动的乐趣；利用智能化体育器材，可以实时监测学生的运动数据，帮助体育教师更好地了解学生的运动状态，提供个性化的指导和反馈。学习和掌握新知识只是第一步，体育教师需要将其应用于实际教学中，探索适合自己教学风格和学生需求的教学方式。在教学实践中，体育教师应注重教学效果的评估和反思，不断总结经验，完善教学方法，提高教学质量。

第三节 提升体育教师的科研能力

体育教师通过不断提升科研能力,能更好地应对教学挑战,推动体育教学事业的蓬勃发展。提升体育教师的科研能力主要包括五点,如图6-3所示。

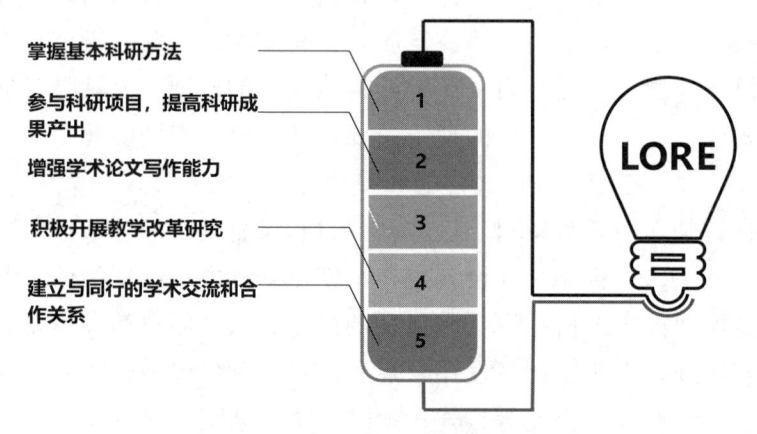

掌握基本科研方法
参与科研项目,提高科研成果产出
增强学术论文写作能力
积极开展教学改革研究
建立与同行的学术交流和合作关系

图6-3 提升体育教师的科研能力

一、掌握基本科研方法

科研能力能够帮助体育教师更深入地理解体育知识,提供更有效的教学方法,解决教学中遇到的问题,进一步提升自身的教学质量。掌握基本科研方法是提升科研能力的基础。

(一)掌握科研的基本步骤和方法

科研是一个系统性的过程,它涉及提出问题、提出假设、设计研究、收集数据、分析数据、解释结果、撰写研究报告等多个环节。首先,体育教师需要学会如何准确定义研究问题,明确研究的目标和范围。其次,根据研究问题,提出相应的假设,构建科学的研究框架。最后,体育教师需要设计研究方案，选择合适的研究方法和样本，以确保研究的科学性和可靠性。数据的收集是科研中至关重要的一步，体育教师可以采用实验法、观察法、问卷调查法等多种方法进行数据收集，并对收集到的数据进行有效整理和归纳，采用合适的统计方法进行数据分析，数据分析的结果将为研究提供有力的支持和证据。在解释结果的过程中，体育教师需要运用专业知识和理论，将研究结果与现有理论相结合，得出科学合理的结论。在科研中，撰写报告也应当引起重视，体育教师需要清晰准确地描述研究的目的、方法、数据分析结果和结论，使研究报告具有科学性和可读性，将研究成果通过学术会议和期刊等途径进行交流和分享，从而得到同行的反馈和建议，促进学科发展。

（二）遵循科研的伦理原则

1. 诚实

诚实是科研的基础。在科学研究中，各个学科都需要秉持诚实的原则，以确保研究结果的真实性，避免虚假成果误导他人。诚实的科研行为建立了学术界和科学界的信任，促进学术交流及合作，推动科学研究的持续发展。如果体育教师在研究中不诚实，将导致研究结果失真，影响研究成果的可信度和可靠性。这不仅对科学界造成损害，还会影响整个体育教学领域的发展。因此，体育教师要始终坚守诚实的原则，在科研过程中严格按照规范和要求进行实验和记录，不得篡改、伪造或掩盖实验数据和结果。

2. 公正

体育教师在进行研究时，要摒弃个人主观偏见，客观评估数据和结果，确保研究的客观性和可靠性。公正的科研立场不仅有利于保证研究结果的真实性，还是维护科学研究的信誉和声誉的重要保障。当体育教师能够客观公正地进行研究，不偏袒任何一方，不歪曲事实，就能够为科学发展提供真实可信的研究成果，推动学科的不断进步和创新。

3. 尊重知识产权

在科研过程中，教师应充分尊重他人的知识产权，不得抄袭他人的研究成果，抄袭他人的研究成果是一种学术不端行为。这不仅剽窃了他人的智慧和劳动成果，还严重损害了科学研究的公正性和可信度。当体育教师抄袭他人的研究成果时，不仅是学术诚信缺，还是对学术界和学术精神的不尊重。尊重知识产权不仅包括对已有成果的尊重，还包括对科研中产生的新知识的保护，体育教师在进行科研时，要注意保护自己的研究成果，不让他人擅自使用或抄袭。这需要体育教师在发表论文、参加学术会议等场合时，严格控制信息的传播，以确保自己的研究成果得到充分的认可和保护。尊重知识产权是科学研究的基本准则，也是学术界共同遵循的规范。只有当每位体育教师都能充分尊重他人的知识产权，坚守科研诚信的底线，才能共同构建公正、透明、和谐的学术环境，推动科学研究的健康发展。

（三）具备批判性思维和创新性思维

批判性思维是指对已有知识和理论进行深入思考和分析的能力，不盲从、不墨守成规，而是以客观、理性的态度对现有知识进行审视和评价。在科研过程中，体育教师需要对文献进行仔细阅读和理解，对研究问题进行准确界定，对研究方法进行合理选择，以确保研究的严谨性和有效性。创新性思维是指对问题寻求新的解决方案和观点的能力。体育教师在科研中不仅需要将已有的理论应用于实践，还要敢于质疑传统观念，提出新的研究假设，探索新的研究领域。创新性思维需要体育教师具备广泛的知识储备，善于思考和提出新问题，有勇于冒险和接受失败的心态。

体育教师要培养批判性思维和创新性思维，首先，体育教师需要不断充实自己的学识，通过阅读专业文献、参加学术讲座和研讨会等方式，保持学习的热情和动力。其次，体育教师要勇于质疑现有理论，尝试提出自己的观点，并与同行进行讨论和交流。在科研过程中，体育教师还要鼓励学生发展批判性思维和创新性思维，从而培养他们对问题进行思考和探索的能力，鼓励他们提出自己的见解和研究课题。

二、参与科研项目，提高科研成果产出

（一）提升问题解决能力

在科研项目中，体育教师需要运用科学的方法和技术，对问题进行深入分析和研究。体育教师通过参与科研项目，能够培养敏锐的问题识别能力，准确把握研究方向和目标；科研项目的开展也需要体育教师具备较强的问题分析能力，能够深入挖掘问题的本质，找出关键因素和影响因素；体育教师通过科研实践，能够提高自己解决问题的实际操作能力，通过数据的收集、分析和解释，从而得出科学的结论和有效的解决方案。这些能力的提升不仅有助于体育教师在科研领域取得成果，还能够应用于教学实践中，解决学生学习和训练中遇到的问题，提高其教学效果，促进学生全面发展。因此，参与科研项目是体育教师不可或缺的重要途径，通过科研实践，不断提升问题解决能力，推动体育教学事业高质量发展。

（二）提升团队合作能力

参与科研项目能够提升体育教师的团队合作能力。科研项目通常需要多人合作完成，团队合作需要体育教师具备良好的沟通能力、协调能力和倾听能力，能够与团队成员建立良好的工作关系，共同解决问题，取得研究成果。体育教师还需要具备灵活适应和妥协的能力，能够在团队中发挥各自的优势，形成合力，共同实现项目目标。体育教师通过参与科研项目，能够不断锻炼和提升团队合作能力，培养团队精神和协作精神，这些都是体育教师在日常教学工作中必备的素质。团队合作不仅能够帮助体育教师取得科研成果，还能够在教学中加强师生间的互动与合作，提高其教学效果，促进学生全面发展。

（三）提升创新能力

参与科研项目能够提升体育教师的创新能力。科研项目通常需要对

现有的知识和理论进行批判性思考，挖掘问题背后的本质，勇于质疑传统观念和假设。体育教师通过与其他研究人员的交流和合作，可以接触到各种新的想法和研究方向，从而激发自己的创新思维。在科研项目的实施过程中，体育教师需要设计新的研究方案、采用新的研究方法，甚至开展跨学科的研究合作，这些都是对体育教师创新能力的挑战和锻炼。在日常的教学过程中，体育教师需要不断尝试新的教学方法和策略，以满足不同学生的需求。体育教师通过参与科研项目，可以更加深入地理解学科知识和教学实践，从而更有针对性地进行教学创新。科研项目的实施也会带来许多挑战和困难，需要体育教师不断寻找解决问题的办法，从而培养自己解决问题的能力，这也是创新能力的一部分。

（四）促进职业发展

科研成果是评价教师科研能力和学术水平的重要标志。教师通过参与科研项目，不断深化学科知识，掌握研究方法，积累科研经验，从而能够产出高质量的科研成果。这些成果可以通过发表论文、获得科研奖励等途径得到认可和肯定，为教师的职业发展增添光彩。在学术界和教育界，科研成果往往被视为教师综合素质的重要体现。教师通过积极参与科研项目，不仅拓宽了其学术视野，丰富了教学内容，还增强了教师个人的专业影响力。这些因素将有助于教师在学校和学术界获得认可和尊重，从而提升其职业地位。优秀的科研成果会吸引更多的合作机构和学术团队与教师合作，进一步拓宽教师的合作网络。教师通过与其他领域的学者合作，可以接触到更多的学科交叉和跨领域的研究方向，为个人的职业发展打开更广阔的空间。

三、增强学术论文写作能力

学术论文是科研活动的主要成果之一，体现了教师的专业素养和科研水平。它不仅是教师展示科研成果的重要方式，还是与其他教师和学者交流学术思想的重要平台。要增强学术论文写作能力，教师应当具备以下几项能力。

(一) 具备深厚的专业理论知识

体育理论涵盖广泛的学科内容，包括运动生理学、运动心理学、运动训练学等，这些理论知识对研究问题的定位和解决具有重要的指导作用。只有对体育理论有深入的理解，才能在研究中把握问题的核心和关键，设计出科学合理的研究方案。在学术论文的撰写中，理论框架是至关重要的。深厚的专业理论知识能够帮助教师选择恰当的理论框架，将研究问题与已有的学术理论相结合，为研究提供坚实的理论支撑。对体育理论的深刻理解还能帮助教师准确地解读研究结果，从而提炼出有价值的结论，提高学术论文的质量和水平。体育理论不断发展和演进，教师需要持续学习和更新自己的理论知识，持续学习和更新的过程，能够帮助教师保持学术论文写作能力的活力，不断提高教师学术研究的水平。

(二) 具备扎实的科研方法和技能

在学术论文写作中，科研方法决定了研究的深度和广度。教师通过运用恰当的科研方法，能够更好地解决研究问题，提供有力的证据支持研究结论。例如，在体育教学改革研究中，通过采用实验设计和问卷调查等科研方法，可以帮助教师评估教学改革的效果，为改进其教学提供依据。科研方法的正确应用也能帮助教师减少研究中的误差，提高研究的准确性和可靠性。例如，在体育训练研究中，合理的样本选择和数据采集方法，能够更好地反映训练效果，增强研究结论的说服力。然而，要掌握扎实的科研方法和技能，并不是一蹴而就的。教师需要通过学习和实践不断提高自己的科研水平。参加相关的培训和研讨会，阅读优秀的学术论文，向有经验的科研人员请教，都是提高教师科研方法和技能的有效途径。

(三) 具备良好的逻辑思维能力

学术论文的写作需要教师能够清晰地阐述研究问题，明确地展示研究过程，准确地解释研究结果，批判地讨论研究意义。这些都需要教师有强大的逻辑思维能力，能够厘清研究思路，合理地组织论文结构，使论文的内容和结论能够有条理地呈现。

（四）具备良好的写作技巧

学术论文的写作需要遵循一定的学术规范和格式，以确保论文的准确性和可读性。教师应注意以下几个方面来提升写作技巧。第一，准确运用学术语言。学术论文需要使用专业的学术语言和术语，以确保研究成果的准确传达。教师应熟悉体育学科领域的专业术语，并在论文中恰当运用，以保证论文的学术性和权威性。第二，遵守学术格式。学术论文的格式通常包括摘要、引言、方法、结果、讨论和参考文献等部分。教师需要严格按照学术期刊或学术机构要求的格式来撰写论文，以确保论文的结构清晰，内容完整。第三，构建合理的逻辑结构。学术论文的逻辑结构应紧密贴合研究问题和目的，清晰展示研究过程和结果。教师应该合理安排论文的段落和章节，以确保论文的逻辑连贯，脉络清晰。第四，进行有效的学术论证。学术论文需要对研究问题进行充分论证和阐述。教师应该深入分析研究问题，运用逻辑和数据进行合理的论证，确保论文的结论可信、有力。

四、积极开展教学改革研究

（一）掌握现代教育理论与实践

教师需要了解并掌握现代教育理论和实践。这包括了解新的教育理念，如以学生为中心的教学理念，强调学生主动参与学习和自主发展，教师不再简单地传授知识，而是成为学习的引导者和促进者，从而激发学生的学习兴趣和动力；掌握新的教学方法，如协作学习和探究式学习等，有助于教师更好地组织教学活动，协作学习可以培养学生的团队合作和交流能力，提高他们共同解决问题的能力，探究式学习则鼓励学生主动探索和发现知识，并提高他们的学习自主性和创造性。现代教育理论强调教学内容的生活化和情境化，教师需要根据学生的兴趣和生活经验设计教学内容，使学习更加贴近学生的实际生活，增加学习的吸引力和可感知性。

（二）积极参与教学实践

将新的教育理论和方法应用于实际教学中，是将理论转化为实践的关键一步。教师通过实践，可以深刻体会到理论在实际操作中的适用性和局限性，进一步明确如何在具体的教学场景中灵活运用。实践中的教学活动是检验理论是否可行和有效的重要标准。在教学实践中，教师应该及时反思和总结，通过反思，教师能够及时发现教学中存在的问题和不足，进而分析问题产生的原因。这样的反思过程有助于教师从失败中吸取教训，从成功中总结经验，不断改进和优化教学方法。总结教学实践的经验和教训，能够提高教师的教学水平，为今后的教学提供借鉴和参考。积极参与教学实践还有助于教师积累丰富的教学经验，在实践中，教师会遇到各种各样的学生，面对不同的教学情境和问题。教师通过不断地实践和解决问题，逐渐积累了丰富的教学经验，从而提高了应对复杂教学环境的能力。

（三）关注学生的学习需求和变化

一方面，教师可以关注学生的学习兴趣。兴趣是学习的原动力，激发学生的学习兴趣可以让学生更加主动、积极地参与学习活动。例如，教师可以尝试引入游戏化的教学方法，通过设置有趣的游戏环节，让学生在游戏中学习和进步。这样的教学方法能够激发学生的学习动力，提高学习的效率和成效。另一方面，教师也需要关注学生在学习中遇到的困难和问题。学生的学习能力和水平各异，教师需要差异化地设计教学方案，满足不同学生的学习需求。例如，对于学习困难的学生，教师可以采用个性化辅导的方式，帮助他们克服学习难题；对于学习进步较快的学生，教师可以提供更高难度的教学内容，促使他们不断挑战自我。教师通过关注学生的学习困难和问题，能够更好地指导学生，帮助他们实现个人学习目标。

（四）积极参与教育研究

通过参与教育研究可以帮助教师分享和交流教学改革的实践经验和成果。在教学实践中，教师可能会探索出一些有效的教学方法和策略。通过参与教育研究，教师可以将这些实践经验分享给其他教育工作者，让更多的人受益于教学实践。教育研究是一个开放的学术领域，教师可以与其他研究者共同探讨教育问题，交流研究成果，合作开展项目。这种学术交流和合作可以促进教育研究的深入发展，从而推动教育改革不断前进。

五、建立与同行的学术交流和合作关系

（一）参加各种学术活动

教师需要积极参与各种学术活动，参加学术会议可以让教师深入了解各领域专家的最新观点和研究成果。在学术会议上，教师有机会聆听来自不同学科和背景的专家的报告和演讲，了解最新的研究动态和学术前沿。参加研讨会和讲座可以为教师提供专业的培训和指导，在这些活动中，教师可以听取专家的讲解和演示，学习先进的教学方法和技巧。教师通过专业的培训，能够不断提升自己的教学技能和知识水平，更好地应对教学中的挑战。学术活动也是教师与同行进行面对面交流和讨论的机会。在这些活动中，教师可以与其他教育工作者交流经验，分享教学方法和实践心得。这种交流可以使教师之间相互学习和借鉴，共同探讨教学中的难题，推动教育事业的发展。

（二）建立和维护良好的同行关系

教师需要具备良好的人际交往能力，善于与同行进行沟通和交流。教师应该尊重他人及其观点和成果，不轻易批评他人。教师通过积极倾听和理解他人的观点，能够建立起与同行之间的信任和尊重，为进一步的合作打下坚实的基础。在与同行的交流中，教师可以分享自己在教学

实践中的成功经验和教学方法，从而帮助其他教师更好地解决教学中遇到的问题。教师也应该乐于接受来自他人的建议和意见，不断改进和提高自己的教学水平。

（三）积极寻找合作机会

教师需要积极寻找合作机会。教师可以与同行合作开展研究项目，通过与其他教师合作，可以集思广益，共同探讨和解决研究问题，凝聚各自的智慧和经验，提高研究的质量和创新性。合作研究还可以拓展研究领域，增加研究的广度和深度，使研究成果更具有实际应用价值。教师可以与同行共同撰写学术论文，合作撰写论文可以结合多方面的研究成果和观点，使论文更加全面和可信。合作撰写论文也有助于教师提高论文的学术水平和影响力，增加被引用和传播的机会。在撰写论文的过程中，教师需要学会倾听和尊重他人的意见，认真修改和完善论文，确保论文的学术质量和可读性。

在寻找合作机会的过程中，教师需要保持开放的态度，不同的合作伙伴可能有不同的观点和方法，教师需要学会包容和接受不同的意见，通过合作交流来不断完善和提高自己的工作。此外，教师还需要主动与其他学校、研究机构等建立联系，积极参与学术会议、研讨会等学术活动，拓展人际网络，为合作打下坚实基础。

第四节 提升体育教师服务社会的能力

在当今社会，体育教师不仅仅是校园教育的重要组成部分，更是服务社会的重要力量。提升体育教师服务社会的能力，是他们履行使命、推动社会进步的关键所在。本节将探讨四个方面，如图6-4所示，体育教师通过这些举措，可以更好地服务社会，从而促进体育事业的发展，保障人们的身心健康，并助力社会的繁荣与进步。

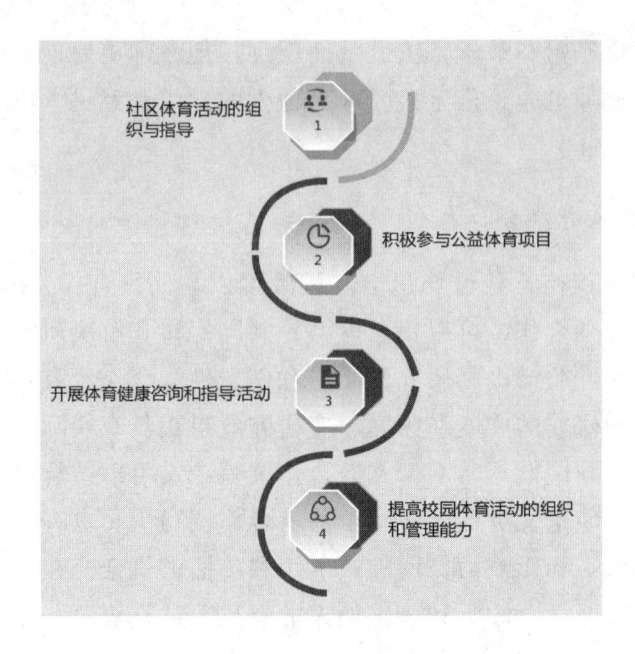

图 6-4　提升体育教师社会服务能力的要点

一、社区体育活动的组织与指导

体育教师除了在校园内进行教学工作，还能发挥其专业技能，组织和指导社区的体育活动。这样的活动不仅可以推广体育运动，提高社区居民的身体素质和健康水平，还可以增强社区的凝聚力，从而提升社区活力。

第一，体育教师可以利用其专业知识和技能，开展运动技能训练、健身课程、运动比赛等活动，不仅可以满足社区居民锻炼身体的需求，提高他们的身体素质，还可以丰富他们的生活，增强他们的社区归属感。为了实现这些目标，体育教师应与社区居民进行深入交流和互动，通过问卷调查、访谈等方式，收集关于他们的年龄、性别、身体状况、运动偏好等信息。体育教师通过这些信息，可以了解社区居民对体育活动的需求和期望，从而设计出他们感兴趣的活动。多样化的体育社区活动设计应考虑社区居民的不同需求和兴趣，如对于年轻人，体育教师可以组织更有挑战性的运动比赛；对于中老年人，体育教师可以开展更注重健身和养生的课程。体育教师还需要考虑社区居民的身体状况，设计出适合他们的运动强度和难度的活动，以防止运动损伤。

第二，体育教师需要在活动中发挥指导和教育的作用。体育教师通过示范和教学，帮助社区居民学习和掌握运动技能。例如，在组织健身课程时，体育教师可以示范正确的运动动作，解释动作的目的和效果，教导居民如何控制呼吸和节奏，如何调整身体姿态，从而提高居民运动效率，防止其受到运动伤害。体育教师的专业知识和经验，是居民学习运动技能的重要资源。体育教师通过引导和教育，帮助社区居民了解运动的重要性，从而形成正确的运动观念。他们可以向社区居民解释运动对身体的好处，引导他们理解运动的目的不仅是瘦身塑形，更是为了健康。他们还可以通过教育，帮助社区居民了解运动伤害的原因和预防方法，让他们知道运动要有计划和节制，不能过度。通过教育，帮助社区居民养成良好的运动习惯，他们可以设计和推广适合社区居民的运动计划，教导他们如何在日常生活中融入运动，如何利用空闲时间进行有效健身。通过定期的健康讲座，向社区居民传授运动营养、运动恢复等方面的知识，让运动成为社区居民生活的一部分。

第三，体育教师还可以通过社区体育活动，与社区居民建立良好的关系。他们可以通过亲切和友好的态度，赢得社区居民的信任和尊重。他们还可以通过倾听和交流，了解社区居民的需求和期待，为他们提供更好的服务。体育教师通过这样的互动，不仅可以提高自己的社会影响力，还可以增强社区的凝聚力，提升社区活力。

二、积极参与公益体育项目

（一）体育教师在公益体育项目中的作用

体育教师是公益体育项目的重要参与者和推动者。作为专业的体育人员，体育教师拥有丰富的体育知识和技能，他们可以设计和实施各种有益于公众的体育活动，有效推广体育运动，从而提高公众的运动意识和技能。无论是在社会组织羽毛球比赛，还是在公园里指导太极拳，他们都能通过自身的专业素养，将体育运动的乐趣带给公众，并引导他们积极参与体育运动，养成健康的生活方式。体育教师在公益体育项目中，还可以发挥教育者的角色，引导公众正确理解和参与体育运动。他们可以通过运动技能的教学，帮助公众掌握运动的正确方法，预防运动伤害；体育教师也可以通过健康讲座，让公众了解运动对身心健康的重要性，引导他们形成科学的运动观念，从而提升他们的运动素养。

（二）体育教师在公益体育项目中的责任和挑战

在公益体育项目中，体育教师的首要责任就是确保所有参与者的安全。在规划和执行活动时，他们需要从各个角度预测可能出现的安全风险，并采取相应的预防措施。这可能包括对场地的详细检查，以确保其安全适用；对运动设备的严格把关，保证其符合使用标准；对参与者的详细指导，使他们掌握正确的运动方法并遵循规则，以降低受伤的风险。特别是在为弱势群体，如老年人服务的活动中，体育教师需要展现出更高的敬业精神和责任感，以确保每个人都能在安全的环境中享受运动的乐趣。体育教师在公益体育项目中，还承担着吸引公众参与和提高项目影响力的任务。他们需要通过有效宣传和推广策略，使更多的人了解和参与公益体育项目。这可能包括通过社交媒体进行推广、举办开放日活动，或者与当地社区、学校、企业合作等。这对他们的沟通和推广能力是一种考验，同时是提升自身社会影响力的一种方式。

在挑战方面，每个人的体质、年龄、健康状况、运动水平等因素都不同，因此体育教师需要设计和组织多样化的活动，以满足不同人群的需求。他们需要精心策划活动流程，合理分配资源，以确保活动的顺利进行。这对他们的项目管理能力提出了较高的要求，也是他们提升自身专业能力的一个重要途径。

（三）体育教师参与公益体育项目的方式和策略

体育教师与社区、学校、非营利组织的合作，是参与公益体育项目的重要方式。他们通过这种方式，可以直接服务公众，了解并满足他们的体育需求。在这种合作中，体育教师不仅可以分享他们的专业知识和经验，帮助公众提高运动技能和健康水平，还可以从中了解公众的需求和反馈，改进教学活动设计。而对于社区、学校和非营利组织来说，他们也能通过体育教师的专业服务，提高其活动的质量和效果。体育教师通过互联网和社交媒体，开展在线教学，在数字化和网络化的今天，互联网和社交媒体为体育教师提供了一个广阔的平台，让他们可以通过视频教学、在线直播、社交媒体分享等形式，推广体育知识和技能，进而影响更多的人。体育教师还可以与企业合作，开展企业社会责任项目，企业社会责任项目是企业履行社会责任，提升企业形象的一种重要方式。体育教师可以利用其专业能力，为企业员工提供健康和健身指导，帮助他们提高生活质量和工作效率。他们也可以为社区居民提供体育服务，并帮助企业建立良好的社区关系。

在参与公益体育项目的过程中，体育教师需要具备良好的策略性思维。他们需要根据公众的需求和条件，设计和选择合适的活动和形式；具备良好的沟通和协调能力，与各方有效合作，共同推动项目的实施；具备持续学习和改进的精神，通过实践和反思，不断提升自身的能力，提高项目的质量和效果。

三、开展体育健康咨询和指导活动

（一）体育教师在体育健康咨询中的作用

体育健康咨询是为公众提供体育健康信息，解答体育健康问题，制订和实施体育健康计划的过程。在咨询中，体育教师可以解答公众对体育健康的疑问，帮助他们了解运动的益处，包括身体健康、心理健康等方面。他们通过传授正确的运动方法和技巧，可以引导公众进行有效的体育锻炼。运动损伤是不可避免的，但通过正确的预防措施和处理方法，可以减少运动伤害。体育教师可以教授公众正确的热身和拉伸方法，并引导他们合理安排运动强度和时间，从而降低运动损害的风险。对于已经受伤的人，体育教师可以提供相应的康复建议和治疗方案，帮助他们尽快康复并重新参与体育活动。体育教师可以通过咨询的方式，了解公众的需求和问题，为其提供针对性的建议和方案。不同的人在体育健康方面的需求各异，有些人可能需要减肥塑形，有些人可能需要改善心血管健康，有些人可能需要增强体力。体育教师可以根据公众的具体情况，制订个性化的体育健康计划，从而满足他们不同的需求和目标。

（二）体育教师在体育健康指导中的作用

在体育活动中，正确的运动技能和姿势对提高运动效率和防止运动伤害至关重要。体育教师可以通过示范和指导，帮助公众正确掌握运动技能，避免不正确的动作带来的损伤，并最大限度地发挥运动的效果。运动效率是体育活动中的重要指标，它关系着运动的效果和效益。体育教师可以通过教学和指导，向公众介绍高效的运动方法，并帮助他们在有限的时间内获得更好的运动效果，这不仅可以激发公众对体育活动的兴趣，还可以激发他们坚持运动的动力。体育教师在体育健康指导中还可以帮助公众掌握安全的运动设备使用方法。在某些体育项目中，运动设备的使用是必不可少的，但如果不正确地使用这些设备，可能会造成严重的伤害。体育教师可以向公众传授正确的设备使用方法，教导他们如何安全使用设备，避免事故意外发生。

（三）体育教师在开展体育健康咨询和指导活动时的策略

良好的沟通和人际关系技巧对体育教师至关重要。在咨询和指导过程中，体育教师需要与公众进行有效沟通，倾听他们的问题和意见，理解他们的困惑和需求。同时，体育教师需要和公众建立良好的关系，取得他们的信任和合作。只有在良好的沟通和人际关系的基础上，体育教师才能更好地向公众传递体育健康知识，并帮助他们解决问题。此外，持续学习和提升自身的专业知识和技能是体育教师在咨询和指导中不可忽视的一部分。体育健康领域的知识和技术不断发展和更新，体育教师需要紧跟时代步伐，不断学习新的研究成果和健康理念，以为公众提供最新、最准确、最实用的体育健康信息。体育教师可以通过参加专业培训、学术研讨会、阅读学术期刊等方式，不断丰富自己的知识库，从而提高自身的专业水平。

四、提高校园体育活动的组织和管理能力

体育活动的组织和管理能力，是指体育教师通过自身的专业技能和知识，能有效地组织和管理各类体育活动，包括运动会、体育课程、体育竞赛等。

提升体育教师的沟通协调能力是提高体育活动组织和管理能力的关键。体育教师可以通过接受专业的沟通技巧培训，提升沟通技巧。沟通技巧包括听、说、读、写四个方面，听和说是面对面沟通的基础，读和写是文字沟通的基础。体育教师通过专业的培训，可以学习和掌握如何进行有效的听、说、读、写，提升沟通效率和质量。体育教师可以通过参与实践，从而提升沟通经验。沟通不仅需要技巧，还需要经验。在具体的沟通实践中，体育教师可以学习和理解各方的需求和意见，体验和掌握如何进行有效沟通。他们通过反思和总结，可以不断提升沟通经验，提高沟通能力，还可以通过建立有效的沟通机制，提升沟通效果。沟通机制包括沟通的方式、时间、频率、内容等。体育教师需要根据具体的情况，设计和实施合适的沟通机制，如定期的会议、定期的报告、即时的信息交流等。他们通过有效的沟通机制，可以更好地收集和传递信息，更好地理解和满足各方的需求，更好地协调和推动体育活动的实施。情绪管理能力和冲突解决能力也很重要，在沟通和协调过程中，可能会出现情绪和冲突问题。体育教师需要学会管理自己和他人的情绪，学会通过谈判和解决冲突，保证沟通的顺利进行。

提升体育教师的创新思维和问题解决能力是提高体育活动组织和管理能力的保证。问题解决能力需要在实践中学习和提升。在具体的活动组织和管理中，体育教师可以接触和处理各种问题，通过实际的问题解决过程，他们可以理解和掌握如何有效解决问题，从而提高问题解决能力。体育教师可以通过构建和优化体育活动的组织和管理机制，提升问题解决能力，有效的组织和管理机制，可以帮助体育教师更好地预见和

处理问题，从而提高问题解决的效率和质量。体育教师需要根据具体的活动条件和需求，设计和实施合适的组织和管理机制，如资源管理机制、时间管理机制、安全管理机制等。最后，体育教师需要有一种勇于尝试和面对失败的精神。创新思维和问题解决能力，需要在尝试和失败中提升。体育教师需要勇于尝试新的方法和策略，面对失败和挫折，从中学习和成长，从而提升自己的创新思维和问题解决能力。

第七章　高校体育文化的建设与发展

第一节　高校体育文化概述

一、高校体育文化的定义与特征

（一）高校体育文化的定义

高校体育文化是一个多层次、多维度的概念，它涵盖了与体育相关的价值观、思维方式、行为规范、社会关系和物质文化等各个方面。这种文化源自学校的历史传统，受到学校教育理念和社会环境的影响，反映了高校的精神风貌和社会责任。

在价值观层面，高校体育文化体现了对健康、公平、尊重、团队精神等基本价值的追求和尊崇。这些价值观贯穿高校体育文化的方方面面，指导学生的行为和行动，为他们的成长和发展提供了积极的引导和规范。在思维方式层面，高校体育文化倡导科学、理性、开放、创新的思维方式。这种思维方式体现在体育教学和研究中，对培养学生的思维能力和创新能力具有重要作用。在行为规范层面，高校体育文化包括了学生的道德规范、比赛的规则、教师的职业行为等。这些行为规范不仅规范了体育活动，还对学生的行为习惯和社会行为产生影响。在社会关系层面，高校体育文化体现在学生、教师、校友、社区等各方间的互动和关系中。这些关系基于共享的体育经历和情感,形成了一种社区感和归属感。在物质文化层面,高校体育文化包括了体育设施、装备、标志、奖项等。这些物质文化是高校体育文化的载体和象征,也是高校身份和荣誉的标志。

(二)高校体育文化的特征

本书将高校体育文化的特征主要归纳为五个方面,如图 7-1 所示。

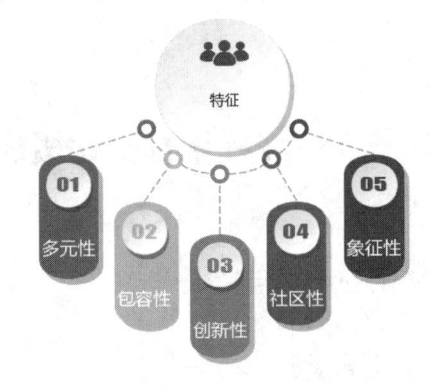

图 7-1 高校体育文化的特征

1. 多元性

高校体育文化的多元性表现在其内涵和形式上的多样性。在内涵方面,高校体育文化强调健康、公平、团队合作等价值观,同时注重学生全面发展。除了传统的体育竞技,高校体育文化还注重体育健康、休闲娱乐等方面的培养。在形式方面,高校体育文化包括体育课程、体育比赛、体育俱乐部、体育文化节等多种形式。这些多样的内涵和形式,使高校体育文化更加丰富多彩,满足了学生在体育方面不同层次和不同需求的发展。

2. 包容性

高校体育文化不仅关注传统的体育项目,如篮球、足球和田径等,还积极拓展各种新兴的体育项目,如攀岩、舞蹈、瑜伽等。这样的包容性使学生能够有更多选择，根据个人兴趣和特长参与适合自己的运动，从而激发学生对体育运动的热情。不同的学生体育水平和兴趣不同，高校体育文化欢迎所有学生参与体育活动。无论是运动天赋出众的优秀运动员，还是对体育运动一窍不通的初学者，都会被平等对待，都有机会融入体育文化的大家庭。这种包容性让学生感受到体育运动的快乐，同时促进了高校体育文化的发展。高校体育文化的包容性特征还体现在对多样化体育形式的接纳。除了传统的竞技体育，高校体育文化还鼓励非竞技性的体育活动，如健身、户外运动、休闲娱乐等。这种包容性使体育文化不仅局限于竞争和成绩，还注重学生的全面发展。不同的体育形式相互融合，为学生提供了丰富多样的体育体验。

3. 创新性

高校体育文化在教学方面注重创新，教师不再局限于传统的课堂教学，而是运用现代科技手段，如虚拟现实技术、在线学习平台等，开展线上教学和远程教学，为学生提供更灵活、多样的学习方式。教师还将课堂教学与实践结合，通过开展实地教学和体验式教学，使学生在实践中学习和感受体育知识。高校体育文化在体育活动方面也体现出创新性，传统的体育比赛和运动项目仍然存在，但高校体育文化还在不断推陈出新，引入新的体育项目和活动形式，如举办冠军联赛、创意运动会等，增加趣味性和挑战性，从而吸引更多学生参与。高校还注重将体育融入校园文化中，开展主题健身活动、文艺表演和社交活动，将体育与其他领域融合，丰富了校园文化的内涵。

4. 社区性

高校体育文化在社区中扮演着重要角色，成为学生、教职员工及校外居民之间共同参与的重要纽带。体育活动不仅仅局限于校内学生，周边居民也可以参与。例如，学校可以举办公众健身活动、社区体育赛事等，吸引社区居民积极参与，增强社区凝聚力。高校体育文化在组织形式上注重社区共建，通过学校、社区组织、企业等多方协作，共同策划体育活动。这种合作形式不仅能够充分利用资源，还使体育活动更具吸引力和参与度。例如，学校可以与社区健身中心合作开展体育课程，引入专业教练和设备，为学生和社区居民提供更为丰富的健身选择。

5. 象征性

高校体育文化是学校形象的重要代表，它通过学校的体育活动、体育设施、体育队伍等方面，展现了学校的特色和实力。例如，优秀的体育成绩、卓越的体育项目、精心设计的运动场馆，能为学校塑造积极的形象，从而吸引更多的学生和教职员工选择这所学校。高校体育文化的象征性还体现在其作为校园文化符号的象征。体育活动在学校文化中扮演着重要角色，它代表着学校的活力、拼搏和团结精神。例如，学校的体育赛事、校队的比赛成为校园文化中的重要元素，吸引着师生的关注和参与，成为学校文化的一道亮丽风景线。

二、高校体育文化的结构

高校体育文化并非多要素的简单集合，其具有系统性与组织性。高校体育文化的各个组成部分相互影响、相互联系，共同形成了高校体育文化这个具有开放性的系统。综合不同学者的观点，笔者将高校体育文化结构划分为以下四个层面，如表7-1所示[①]。

表7-1 高校体育文化的结构

结　构	内　容
体育物质层	体育场馆 体育器材 体育雕塑 体育景观 体育宣传 体育图书

---

① 董艳芬. 高校体育文化理论与实践研究[M]. 北京：北京工业大学出版社，2021：10.

续表

结　构	内　容
体育制度层	体育规范 体育制度 体育政策 体育传统
体育行为层	体育协会 体育社团 职工体育 教师体育 学生体育 体育活动
体育精神层	体育精神 体育观念 体育风尚 体育道德 体育目标 体育知识

（一）体育物质层

体育物质文化在高校体育文化结构系统中居于基础地位。在高校体育文化主体参与体育实践活动的过程中，需要由体育物质层提供基础条件，体育器材、体育场馆、体育雕塑等这些可感觉到的形态都是高校体育物质文化的主要内容。

（二）体育制度层

作为高校体育的综合文化形态，体育制度文化层是将物质层与精神层联系起来的中介及桥梁。体育制度文化主要在高校体育的组织形态中显现，它反映了高校体育的认知观念和理念。其包括体育教学、课外体育活动、体育科研、体育比赛、运动队训练、体育俱乐部、体育知识讲座及体育交流等相关活动的规程、规则和政策。

(三)体育行为层

在高校体育活动中,文化主体以约定俗成的方式形成的体育行为表现方式、体育行为规范及体育行为内容称为体育行为文化,体育活动、体育协会、体育社团、学生体育等是体育行为文化的主要内容。

(四)体育精神层

简单地说,高校体育价值观、健康观就是高校体育精神文化。在高校体育文化系统中,精神文化居于核心地位,其对高校体育文化目标的确立与实现具有决定性的影响。高校体育精神、体育观念、体育风尚等都是体育精神层面的内容。

三、体育活动在高校文化中的角色

(一)体育活动是传承和弘扬学校精神的重要载体

体育活动是学生体验和理解学校历史、传统和价值观的重要载体。对于学生来说,通过参与各类体育活动,他们可以更直接、更深入地感知学校的精神内涵。例如,校际比赛中的团队合作精神、体育比赛中的公平竞争理念,这些都是学校核心价值的重要体现。不同的体育活动也可以反映出学校的历史沿革和发展变迁。对于具有悠久历史的学校来说,传统的体育活动已经成为学校历史的一部分,它们凝聚了学校的历史记忆,是学校文化传承的重要纽带。此外,大型的体育活动,如体育节、运动会等,更是展现和传播学校精神的重要平台。在这些活动中,学校精神的各个方面都可以得到充分展示。体育活动的公平竞争、积极向上的气氛、团队精神的凝聚力,都能在这些大型活动中得到充分体现。参与者和观众通过亲身经历和观察,可以更直观地理解学校的精神内涵。这些大型活动也是学生和教师共同参与、共同创造的体验,他们在活动过程中的种种经历和感受,将成为他们共同的记忆,从而进一步增强了他们对学校的认同感和归属感。

（二）体育活动是培养和锻炼学生的重要途径

通过参与各类体育项目，学生的耐力、力量、速度、灵敏度等都得到了锻炼和提高。体育活动不仅仅是一种身体活动，也包括技能的训练。从基础的运动技巧到高级的运动技巧，每项技能的掌握都需要时间、耐心和努力，这对学生的专注力和毅力都是一种锻炼。体育活动也是提升学生心理素质的重要途径，在竞赛中，学生会遇到各种挑战，需要有强大的心理素质才能应对。如何在压力下保持冷静，如何面对失败，如何调整心态，这些都是学生在体育活动中常常会遇到的问题，也是学生生活中必须面对的挑战。而且，体育活动是一种团队运动，学生需要学习如何与他人合作，如何调动集体的力量，这对培养学生的团队合作精神，提高他们的社交能力有着重要影响。

（三）体育活动是塑造和展示学校形象的重要手段

学校的体育活动状况，从某种程度上反映了该校的教育理念和教育质量。活力四射的体育活动，具有开放、包容、创新的特点，既体现了学校的活力和创新精神，也展示了学校对全面发展教育的重视。例如，学校的体育节、运动会、球队比赛等，都是学校向公众展示其教育特色和教育成果的窗口。

（四）体育活动是构建和维护校园社区的重要工具

体育活动是构建和维护校园社区的重要工具。通过体育活动，学生、教师、校友等可以共享体育的快乐，增强他们的社区意识和团队精神。另外，体育活动也是促进校园内部交流和互动的有效工具。学校内部的群体，如学生、教师、校友等，他们的背景、经历和需求各不相同，而体育活动可以为他们提供一个公平、开放的平台，让他们可以自由地交流和互动。在活动中，他们可以互相了解、互相尊重，共同解决问题。这不仅可以打破校园内部的界限，促进各类群体的融合和协作，还可以提高他们的团队精神和协作能力，对构建和维护和谐、有活力的校园社区具有重要作用。

四、高校体育文化的价值观念

高校体育文化的价值观念具有多方面的含义，它既表现在对身体健康和运动技能的重视，也表现在对团队合作、公平竞争和自我挑战的推崇，更表现在对生活方式和人生态度的影响。

首先，身体健康和运动技能是高校体育文化的基本价值。身体健康被视为学习和生活的基础，运动技能被视为个人发展的重要部分。在体育教学和活动中，学生被鼓励和指导保持良好的身体状况，提高运动技能，体验运动的快乐和满足。他们也被教育和引导理解与接受体育的规则和精神，如尊重对手、接受结果、持之以恒等。

其次，团队合作、公平竞争和自我挑战是高校体育文化的核心价值。在体育活动中，学生可以体验和学习这些价值观。团队合作强调的是协作和互助，公平竞争强调的是规则和公正，自我挑战强调的是毅力和进取。这些价值观不仅体现在体育活动中，还应用于学生的学习和生活中。

最后，生活方式和人生态度是高校体育文化的深层价值。体育被视为一种生活方式，一种积极、健康、有趣的生活方式。体育也被视为一种人生态度，一种勇敢、坚韧、乐观的人生态度。学生通过参与体育活动，可以体验和领悟这些价值，这对他们的个人成长和社会适应具有重要的影响。

五、高校体育文化的形成与发展

在宽泛的意义上，高校体育文化源自围绕体育活动产生的一系列行动文化和精神文化。它的核心在于人类对自我和社会的再定位。高校体育文化拥有悠久的历史，它映射出人们在劳动中的演变过程，随着人类文化的共同进步而发展。虽然在最初，人类并未形成独立的体育文化系统，但从整个人类文化发展的角度看，高校体育文化的形成是不可忽视的。体育文化的起源反映的是人类从原始生物性向人性的转变中，由多种因素共同演化的结果，因此高校体育文化充分表现出了深厚的民族文化底蕴。

中国早期的体育文化由于长期受儒家文化的影响,体育的重点主要是修身和养性,具有强烈的内在性、封闭性和完整性。然而,随着时间的推移,各个时期都会有其独特的发展,体育文化也不断受到各种文化的浸润和影响,逐渐有了积极的含义,成为一种能为人们的生活带来活力的健康独立文化。例如,在体育价值观转变后,中国的体育文化格局也逐渐被打破,对个人的人格塑造和社会的发展起到了积极的作用。特别是近年来,随着全球化步伐的加快,体育事业也逐步发展,这为中国的体育文化发展提供了推动力。对个人而言,体育是一种强身健体的健康生活方式;对学生而言,体育能增强体质和智力,提高其在生活中的战斗力;对国家而言,体育能推动国家体育教学事业的发展,为国家提供健康的高素质人才。

六、高校体育文化与学生发展的关系

高校体育文化与学生发展的关系密不可分,两者的相互影响与互动构建了学生全面、均衡的发展环境。

第一,高校体育文化对学生的身心发展具有推动作用。体育活动是提高学生身体素质的重要手段,能够帮助学生锻炼身体,提高学生抵抗力,使他们在繁重的学习任务中保持良好的身体状态。体育活动也对学生的心理健康有着重要影响,参与体育活动可以帮助学生缓解学习压力,调节情绪,提升自我价值和自尊心,并促进他们的心理健康。

第二,高校体育文化对学生的社会发展具有重要影响。体育活动通常需要团队合作,可以培养学生的团队精神和合作意识,帮助他们在实际社会生活中更好地融入集体,建立良好的人际关系。体育比赛中的竞争也可以让学生学到公平、公正、尊重规则的社会价值观,有助于他们成长为有社会责任感的公民。

第三,高校体育文化对学生的个性发展具有引导作用。每个学生的体育兴趣和才能各不相同,体育文化的多元化和包容性为学生提供了展示自我、实现自我价值的舞台。学生通过参与自己喜欢的体育活动,可以更好地认识自己,挖掘自身的潜能,形成独特的个性。

第二节　高校体育文化与学校文化的融合

一、学校文化的内涵

学校文化是一种独特的文化形态，它由学校的历史、价值观、使命、风俗、习惯和日常行为等元素构成。

（一）价值观和信念

学校的价值观和信念是学校文化的精神核心，它们反映了学校的核心价值和理念。每所学校都有其独特的价值观和信念，这些价值观和信念在学校的发展和教育中起着重要指导作用。例如，一些学校强调创新和创造力，鼓励学生在学习和生活中勇于尝试和创新，培养学生的创新意识和创造能力。而另一些学校可能更加重视传统和纪律，强调学生的规范行为和遵守校规校纪。不同的学校在不同的文化背景和办学理念下，形成了独特的价值观和信念，这些价值观和信念共同构成了学校文化的基石，影响着学校的发展和教育实践。

（二）历史和传统

学校的历史和传统代表着学校的身份和特色。学校的建校历史是学校文化的重要组成部分，它记录了学校的创建过程和发展历程，是学校的骄傲和传承。学校的庆典和仪式也是学校文化中的重要元素，学校通过这些庆典和仪式，表达对重要事件和人物的纪念，加强师生间的凝聚力和归属感。学校的标志和校歌也是学校文化的象征，它们代表着学校的精神和价值观，激励着学校的师生共同追求目标。学校的历史和传统为学校提供了共享的记忆和经历，也是学校文化传承和发展的重要基石。

（三）环境和设施

学校的环境和设施会对学生的学习和生活环境产生深远影响。校园设计体现了学校的整体规划和美学价值观，舒适、美观的校园可以为师生创造良好的学习氛围和生活环境。教学设施的完备与否直接影响着教学质量，现代化的教学设施可以提供更多元化的教学方式和手段，提高教学效率。学生宿舍的舒适与安全对学生的学习和生活至关重要，温馨的宿舍环境可以为学生提供更好的休息和学习条件。图书馆作为知识的殿堂，承载着学校的学术氛围和文化积淀，丰富的图书资源可以为师生提供广阔的知识视野。体育场馆则是学校体育文化的重要体现，为学生提供了丰富多彩的体育活动和锻炼场所，促进了学生的体育健康发展。

（四）行为规范和风尚

学校的行为规范包括学生和教师的行为准则和态度要求，它们是学校行为规范的基础。学校通常会规定学生的着装要求，以保持校园的整洁和文明。学术诚信规定对学生的学术行为具有重要意义，它促使学生遵守学术道德规范，杜绝抄袭和舞弊等不诚信行为。学校还可能制定学生自治规定，鼓励学生主动参与学校管理和决策，培养学生的自我管理和领导能力。教师教学风格是学校教学文化的重要组成部分，优秀的教师教学风格可以激发学生的学习兴趣和潜能，营造积极向上的学习氛围。

（五）人际关系和社区精神

师生关系是学校文化中最基本、最核心的关系之一。师生之间的密切互动和积极合作对学生的学习和成长至关重要。良好的师生关系可以建立起师生之间的信任和理解，激发学生的学习兴趣和动力。同学关系是学校社交生活中的重要组成部分，积极向上的同学关系有助于学生形成良好的交往方式和人际技巧。学校还应积极建立校友关系，为毕业生提供校友活动和资源共享平台，促进校友间的联系和合作。学校与社区的关系也是学校文化的重要组成部分。学校应融入社区，与社区居民建立和谐、互惠的关系，发挥学校在社区教育和文化建设中的积极作用。人际关系和社区精神的健康发展有助于形成积极向上的学校文化，为学生的身心发展和社会适应奠定坚实基础。

二、学校文化的特征

学校文化的特征主要体现在六个方面，如图 7-2 所示。

图 7-2 学校文化的特征

（一）稳定性

学校文化的稳定性是学校文化的一大特征，它体现了学校长期积累下来的教育传统和核心价值观。学校文化的形成通常需要经历多年甚至几十年的时间，它是学校师生共同努力的结果，代代相传。学校文化的稳定性使学校在面临外部环境的变化时能够保持坚定的方向和信念，不会因为一时的冲突或困难而动摇。学校文化的稳定性也为学生提供了良好的学习和成长环境，让他们能够更好地适应学校生活和学习。然而，学校文化的稳定性并不意味着它是僵化不变的，而是不断适应社会发展和学生需求的变化，不断更新和完善自身的文化，以保持其活力和吸引力。

（二）独特性

学校文化的独特性是学校在历史传承中形成的独特的教育理念、学术氛围、师生风采等方面的表现。每所学校都有其独特的历史背景和发展轨迹，这些因素使学校在教育方式、管理模式和教育成果等方面呈现出与众不同的特点。学校文化的独特性不仅彰显了学校的个性，还是学校发展的竞争力所在。它吸引了一批又一批学生和教职员工前来学习和工作，形成了学校的学术传承和精神追求。学校文化的独特性也为学校带来了良好的社会声誉和品牌价值，增强了学校的社会影响力。

（三）导向性

学校文化的导向性是学校的精神指南和价值导航。通过明确的学校文化，学校能够为师生确立共同的价值取向和行为准则，使他们在学习和工作中能够知行合一，追求共同的目标。学校文化的导向性体现在多个方面，如对学生的学习态度和学术追求进行引导，促使他们树立正确的学习观念，发扬求真务实的学风；对教师的教学方式和教育理念进行指导，鼓励他们以身作则，关注学生全面发展；对学校管理与发展进行规范，营造和谐融洽的校园氛围。学校文化的导向性有助于形成一种积极向上的学校氛围，凝聚师生共识，推动学校全体成员共同努力，实现学校的发展目标。

（四）包容性

在学校这个大家庭中，来自不同地区、不同背景、不同文化的学生汇聚一堂，这些多元的个体共同构成了学校文化的多样性。学校应倡导包容性，鼓励学生以开放的心态理解和尊重不同文化的存在，从而增进彼此之间的交流与理解。学校还应提供各种机会和平台，让学生在学校文化中体验不同文化的魅力，培养他们的跨文化交流能力和包容性思维。包容性的学校文化能够促进学生的全面成长，增强他们的社会适应能力，让他们在未来的发展中更好地融入多元化的社会。

（五）创新性

随着社会的不断发展和进步，教育面临新的挑战和机遇。学校文化作为教育的灵魂，应与时俱进，不断进行变革和创新，以适应新的教育需求和发展趋势。创新性的学校文化可以激发学生和教师的创造力和创新意识，鼓励他们尝试新的教学方法和教育理念，不断探索教育的前沿。学校应鼓励教师开展教育研究，推动教学改革，培养学生的创新精神和实践能力。学校还应积极引入新的教育技术和教学手段，拓展自身教育资源，打破传统的教学模式，创造更加开放、自主、灵活的学习环境。学校通过创新性的学校文化，可以不断提升自身教育质量，培养具有创新精神和创造力的优秀人才，为社会的发展和进步作出贡献。

（六）引领性

学校文化的引领性在于它对学校成员的行为和态度产生积极的影响，推动学校朝着共同的目标迈进。学校文化作为学校精神的象征，激励着教师和学生共同追求卓越和进步。它明确学校的核心价值和发展方向，为学校提供了共同的价值观和行为准则，使学校成员形成共识，共同努力。学校通过树立正确的学校文化，可以引领教师树立正确的教育理念，提高教学质量；引领学生树立正确的学习态度，积极参与学校活动。学校文化的引领性还表现在其对学校管理和组织发展的推动作用。它为学校管理者提供了决策依据和方向，促进学校的科学发展和优化管理。

三、高校体育文化在学校文化中的地位

（一）高校体育文化是学校精神文化的重要体现

体育活动是学校精神文化的重要组成部分，它不仅是学校教育的重要内容，还是学校精神文化的载体和展示窗口。在体育活动中，学生可以感受到学校所倡导的公平竞争、团队合作、积极进取等精神。体育活动强调的是个体与集体的统一，注重团队精神和集体荣誉，这与学校精神文化的塑造密不可分。学生通过参与体育活动，可以在竞争中学会尊重对手、懂得坚持努力，在合作中感受集体力量、培养团队合作意识。高校体育文化的传承和弘扬有利于激发学生的潜能和活力，促进学生全面发展。可以说，高校体育文化在学生身上播下了正确的价值观种子，

为学生的成长和发展奠定了坚实的基础。

（二）高校体育文化是学校教育的重要手段

体育教学不仅仅是培养学生体育技能的过程，更是培养学生全面发展的重要手段。学生通过体育教学，可以锻炼身体，增强体质，培养良好的生活习惯和健康意识。体育教学还可以培养学生的意志力和毅力，提高学生的团队合作意识和竞争意识，促进学生个性的形成和发展。这些素质对学生的个人成长和社会适应性有着重要的影响，能够帮助学生更好地适应社会发展的需求，成为有社会责任感和创新能力的综合型人才。

（三）高校体育文化是学校形象的重要展示

高校体育文化是学校形象的重要展示，体育活动可以展现学校的特色和优势，吸引公众的关注和赞赏。体育活动作为学校形象展示的窗口，承载着学校的品牌形象和教育理念。有活力、有竞争力的体育活动，可以传递学校的优秀形象，激发公众对学校的兴趣和好感。例如，学校体育代表队在全国性比赛中获得优异成绩，可以彰显学校在体育领域的实力，为学校赢得声誉和荣誉。体育活动的成功举办，也能提升学校的知名度和影响力。各类体育比赛和活动吸引了大量的观众和参与者，通过媒体的广泛宣传，将学校的名字传遍各个角落。公众对体育活动的关注也会转化为对学校的关注，进一步推动学校的发展和建设。体育活动还能展示学校的教育理念和文化氛围。例如，学校重视团队合作和拼搏精神的教育理念，在体育活动中会得到体现。比赛中的队员互相支持、团结协作，向公众传递出学校鼓励团队合作、培养学生积极向上的精神。

四、高校体育文化与学校文化的交融与互影

高校体育文化与学校文化的交融，实质上是价值观、理念、行为方式等元素的交融。它们在某种程度上营造了学校的氛围，影响了学生的学习、生活习惯和个性发展。

高校体育文化的传播有助于弘扬学校文化。例如，体育活动的进行，

无论是课堂上的体育教学，还是课外的体育竞赛，都可以促进学生的身心健康，提升学生的团队合作能力，从而传播并弘扬学校文化中的健康、合作等价值观。学校文化对高校体育文化的影响，不仅表现在整体的理念和方向上，还体现在具体的实践中。学校的价值观和教育理念是塑造体育文化的主导力量，它们通过设定体育教学的方向和方式，反映了学校对体育教学的独特理解和期待。例如，如果一所学校的教育理念强调全面发展，那么在体育文化中，可能就会推广多元化的体育项目，鼓励学生探索和尝试不同的运动形式，而非仅仅专注于某一项或某几项竞技体育。此外，全面发展的理念也会强调体育活动对学生身心素质的培养和社会能力的提升，这可能会在体育教学中加入更多的团队活动，以培养学生的协作精神和沟通技巧。学校文化中的精神风貌，如创新精神和挑战精神，也是高校体育文化的重要组成部分。崇尚创新的学校，可能会在体育教学中引入新的运动项目，或者采用新的教学方法，鼓励学生以创新的方式参与体育活动，这样就能在高校体育文化中体现出学校文化的创新精神。同样，强调挑战的学校，可能会设定更高的体育标准，或者设立更多的体育挑战，让学生在体育活动中体验挑战和突破，这样就能在高校体育文化中体现出学校文化的挑战精神。

在高校体育文化与学校文化的交融中，也产生了许多具有深远影响的现象。例如，在体育比赛中培养的团队精神，可以进一步转化为学校社区的团结和协作；体育活动中对规则的尊重和公平竞赛，可以加深学生对社会公平、法治精神的理解；体育活动的乐趣和挑战性，也可以激发学生对生活和学习的热爱和动力。

五、促进高校体育文化与学校文化融合的策略

（一）构建共享的价值观

共享的价值观应被明确并广为传播。这可以通过学校的官方文档、教育大纲以及各类公开发表的文章或演讲等方式实现。当学校的领导层、教师和学生都清楚了解并接受这些价值观时，它们就有可能成为一个强

有力的导向，影响并指导整个学校的教育行为。具体到高校体育文化与学校文化的融合，共享的价值观可能包括公平、尊重、团队合作、健康、竞争、坚韧等。这些价值观应在体育教学的各个环节中得到弘扬。例如，在体育课程设计中，教师可以注重培养学生的团队合作精神；在体育竞赛中，学校应当强调公平竞赛，尊重对手等原则；在日常体育活动中，学校可以通过设置适度的挑战，培养学生的坚韧精神和竞争意识。学校也应该充分利用体育活动的实践场景，将这些价值观与学校文化有机结合。例如，如果学校文化强调创新精神，那么学校在体育教学中，可以鼓励学生发挥创新，如设计新的游戏规则或运动方式。这样，体育活动不仅可以为学生提供展示和实践学校文化的机会，还可以丰富和拓宽学校文化的内涵。

（二）开展多样化的体育活动

体育活动的多样化表现在多个层面。例如，学校可以提供各种类型的体育课程，以满足学生的不同兴趣和需求。这包括常见的团体运动（如足球、篮球、排球等）、个人运动（如游泳、跑步、健身等），以及一些特色的、非传统的运动项目（如攀岩、潜水、瑜伽等）。这种多样性不仅可以让学生体验和欣赏不同类型的体育运动，还可以根据个人的特点和兴趣，发现和发展自己的运动特长。体育活动的形式也应当多样化。除了常规的体育课程，学校还可以通过体育比赛、运动会、体育社团等方式，为学生提供更多的参与机会，这些活动不仅可以激发学生的运动热情，提升他们的身心素质，还可以为学生提供一个交流、互动的平台，增进学生之间的情感交流和社会交往。体育活动的多样化还可以在与学校文化的融合上发挥重要作用，例如，如果学校文化强调多元化和包容性，那么在体育活动中，可以通过接纳和尊重不同的运动项目和运动形式，体现这一价值观。如果学校文化强调竞争和挑战，那么在体育活动中，可以通过设置适当的挑战和竞赛，从而激发学生的斗志和积极性。

(三)提升体育设施和环境

1. 体育设施的提升

学校应投入足够的资源,保证每位学生都能使用体育设施。传统的运动场所如足球场、篮球场、游泳池等是学校体育活动的基础设施,这些场所为学生提供了进行各类体育运动的场地,有了这些基础设施,学生可以进行各类团队体育活动、锻炼身体、培养团队合作精神。学校还应当为学生提供一些特色的设施,如健身房、攀岩墙、舞蹈房等,满足学生个性化的运动需求。学校还应保证设施的多样性,为学生提供各种类型的体育设施,因为学生的兴趣和需求各不相同,有些学生喜欢传统的体育运动,有些学生可能更喜欢健身、瑜伽等项目。因此,学校应当增设多样性的设施,以满足不同学生的喜好和需求,让他们能够在体育活动中找到自己的兴趣。提升体育设施需要持续投入和不断改进,应将体育设施建设纳入长期规划,并投入足够的资金和资源。

2. 体育环境的提升

学校要营造一种积极、健康的体育氛围,可以通过举办各类体育活动激发学生的体育热情,提高他们的参与度,如定期举行运动会、体育比赛、健身活动等,让学生积极参与,感受体育的乐趣和意义。学校应该树立正确的体育观念,这包括鼓励公平竞争、尊重对手、珍爱生命、珍视健康等,体育不仅仅是比赛和胜负,更重要的是培养学生正确的价值观和人生观。学生通过体育教学,应该学会尊重对手、理解输赢,树立健康的竞争观念,追求个人进步和全面发展。学校还可以借助校园宣传和教育活动,向学生传递正确的体育价值观。学校可以通过举办座谈会、讲座、展览等形式,让学生了解体育对身心健康的重要性,以及体育精神在社会生活中的价值。学校通过这些活动,可以培养学生积极参与体育活动的意识,从而激发他们对体育文化的热爱和追求。

(四)鼓励师生参与

对于学生来说,鼓励他们参与体育活动,有助于他们形成积极健康的生活习惯，提升身体素质，同时可以通过团队合作、竞争挑战等方式，锻炼沟通能力、团队精神、竞争意识等重要的社会能力。对于教师来说，鼓励他们参与体育活动，不仅可以提升教师的身心健康，还可以通过与学生的互动，增进师生关系，同时有利于他们在体育教学中传递学校的文化理念，引导学生形成正确的价值观。教师也可以通过参与体育活动，建立积极的角色模型，影响和激励学生。

（五）开展体育文化研究

高校体育文化研究应关注体育活动的多个方面。例如，对体育活动的参与者进行研究，可以理解他们的需求、动机、经验等，以此优化体育活动，提高参与度；对体育活动的形式和规则进行研究，可以理解其文化意象、文化符号等，以此丰富体育文化的表达方式；对体育活动的社会效应进行研究，可以理解其对个人、社会、文化等的影响，以此弘扬体育文化的社会价值。开展体育文化研究，还需要保持一种开放的研究态度，这意味着学校应鼓励教师、学生、社区等多方参与，发表他们的见解和意见，分享他们的经验和故事，以此丰富体育文化的研究内容和研究方法。国家应提供必要的研究支持，如提供研究资金、设立研究机构、举办研究活动等，以此保障高校体育文化研究的进行。

体育文化研究也应从多元视角出发。例如，从历史视角看，可以追溯体育文化的发展历程，理解其传统与变革，以此建立体育文化的历史记忆；从比较视角看，可以比较不同文化中的体育实践，理解其异同与交流，以此拓宽体育文化的视野；从批判视角看，可以揭示体育文化中的问题和挑战，理解其公平、公正、公开等价值理念，以此推动体育文化的进步。

第三节　高校体育文化与社区文化的融合

一、社区文化的内涵

社区文化是由社区成员在特定的地理环境和社会环境中形成的共享的价值观、行为规范、生活方式及其相应的物质文化和精神文化的总和。它涵盖了社区的历史传统、风土人情、社区活动、人际交往等多个方面，是社区生活的重要组成部分。

（一）历史传统

历史传统是社区文化的重要组成部分，它承载着社区的集体记忆和文化认同。每个社区都有其独特的历史背景，这些历史事件、人物、传说等构成了社区的历史传统。这些传统不仅反映了社区文化的发展历程，还成为社区成员之间共同的文化纽带。历史传统为社区提供了丰富多样的文化元素，且随着时间的推移而不断演化和传承。社区的居民通过参与庆典、传统节日等活动，不仅加深了其对社区历史的认识，还增强了社区凝聚力和归属感。这些传统活动是社区成员传承文化、分享情感、共同体验的重要方式，让社区文化在时间的长河中得以延续。历史传统也在一定程度上影响着社区的发展方向和价值取向。它们可能蕴含着智慧和价值观，成为社区成员行为准则和道德标准的重要来源。社区历史传统的传承和弘扬，有助于引导社区成员坚守传统美德，传递正确价值观念，形成文明、和谐、进步的社区文化。

（二）风土人情

风土人情是社区文化的独特表现，它与社区的地理环境和社会环境紧密相关。不同地理位置和社会背景的社区形成了各自独特的风土人情，这些特色成为社区文化的重要组成部分。地理环境对社区文化产生深远影响。靠海的社区以渔业和海洋文化为特色，山区的社区以耕作和山地传统为特色。这些特色反映了社区成员在特定地理环境下的生活方式和生产方式，营造了社区独有的文化氛围。社会环境也是社区文化的重要因素。社会经济发展水平、民族文化传统、宗教信仰等都会对社区文化产生影响。例如，繁荣的商业社区以商贸文化为主导，多元文化共存的社区形成包容和开放的文化氛围。这些社会环境特征反映了社区成员的价值观和生活态度。

（三）社区活动

文化艺术活动是社区文化的重要展示方式，社区通过举办各类文化艺术活动，如书画展览、音乐会、戏剧表演等，可以展现社区的艺术品位和审美情趣，丰富社区居民的文化生活。庆祝节日活动是社区文化的重要传承方式，社区居民在共同庆祝节日的过程中，传承了许多传统文化和习俗，加强了社区成员之间的联系，形成了独特的节日文化。体育活动是社区文化的重要体现方式，体育活动不仅有助于提高社区居民的身体素质，还增进了社区成员之间的友谊和合作精神，形成了积极向上的体育文化。通过社区活动，社区文化得以传承和发展，社区成员之间建立了更加密切的联系，社区的凝聚力得到增强。社区活动也为外界了解和认识社区文化提供了窗口，从而促进了社区文化的传播和交流。

（四）人际交往

良好的人际交往有助于增强社区凝聚力，营造和谐的社区氛围。社区成员之间通过互相尊重、理解和包容，建立了信任和友谊，共同维护社区的利益和发展。人际交往也促进了社区文化的传承和发展，因为在交往中，社区成员之间会分享彼此的文化和价值观，从而营造多样性和包容性的社区文化氛围。

二、社区文化的特征

社区文化主要有五大特征，如图7-3所示。

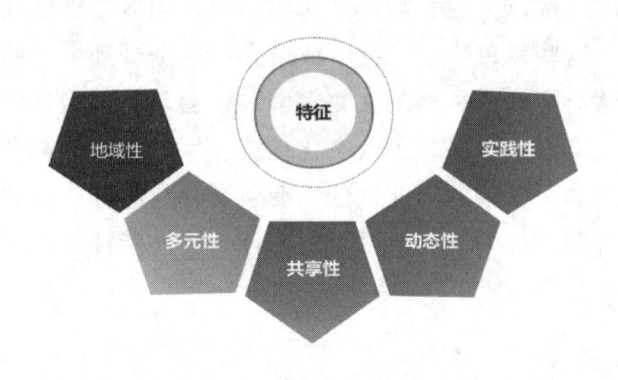

图 7-3 社区文化的特征

（一）地域性

社区的自然环境是社区文化的重要组成部分，不同自然环境中的社区成员有不同的生活方式和价值观，这些生活方式和价值观随着时间的推移，逐渐融入社区文化中，成为社区文化的一部分，如海滨社区可能会形成与海洋相关的文化元素，如海洋神话、渔民的生活习惯等。社区的历史背景也对社区文化的形成有深远影响，每个社区都有其独特的历史背景，这些历史背景在一定程度上塑造了社区成员的价值观和生活方式，从而影响了社区文化的内容和形式，如有着深厚历史文化底蕴的社区，其社区文化可能会包含更多的历史文化元素。社区的风土人情也是社区文化地域性的重要体现，每个地方都有其独特的风土人情，这些风土人情会在社区成员的日常生活中得到体现，从而成为社区文化的一部分，如以农业为主的社区，其社区文化可能会包含更多与农业生活相关的元素，如农耕歌谣、农事习俗等。

（二）多元性

社区文化的多元性是指社区内部和外部的文化元素的多样性，在社区内部，不同的社区成员可能有不同的文化背景，拥有不同的语言、习俗等，这些多样的文化元素共同构成了社区内部的文化多元性，使社区成为文化交汇的地方。随着社会的发展和进步，社区与外部世界的交流越来越频繁，外部的文化元素也渗透社区文化中，如随着经济全球化的影响，许多社区受到国际文化的影响，接纳了来自不同国家和地区的文化元素。社区文化的多元性使社区成为丰富多彩的文化圈，不同国家的文化元素相互交融、相互影响，彰显社区的独特魅力，这种多元性不仅丰富了社区的文化内涵，还促进了社区成员之间的相互理解和包容，通过欣赏和尊重不同的文化，社区成员间可以更好地交流，增进友谊，共同促进社区的繁荣和进步。

（三）共享性

社区文化是社区成员共同经历和创造的，它是社区共同的记忆和体验。社区文化通过世代相传，成为社区成员共同的文化认同，代表了社区成员共同的价值观和生活方式。这种共享性使社区文化具有很强的凝聚力。社区成员因为共同的文化认同而紧密地联系在一起，形成了一个有机的社会群体。共享社区文化可以促进社区成员之间相互理解和互动，加强社区成员之间的信任和合作。共同参与和传承社区文化，也是社区成员对社区归属感和认同感的体现。社区文化的共享性还有助于维护社区的稳定和繁荣。当社区成员坚守共同的价值观和生活方式时，他们将形成共同的目标和愿景，努力追求社区的进步和发展。共享社区文化可以凝聚社区成员的力量，推动社区的发展，提升社区的幸福指数。

（四）动态性

新的社会现象、文化潮流及科技进步等都会对社区文化产生影响。社区成员的生活方式、价值观念、审美观念等会随着时代的变迁而改变。社区文化会不断吸纳外来文化的元素，形成多元交融的特点。随着社会的发展，新的社区文化元素不断涌现，不断丰富着社区的文化内涵。社区文化的动态性使它始终能够反映社区生活的最新状态，保持其活力和魅力。想要适应时代的发展，社区文化不仅需要传承保守，还需要创新发展。在不断变化的社会环境中，社区文化需要与时俱进，增强社区成员的认同感和归属感。

（五）实践性

社区文化是社区成员在社区内部相互交流、相互影响的过程中不断创造和传承的。社区成员通过日常的社区活动，共同创造和传承着社区文化。社区成员在实际的生活中感受到社区文化的存在和影响，通过参与各种活动，体验社区文化所传递的价值观和精神内涵。社区文化不是空洞的理念，而是通过实际的生活实践得以体现和传承的。社区文化的实践性也赋予了它很强的生活气息和实用价值，社区文化不仅仅是一种观念和价值体系，更影响着社区成员的日常行为和生活方式。通过实践，社区成员在社区文化的引领下形成了共同的行为规范和生活习惯，以及共同的价值取向和精神追求。

三、高校体育文化在社区文化中的地位

（一）高校体育文化是社区文化的重要组成部分

高校体育文化作为社区文化的重要组成部分，贯穿校园生活的方方面面。体育活动在校园社区中具有广泛的参与性和融合性，不同专业、不同年级的学生都可以参与体育活动，形成了一个庞大的体育社区。这种广泛的参与性让学生有机会结识不同背景的同学，促进了社区内文化的交流和融合。高校体育文化强调团队协作和领导力的培养，体育比赛往往需要团队合作来取得胜利，这培养了学生的团队意识和协作能力，体育活动也为学生提供了展现自我的机会，那些在体育比赛中表现出色的学生常常成为榜样，拥有领导力，从而影响社区中其他学生。

（二）高校体育文化有助于社区文化的传播

通过举办体育比赛和活动，社区的价值观、习俗和传统可以被广泛传播给更多的人。观众、参与者和媒体等成为社区文化传播的受众。这

些活动成为展示社区特色和魅力的窗口，让外界更好地了解和认识社区文化。体育活动往往具有娱乐性和吸引力，可以吸引更多的人参与其中。这样一来，社区的文化特色和价值观也将随着体育活动的传播而扩散。而体育比赛的报道、体育活动的宣传等有助于将社区文化传播至更广泛的社会群体中。

（三）高校体育文化是社区文化创新的重要途径

体育是一种充满创新性的活动，不断涌现出新的体育项目和体育模式，如随着科技的发展，电子竞技作为一种新的体育项目，逐渐受到人们的青睐，并在社区中崭露头角，这种新型的体育项目带来了全新的体验和观赏方式，为社区文化带来了新的元素和活力。高校体育文化鼓励学生参与各种创新性的体育活动和竞赛，学校组织各类体育比赛，鼓励学生尝试新的体育项目，来培养学生的创新意识和创造能力，在这些活动中，学生可以自由发挥，尝试新的技巧和战术，从而推动高校体育文化的创新和进步。高校往往汇聚着来自不同地区和不同文化背景的学生，他们带来了各自的文化元素。在体育活动中，不同文化背景的学生可以相互交流、相互借鉴，形成新的文化融合和创新。

四、社区文化对高校体育文化的反馈与启示

（一）体现社区需求

体育活动是社区成员的主要社交方式之一，因此社区成员对体育活动的需求可以直接反映出社区文化的特点。例如，社区中的多数成员偏爱团队运动，那么学校应为其提供更多的团队运动机会，如足球、篮球等。如果社区文化偏向个人表现，如跑步、瑜伽等，学校则应为其提供相应的设施和资源。高校体育文化要想在社区中得到更广泛的接受和认可，就需要对社区文化的这些需求和期待有所反应，来更好地适应社区文化的需求，从而进一步提升其在社区中的影响力。更重要的是，通过满足社区成员的体育需求，可以有效地促进社区成员的身心健康，提高

其生活质量。因此，高校体育文化在满足社区需求的过程中，不仅可以提升自身的价值，还能为社区文化的发展作出贡献。

（二）推动高校体育文化创新

社区文化对高校体育文化的反馈与启示不仅仅体现在需求满足上，更在于它的不断变化和发展为高校体育文化提供了丰富的创新资源。社区文化的特色、风俗、习惯等都是体育文化创新的源泉。以社区中流行的运动为例，这些运动可能是由于某种社区特色或风俗产生的，或者是社区成员对某种运动的热爱。通过观察和理解这些运动，学校体育文化可以从中找到创新的思路，如创造新的运动项目，或者在现有的体育活动中加入新的元素。另外，社区文化中的集体记忆和传统也是体育文化创新的重要参考。这些记忆和传统深入社区成员的生活，对其有着深远影响。高校体育文化可以借鉴这些记忆和传统，创新体育活动的形式和内容，使其更符合社区成员的心理需求和情感期待。社区文化的发展趋势和变化也是体育文化创新的重要指引。社区文化的发展往往反映了社区成员的新需求和新期待，这为高校体育文化的创新提供了方向。通过关注和理解社区文化的发展和变化，高校体育文化可以及时地调整和改变，从而更好地适应社区的需求。

（三）提升学生身心素质

社区文化对高校体育文化的反馈与启示往往以直接和间接的方式，推动学生身心素质的提升。首先，社区文化作为学生生活的重要组成部分，为学生提供丰富的体验和互动机会，这些体验和互动促使学生积极参与体育活动，提高身体素质，增强自我认知和社会适应能力。其次，社区文化的价值观和行为模式，如合作精神、互助习惯、尊重差异等，通过体育活动得以实践和传播，从而提高学生的社会情感素质。例如，学生通过参与社区的群体运动，可以在实践中培养学生的合作精神，养成互助的行为习惯，这不仅能够提升其体育技能，还有助于培养其情感态度和社会行为。最后，社区文化中的人文精神和历史记忆，也会通过体育活动得以传递和延续，以此来增强学生的历史文化素养和身份认同感。体育活动中的传统项目，常常承载了社区的历史记忆和人文精神，如地方性的运动，或者特殊的运动仪式等，学生在参与这些活动的过程中，可以对社区的历史文化有更深的理解与认同。

五、推动高校体育文化与社区文化融合的方式与方法

（一）开展校社共建项目

校社共建项目为学生提供了参与社区活动的机会，通过与社区合作举办各类体育活动，让学生有机会走出校园，融入社区，与社区成员间进行互动。这种交流能够让学生更加深入地了解社区的历史、传统和文化，从而感受到社区的温暖和包容。同时，学生在参与社区活动的过程中，也可以展现自己的才华和能力，为社区的发展贡献力量。在参与社区活动的过程中，学生会意识到自己作为高校学生的身份与责任，他们将更加关注社区的需求和问题，并积极投入解决社区问题的行动中，这种社会责任感和公民意识的培养将使学生在未来成为有担当、有意识的社会成员，为社会的发展作出贡献。通过共同举办体育活动，高校和社区间可以建立起良好的互信与合作关系，高校可以为社区提供专业的体育指导和资源支持，而社区则为高校学生提供了实践学习的平台和机会，这种合作关系的建立有助于促进资源共享、优势互补，实现共赢发展。

（二）建立有效的反馈机制

高校可以定期开展问卷调查，面向学生、教师、社区居民等不同群体，收集他们对校社共建项目的看法和意见。问卷调查可以涵盖体育活动的内容、形式、组织方式、参与程度等方面，以及对融合效果的评价。高校还可以进行访谈研究，深入了解个别人员的意见和体验，从而更加细致地了解融合工作的实际情况。高校应建立起一个高效的信息反馈和整合机制。将收集到的各类反馈意见和建议进行整合和分析，从中提取

出有价值的信息，形成具体的改进措施。高校需要将反馈机制融入体育教学和活动的日常管理中。在体育教学和活动的规划、组织和实施过程中，要始终关注各方的反馈意见，及时调整和优化相关工作，这样做不仅可以提高融合效果，还能提高学生和社区居民对体育活动的满意度和参与度。

（三）创新体育教学模式

在教学模式上，高校可以尝试将社区文化元素融入体育课程和活动中，如可以开设一些富有地方特色的体育课程，通过引入社区的传统运动项目、民俗体育或地方特色体育，让学生在学习和体验中了解并感受当地的文化传统。举办以社区文化为主题的体育比赛或运动会，让学生在竞技中感受到社区文化的独特魅力，如可以组织以社区文化为主题的运动项目、文化体验活动等，激发学生的兴趣，从而增强他们对社区文化的了解和认同。

第四节　高校体育文化的传播

一、高校体育文化的传播原则

在对高校体育文化进行推广与传播时，应遵循一定的原则，如图7-4所示。

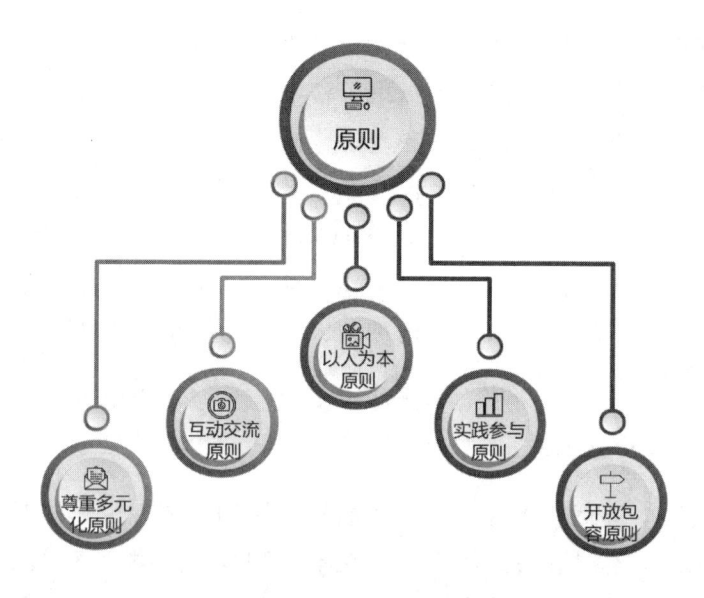

图 7-4　高校体育文化推广与传播的原则

（一）尊重多元化原则

高校体育文化作为一种文化现象，应当充分尊重和包容各类文化的多样性，避免简单地将某种体育文化强加于他人，而应考虑学生的个体差异和文化背景，以此来提高高校体育文化的有效性和普适性。在推广高校体育文化时，应充分考虑学生对不同体育项目的兴趣，鼓励他们根据个人兴趣自由选择参与体育活动。有些学生可能喜欢传统的体育项目，如足球、篮球等，而有些学生可能对新兴的体育项目，如滑板、攀岩等更感兴趣，学校应提供多样化的体育课程和活动，以满足学生的个性化需求，让他们在体育文化中找到自己的兴趣点。不同文化背景的学生，拥有不同的价值观和生活习惯。在推广体育文化时，应尊重并包容各类文化的差异，避免一切形式的文化同质化，高校可以通过多元文化教育，让学生了解和尊重他人的文化，增进学生间的相互理解和沟通。

（二）互动交流原则

教师是高校体育文化传承和推广的关键角色，他们的教学方式、言传身教都会影响学生对高校体育文化的理解和认同。教师应积极与学生互动，关注学生的学习情况和需求，根据学生的兴趣和特点，设计丰富多彩的体育教学活动，以此来激发学生的学习兴趣。学生是高校体育文化的主要受众，他们之间的互动和交流可以增进彼此之间的理解和友谊，共同营造积极向上的高校体育文化氛围。学校可以组织各类体育社团、俱乐部，让学生自由选择参与，建立互动交流平台。学生通过参与体育团队活动，可以培养团队合作精神和领导能力，也会促进学生身心全面发展，从而更加热爱和认同高校体育文化。

（三）以人为本原则

以人为本是高校体育文化传播的核心原则，体现了学校对学生的关怀和尊重，也是促进高校体育文化在学校和社区中融合发展的关键。在推广高校体育文化的过程中，学校应该充分认识到每个学生都是独一无二的个体，他们的兴趣、能力、文化背景等都有所不同，因此需要因材施教，针对不同学生提供个性化的体育教学服务。学生的兴趣是他们参与体育文化活动的动力，因此学校应该充分了解学生的兴趣爱好，并结合学生的意愿和需求开展丰富多样的体育项目和活动，让学生能够自主选择感兴趣的体育项目，从而使学生更加积极投入高校体育文化中。高校体育文化的推广不应该是强制性的，学生应该有选择的权利，学校应该尊重学生的选择，不应强迫他们参与体育文化活动，而是通过丰富多样的活动内容和形式，吸引学生自愿参与。只有在学生自愿的情况下，高校体育文化才能真正发挥其教育和社会功能。高校体育文化的推广过程应该关注学生的学习体验和感受，及时收集学生的反馈意见，了解他们对高校体育文化活动的满意度，以便学校能够持续改进和优化体育教学内容和形式，从而提高高校体育文化的吸引力和影响力。

（四）实践参与原则

体育是一种实践性很强的活动，只有通过实际动手、亲身体验，学生才能真正领会到体育文化的魅力和意义。在体育课堂上，教师应该让学生参与各种体育活动和游戏，来培养学生的体育兴趣，从而提高他们的体育技能。学生通过实践参与，不仅能够感受到体育的乐趣，还能够培养团队合作精神、竞争意识等重要素质，这些都是高校体育文化传播的重要内容。只有让学生亲身体验，才能让高校体育文化深入他们的心灵，成为他们生活的一部分。

（五）开放包容原则

在推广体育文化时，高校不应仅仅局限于传统的体育项目，还应积极开展各类新颖有趣的体育活动，吸引更多的学生参与。高校应积极开展与社区的合作，吸纳社区的体育文化元素，丰富高校体育文化内涵。通过开放包容的态度，高校体育文化能够吸引更多的学生参与，让体育成为连接学校和社区的桥梁，从而促进高校体育文化的广泛传播和融合。

二、高校体育文化传播的途径

（一）高校体育课的文化传播

1. 显性传播

体育课程以其多样的展示形式发挥着重要作用，主要因素包括专业的体育教师、适当的教学场所和有效的设备。高校的体育设施较具代表性。良好的设施可以打破体育课程的地域限制，让学生更好地享受体育课带给他们的益处。教师在高校良好的设施和器材的支持下，也可以更好地组织和控制课堂。此外，随着体育教师专业素养的持续提升，体育知识的传播质量也在不断提高。运动器械是学生体育学习的重要配套工具，是学生实现学习和训练目标的物质基础。适宜的运动器械能更有效地推动学生的学习，从而激发学生对练习的热情，而不合适的器械可能会降低学生的学习效率，压抑他们对练习的热情。在体育教学过程中，体育教师的角色是多方面的，他们不只是传授体育知识和技能的人，也是体育的推广者。通过这一"窗口"，学生可以获取大量的体育运动技巧和知识。尤其是在现今教学模式发生改变的背景下，教师不再被看作课程实施的"工具"或课程的"使用者",而是更加关注满足学生的体育需求,解决学生的体育问题,这对体育课程的显性传播有着重要影响。

2.隐性传播

第一,通过学生的个人表达方式传播。现如今,体育课程正在实施新的教学标准。新的教学标准不仅注重学生在体育知识和技能学习上的需求,还增添了与日常生活紧密相关的教学内容,使学生的体育学习更具实际意义。这样的变化可以使学生主动学习和思考,有利于展示他们的个性和兴趣,从而更好地维护他们的主体地位。这表明,在新的教学标准下,体育课程的文化传播方式已经不仅仅是教师的主观愿望,也不仅仅是教学大纲的具体规定,学生的个性和兴趣已经在很大程度上决定了高校体育文化的传播内容。只有在激发学生的兴趣之后,学生才会愿意参与体育教学,这样的学习才不会感到枯燥无味。尽管体育课程的内容看似由体育教学管理部门决定,但实际上,这些部门在作出相关决定时,也会考虑如何激发学生的兴趣和个性。

第二,通过优秀的体育文化传播。以乒乓球为例,正因为中国的乒乓球运动在国际竞赛中的杰出表现,使它获得了"国球"的称号,这为乒乓球的知名度提供了较大的助力。因此,即使在经济发展较慢甚至困难的地方,也可以看到一些简易的乒乓球桌,人们对参与这项运动的热情比较高。这说明,一项运动能够得到广泛接受,其背后的文化已经深入人心。同样,每个学校都有其传统的体育项目,学生会对学校的传统体育项目感到自豪。在这种深厚的体育传统中,学生会自然而然地产生强烈的兴趣,因此他们会在不知不觉中受到这种影响,为参与某种运动感到自豪。这样,学校在这个过程不再需要强制性的规定,而是成为学生受到隐性体育文化影响的行为,从而实现更好的体育文化传播效果,这种传播影响力也更为深远。

(二)高校体育活动的文化传播

1.日常体育活动

日常开展的体育活动以其随性、普遍性和选择性为特点,是学生经常参与的体育活动方式。虽然日常体育活动呈现出明显的选择性和随性，但其活动目标依然应遵循体育健身的基本法则，任何情况下都不能背离其"健康思想"的基础。高校在巩固课堂教学的同时，应通过组织多元化的活动来丰富学生的生活，从而促进学生身体素质的提升和发展，并培养学生的体育兴趣、坚忍的意志和良好的社交情感，使学生建立良好的人际关系。

2. 体育文化节

体育文化节是展示高校体育文化的一个主要渠道。体育文化节的活动形式多样且灵活，不仅有体育竞赛，还有形式多样、娱乐性强的体育嘉年华活动。学校师生通过参加体育文化节不仅可以享受节日的快乐，还可以通过运动锻炼身体。即使没有体育特长的学生，也可以在体育文化节中找到适合自己的活动。为成功组织体育文化节，学校主要可以通过以下步骤进行：首先，进行体育文化节活动的预热，让全校师生了解活动内容和组织方式，从而激发学生的参与热情；其次，尽可能在活动中设置一些师生互动的环节，让教师也能成为活动的参与者；再次，需要让学生体育骨干积极参与活动的组织和规划，听取学生的意见和建议，使活动满足学生的需求；最后，在活动结束后，举办颁奖仪式，评选出优胜团体或个人并进行表彰。此外，还可以在全校师生中举办"我在学校体育文化节中"的征文活动，分享自己的体验和感受。

（三）高校体育文化的网络传播

1. 搭建体育交流论坛

体育交流论坛在现代网络环境下成了一个重要且广泛的用户交流中心。由于体育项目种类丰富，学生可以根据个人喜好在各个"小组"中参与相关话题的讨论。在高校体育文化的建设中，体育论坛可以作为一个重要的师生交流工具，并且有可能演化为继续教育的平台，如教师可以在高校论坛中发布学生的自我训练计划等。通过讨论，学生能把自己的想法说给体育教师和其他学生，教师可以对学生的观点进行评价并给出合理的建议。这将加强师生间的相互理解和情感联系。教师需要重视学生在体育论坛中提出的问题，把这些问题作为高校体育文化建设的反馈信息，学校可以据此进行有针对性的改进和完善。这种方式能使高校体育文化更加满足学生的需求，推动高等教学体育文化的健康发展。

2.构建专题性体育网站

体育课堂教学是高校体育文化的重要组成部分。除了一些专门的体育学院，其他大多数学校的体育教学主要目标是推广体育知识，指导学生掌握基本的运动技巧和健康急救知识，教学内容更加普及化。对于一些对体育有深入理解的学生来说，这样的教学程度可能过于基础。为了弥补这一点，丰富高校体育文化，学校可以考虑构建专题性体育网站。借助网络信息传播迅速、内容丰富的特性，为学生的体育学习提供便利。在创建专题性体育网站时，关键在于突出其专题性。因此，需要对体育信息进行系统性的分类，方便学生查询，如创建体育新闻网站、体育学习网站、体育宣传专题网站等。

三、高校体育文化的国际化传播

（一）国际交流活动

高校通过组织和参与各种国际体育活动、比赛和交流会，能够向世界展示本国的高校体育文化。这些活动为学生提供了与国际同龄人交流、竞技的机会，拓宽了他们的视野，加深了他们对不同文化的了解和认知。在这样的交流中，学生能够体验到不同国家的体育活动风采，感受到不同文化对体育的独特诠释，从而对本国的体育文化产生新的认识和理解。国际交流活动也是吸取他国高校体育文化优点的重要途径，在参与国际比赛和交流时，高校可以借鉴他国在体育项目、训练方法、体育教学等方面的先进经验，从而不断完善和提升本国的高校体育文化水平。在国际舞台上，不同国家、不同高校的体育文化相互交流、碰撞，促进了各方之间的文化融合与互鉴，有助于打破体育文化的壁垒，促进不同文化之间的相互理解与尊重，促进全球体育文化的多样性和丰富性。

第七章　高校体育文化的建设与发展

（二）加强外语教育

英语作为国际通用语言，在全球范围内被广泛使用，成为国际交流和合作的重要工具。在高校体育文化的国际化中，外语教育有多方面的作用。学生可以通过英语学习了解国际体育领域的最新动态和发展趋势。他们可以通过阅读国际体育期刊和研究报告，获取更广泛的体育知识，从而拓宽视野，了解世界范围内的体育发展情况。通过英语的传播，国际社会可以更好地了解和接受本国高校体育文化，认识到其独特价值和特色。这有助于促进本国高校的国际化进程，从而吸引更多国际学生和学者前来学习和合作。

（三）开展国际体育合作项目

通过与国际著名体育学院的合作，高校可以与国外院校开展体育科研项目，共享研究成果和资源。高校可以与国外院校合作举办学生交流项目，如短期交换生计划、暑期学校等，使学生有机会走出国门，体验不同国家的体育文化，增长见识，提高跨文化交流能力。与国际著名体育学院合作，可以使高校在国际体育领域获得更多认可和关注，吸引更多国际学生和学者来校学习和研究，提升高校的国际声誉和竞争力。

（四）建立国际体育交流平台

国际体育交流平台作为一个连接全球的桥梁，旨在将本国的高校体育文化推介至世界各地，同时能听取各国的反馈和建议，并进行优化和完善。这个平台可以实时发布关于本国高校体育文化的各类新闻和信息。例如，可以发布国内大学体育赛事的直播和回放、比赛结果、优秀运动员的风采等内容。这些信息将体现出本国高校体育文化的独特风貌和深厚底蕴，使国际友人有机会深入了解本国的体育教学理念和实践。全球用户可以在这个平台上发表观点，交流看法，分享各自国家的高校体育文化精粹，这不仅可以进一步加深对本国高校体育文化的了解，还为相互学习、相互借鉴提供了渠道。各地用户对本国高校体育文化的认识和看法，对推进本国高校体育文化的国际化进程具有重要意义，他们的反馈和建议可以直接反映本国高校体育文化在国际上的接受度和影响力，这将为进一步优化和调整提供有力的依据。

（五）跨文化交流的推动

除了传统的体育项目，还需要引入一些具有本国特色的非主流体育项目，具有本国特色的非主流体育项目，既包括本国的传统体育项目，如中国的太极、印度的瑜伽，也包括一些现代但非主流的体育项目，如澳大利亚的板鞋足球、美国的花式石板跳跃。这些非主流体育项目既体现了本国高校体育文化的独特性，也反映了高校体育文化的多样性和包容性。引入这些非主流体育项目，可以通过各种形式进行交流和展示，如可以在国际体育交流平台上发布相关的教学视频和资料，让国际友人通过学习和实践，了解和感受这些非主流体育项目的魅力，也可以在国际体育文化节等活动中，组织相关的比赛和表演，让国际友人亲身参与，深入体验这些非主流体育项目的独特性和乐趣。

（六）对外传播策略的制定

应针对目标受众，如国际学生、高校和体育爱好者，进行详细的市场调研，了解他们的需求和期望，这将为制定有效的对外传播策略提供有力的数据支持。通过调研，可以更准确地了解他们对高校体育文化的认知程度和兴趣点，从而更精准地传达相关信息。可制作各种语言版本的宣传材料，如宣传册、海报、视频等，以便更好地传达高校体育文化的信息。这些宣传材料应尽可能地包含高校体育文化的各个方面，如体育教学、体育活动、体育设施等，并突出高校体育文化的特色和优势。也应积极利用数字化媒体，如社交媒体、在线视频平台等，进行宣传和推广，从而提高高校体育文化的知名度和影响力，让更多的国际友人直接接触和了解高校体育文化。定期评估对外传播策略的效果，根据反馈信息进行调整和优化，以实现高校体育文化最佳传播效果。

参考文献

[1] 谢宾，王新光，时春梅.高校体育教学与运动训练研究[M].长春：吉林人民出版社，2021.

[2] 张鹏.高校体育文化教育与运动研究[M].长春：吉林科学技术出版社，2020.

[3] 刘汉平，朱从庆.我国高校公共体育课程教学的发展与改革探究[M].长春：吉林人民出版社，2021.

[4] 康丹丹，施悦，马烨军.高校体育文化建设与大学生体育健康[M].长春：吉林人民出版社，2021.

[5] 捷尔比.生涯教育：压制和解放的辩证法[M].前平泰志，译.东京：东京创元社，1983.

[6] 李孟华.高校健美操运动与教学研究[M].北京：北京工业大学出版社，2018.

[7] 寸亚玲.民族健身操教程[M].上海：复旦大学出版社，2014.

[8] 董艳芬.高校体育文化理论与实践研究[M].北京：北京工业大学出版社，2021.

[9] 陈玉清.以人为本视野下高校公共体育教学评价改革与运思[D].长沙：湖南大学，2013.

[10] 杨麒琦.终身教育视域下中学体育课堂教学质量评价研究[D].成都：成都体育学院，2022.

[11] 马鸿远.多媒体教学在高校体育教学中的应用研究：以驻宁高校为例[D].南京：南京师范大学，2020.

[12] 杨磊.现代教育技术在山东省高校体育教学中应用的研究[D].天津：天津大学，2009.

[13] 沈纲. 我国普通高校体育课程模式的系统设计研究[D]. 成都：四川大学，2005.

[14] 陈超. 以人为本的视角下贵州高职院校体育教学存在的问题及对策研究[D]. 贵阳：贵州民族大学，2022.

[15] 张元. 从周代的射箭活动看体育的社会性[J]. 内蒙古师范大学学报，1979（2）：51—56.

[16] 窦洪庚. 发展元认知与实施自我评价[J]. 化学教育，2004（11）：10—13.

[17] 周丽萍，田雨普，李如密. 体育教学美理论探析[J]. 体育文化导刊，2010（12）：75—78.

[18] 王忠惠，朱德全. "翻转课堂"的多重解读与理性审视[J]. 当代教育科学，2014（16）：30—33.

[19] 许兴亮. "翻转课堂"翻转了什么[J]. 当代教育科学，2014（16）：34—35.

[20] 刘小晶，钟琦，张剑平. 翻转课堂模式在"数据结构"课程教学中的应用研究[J]. 中国电化教育，2014（8）：105—110.

[21] 肖立志. "翻转课堂"视域下的远程开放教育式课程教学研究[J]. 黑龙江高教研究，2014（7）：158—160.

[22] 马俊臣. 基于"翻转课堂"的现代教育技术教学研究[J]. 中国成人教育，2014（6）：125—128.

[23] 何克抗. 从 Blending Learning 看教育技术理论的新发展：上[J]. 电化教育研究，2004（3）：1—6.

[24] 张杨生. 互联网+背景下高校体育教学研究与创新[J]. 湖北开放职业学院学报，2023，36（12）：21—23.

[25] 罗莹，孔祥云. 数字时代高校体育教学的运用研究：评《教育技术在高校体育教学中的实践探索》[J]. 中国科技论文，2023，18（6）：706.

[26] 崔振宇. 高校体育教学中实施拓展训练的策略分析[J]. 冰雪体育创新研究，

2023（10）：111—114.

[27] 梁懿. 体教融合视野下高校体育教学创新路径研究[J]. 冰雪体育创新研究，2023（9）：149—152.

[28] 白新蕾. 核心素养视阈下高校体育教学内容之审视与调整[J]. 武术研究，2023，8（4）：131—134.

[29] 陈元香，冯建强，万绪鹏，等. 新时期高校体育教学的目标定位及创新策略[J]. 当代体育科技，2023，13（9）：41—44.

[30] 王雨洁. 基于创新教育理念下高职体育教学策略研究[J]. 齐齐哈尔师范高等专科学校学报，2023（1）：118—121.

[31] 王志楠. 创新教育理念下学校体育教学模式的成果与转化机制分析[J]. 当代体育科技，2022，12（27）：62—65.

[32] 王峰. 人本教育理念背景下高校体育教学改革研究[J]. 山西青年，2021（17）：89—90.

[33] 李瑞龙. 终身教育理念导向下大学体育教学改革路径[J]. 宁波教育学院学报，2021，23（1）：110—113.

[34] 王玲，赵鑫. 基于终身体育理念的高校体育教学改革探究[J]. 当代体育科技，2019，9（33）：97—98.

[35] 苏晓敏. 以赛促练模式在高校健美操教学中的实践应用[J]. 吉林农业科技学院学报，2023，32（3）：95—98.

[36] 杭艾. "学、训、赛、研"教学模式在高校啦啦操教学中的应用研究[J]. 内江科技，2023，44（5）：129—130.

[37] 孙长良. 新时期高校体育教师专业能力结构研究[J]. 教书育人（高教论坛），2023（12）：47—50.

[38] 石惠. 新媒体环境下高校体育文化的传播路径研究[J]. 当代体育科技，2023，13（9）：102—105.

[39] 邱妍妍. 文化融合与课程设置：高校体育教学的美学转变[J]. 黑河学院学

报，2023，14（3）：170—173.

[40] 吴海萍.基于核心素养的高校"啦啦操"课程评价研究[J].广东职业技术教育与研究，2022（6）：126—129，137.

[41] 王凌娟，李高华，冯建荣，等.高质量教育背景下高校体育教师队伍建设研究[J].体育科技，2022，43（6）：138—140.

[42] 刘宇飞.翻转课堂在高校体育公共课中的模式构建研究[J].冰雪体育创新研究，2022（15）：113—116.

[43] 温兵，汪冲.大数据背景下高校体育教学评价体系构建[J].才智，2022（17）：144—147.

[44] 赵成波.高校体育教学考核评价现状及提升途径研究[J].文体用品与科技，2021（19）：182—183.